经济管理学术文库·管理类

农业标准化战略与增强农业竞争力研究：基于新疆生产建设兵团视角

Research on Agricultural Standardization Strategy and Strengthening Agricultural Competitiveness of XPCC

汪海霞　王力　汪海琴／著

经济管理出版社
ECONOMY & MANAGEMENT PUBLISHING HOUSE

图书在版编目（CIP）数据

农业标准化战略与增强农业竞争力研究：基于新疆生产建设兵团视角/汪海霞，王力，汪海琴著. —北京：经济管理出版社，2017.5
ISBN 978-7-5096-5102-5

Ⅰ. ①农… Ⅱ. ①汪… ②王… ③汪… Ⅲ. ①生产建设兵团—标准化管理—研究—新疆②生产建设兵团—竞争力—研究—新疆 Ⅳ. ①F324.1 ②F327.45

中国版本图书馆 CIP 数据核字(2017)第 103984 号

组稿编辑：曹　靖
责任编辑：张巧梅
责任印制：黄章平
责任校对：超　凡　熊兰华

出版发行：经济管理出版社
（北京市海淀区北蜂窝 8 号中雅大厦 A 座 11 层　100038）
网　　址：www. E-mp. com. cn
电　　话：(010) 51915602
印　　刷：北京玺诚印务有限公司
经　　销：新华书店
开　　本：720mm×1000mm/16
印　　张：13
字　　数：248 千字
版　　次：2017 年 6 月第 1 版　　2017 年 6 月第 1 次印刷
书　　号：ISBN 978-7-5096-5102-5
定　　价：68.00 元

前　言

随着农业现代化进程的推进，农业标准化逐渐成为我国农业发展的方向。从2006年到2013年的中央一号文件把农业工作作为关注的中心，均强调要加快推进农业标准化工作。农业标准化在新时期的农业发展中具有非常重要的战略地位，其关系到农业产业化、农业现代化、农产品质量安全、农产品国际贸易等各个方面。通过农业标准和技术推广可以促进职工增产增收，提高职工科技素质，推动产业化发展，改善农村生产环境，提高农业竞争力。

目前，兵团将把发展现代农业作为转变经济发展方式的重大任务，以此建设大型农产品基地。兵团作为国内最大的农垦企业，农业是兵团的基础和战略产业，大型农产品基地建设已初具规模，优先发展现代农业，发挥现代农业的示范带动作用任务已经明确，农业标准化是农业现代化的重要内容，兵团实施农业标准化战略势在必行。

兵团农业围绕“6221”工程的农业结构调整已初步完成，六大产业基地初具规模，国家现代农业示范基地作用日渐显现，农牧产品大幅增长，结构调整稳步推进，特色农牧业发展迅速。但近几年农业出现了市场价格波动大、产品的商品率低、竞争力不高、种植农户收入不稳等现象。经分析，其主要原因是农业标准化推广体系薄弱，农产品的标准化程度太低，大到师团，小到一家一户同一品系的农产品，其果型、营养、化肥农药残余等参数千差万别，直接影响产品的市场竞争力，棉花和林果质量的参差不齐是当前兵团农业面临的重大挑战。兵团实施农业标准化，对促进农业产业化、标准化发展，深化兵团农业结构调整，提高农产品质量安全，提高兵团农产品竞争力和提高职工收入具有重要的战略和现实意义。

国内外学术界对农业标准化战略与增强农业竞争力研究在理论和实证上展开了全面的探讨，并取得了一定的研究成果。然而，现有文献对农业标准化战略与增强农产品竞争力多以定性规范分析为主，对于兵团农业标准化发展的研究更是缺乏较系统、全面的研究。

针对上述不足，本书结合微观经济学、计量经济学、制度经济学、统计学、运筹学等理论和方法，从兵团农业标准化技术体系和管理体系推广的制度路径出发，探索出解决当前兵团以土地承包经营、产权明晰到户为主的农业生产经营制度与现代农业标准化生产要求之间的矛盾，在深入剖析了兵团实施农业标准化对增强农业竞争力意义的基础上，结合兵团推进农业标准化提升农业竞争力的做法，对农业标准化的实施主体（农户、合作社、农业企业）的行为进行了深入的实证分析。在此基础上，结合国内外农业标准化发展经验以及提升农业竞争力的做法，有针对性地提出促进农业标准化实施提升农产品竞争力的对策建议。

目 录

1 绪论

1.1 研究背景

发展农村经济，建设农业现代化，增加农民收入，是建成小康社会的重要任务。然而，近年来，我国农产品质量问题日益突出，农产品品质下降。我国加入WTO后，农产品出口遭遇了以质量、安全、包装等贸易技术壁垒的影响。因此，大力推广农业标准化，增强我国农业标准化水平，推进农产品产前、产中、产后全过程标准化，保障农产品质量、安全、卫生，破解贸易技术障碍。只有有效地实现从农田到餐桌的全程质量控制，才能实现农业现代化。我国加入WTO后，农产品推向国际市场，尤其是新疆生产建设兵团（以下简称兵团）农业支柱产业棉花直接面向国际市场的冲击，接受国际市场的竞争。随着兵团精准农业六项技术、棉花高密度高产栽培技术全面推广，兵团对职工一系列优惠政策执行，农产品产量迅速提高，产品出现多样化。目前，兵团农产品生产存在优质化和标准化的需求，影响着兵团农业的发展。兵团农业进行结构调整，建设十大农产品基地，推进产业化迫切需要实现从数量型向质量型的转换，这种转换的方向也正是现代农业的发展方向，而这种转换首要的任务就是兵团农业的标准化。兵团农业标准化其内涵是指农业的生产经营活动要以市场为导向，建立健全规范的农产品技术规范、加工工艺流程和衡量标准，规范产品质量管理，规范生产技术，产品监测依据，为农产品市场流通提供保证。

首先，兵团农业标准化的实施是加快兵团现代化农业的重要手段。目前，兵团大力加强标准化推广工作，推动农业发展，主要采用“政府+基地+农户+标准化”的政府主导型推广模式，确立了兵团、师、团、连四级标准化推广实施，这也是兵团农业标准化的第一种模式。

其次，依托龙头企业带动农户发展的推广模式也得到了广泛应用。龙头企业选择基地（示范区）的建设，将具有标准化的设施、高新技术等将各个基地产业链联系在一起，形成一个循环经济，带动当地的经济发展，以此解决就业问题。

最后，是由合作社建设示范区为重点，以特殊的经济组织为核心，建立合作社合理制度，对合作社成立成员认真负责，自愿、平等、积极向上地发展集约化的农产品。

我们应积极推进现代农业示范区快速建设，提高农业规模化、标准化、集约化水平。要加大统筹城乡发展力度，把基础设施建设和社会事业发展的重点放在兵团农村，加快推进社会主义新农村建设，加快完善城乡发展一体化体制机制，形成以工补农、以城带乡、工农互惠、城乡一体的新型工农、城乡关系。

1.1.1 兵团农产品质量问题日益突出

经过多年的努力，兵团农业已经形成了突出的规模、科技、装备、管理等优势，结构、质量和效益优势也正在形成，为职工增收奠定了基础。但目前也存在一些问题，造成了棉花、葡萄等农产品竞争力严重下降。兵团农产品质量主要存在以下问题：一是农产品品种混杂，质量参差不齐，如棉花品种不一，这严重影响了棉花的品质。二是质量不能达到标准，如葡萄含糖量不符合标准。三是农民施肥不符合标准，如农民过于追求产量而忽视质量，过多地使用有机肥，使农产品不达标准。农产品质量问题日益突出，严重影响了兵团农业竞争力的提高。推进农业标准化，按标准生产，严格控制农产品质量，可以有效地解决农产品质量问题。

1.1.2 兵团大宗农产品竞争力不断下降

新疆地域广阔，气候差异大，具有生产棉花、甜菜、油料、粮食等大宗农产品的资源禀赋优势。兵团凭借其规模化生产、管理优势和先进的技术，成为我国农产品的主要生产基地。但近几年来，兵团大宗农产品竞争力不断下降，主要表现如下：

棉花品种繁多，竞争力不断下降。近年来，由于病虫灾害严重、棉花品质下降、棉花种植成本不断上升、国际棉花对我国棉花市场的冲击等原因，导致兵团棉花市场波动、棉花种植效益下降，棉花竞争力急剧下降，在 2012 年出现了我国棉花出口和进口双双创新高的奇怪现象。葡萄品质问题突出，竞争力急剧下降。因为地缘劣势，兵团地处我国西北部，由于铁路运输的限制，运输成本高，极大地影响了兵团葡萄在内地市场的竞争力。另外，近几年葡萄品质下降，农户重产量、轻质量，导致葡萄含糖量低，同时，果农在田间管理中，大量使用氮肥来提高产量，这样会使含糖量大大下降，导致葡萄的效益下降，竞争力也急剧下降。

兵团具有得天独厚的自然气候条件和丰富的土地资源优势，是农业生产的潜力区，将成为我国农产品的重要生产基地。但是兵团的发展也有着其自身的劣势，经过分析可以得出，近几年兵团大宗农产品市场价格波动大，产品的商品率低，种植农户收入不稳定，农产品标准化程度太低，长期的重产量不重质量等直接影响农产品的竞争力。只有解决以上问题，加强推进农业标准化，提高农产品质量才能提高农产品竞争力，实现兵团农业的跨越式发展。

1.1.3 农业生产成本大幅提高，农民收益下降

近年来，兵团农业发展出现了种植成本大幅度提高，农民收益却有所下降的情况。以兵团代表性的大宗农产品棉花为例，在新疆发改委 2012 年对全区 22 个调查县 191 户 2011 年棉花生产成本收益调查结果显示：每亩生产成本 1338.13 元，较上年增长 192.91 元，增幅为 16.84%，其中物质费用 779.78 元，较 2011 年增加 239.15 元，增幅 44.24%；人工成本 558.35 元，较 2011 年下降 46.24 元，降幅 7.65%；每亩净利润为 587.87 元，较 2011 年减少 554 元，降幅 48.52%。那么，从数据中我们可以看出，棉农的收益大幅度降低。其原因一部分是由于近年来的种子、地膜、农药、化肥等农业生产资料价格的上涨，加之劳动力成本的提高，使得生产成本急剧上升，低成本种植的优势业已丧失，农民植棉收入堪忧。而究其根源，是以家庭经营为主体的双层经营体制，农民的随意生产以及使用大量的化肥来获得高产的行为，导致棉花产量成本上升，质量下降，价格下跌，收益下降。

1.1.4 农产品贸易技术壁垒频频出现

我国加入 WTO 组织后，农产品出口受到了以质量、环保、包装等绿色技术标准、绿色环境标志等为主的“非关税绿色贸易技术壁垒”的影响。所谓“非关税绿色贸易技术壁垒”是指进口国以保护生态环境、人类和动植物的健康安全、自然资源的名义，制定严格的绿色技术标准和烦琐的检验审批程序、颁布各种各样严厉的法规和条例对进口产品设置贸易障碍。

据统计，我国自加入 WTO 以来，技术性贸易壁垒造成的障碍占关税等各种壁垒总和的比重，已由 20% 上涨到了近 80%，我国出口受阻的农产品从水果、蔬菜、茶叶到蜂蜜，进而扩展到畜牧产品和水产品。由于国外对中国农产品出口技术标准多，要求高，修订频繁，合格评定程序复杂，操作环节烦琐，费用昂

贵；在包装、标签等方面要求严格；设置“绿色壁垒”；出入境检验检疫措施不合理，导致农产品的外贸出口额下降，出口成本大幅增加，严重影响我国农业结构调整战略以及农产品的出口和农业的健康发展。同时，由于我国对自身农产品质量、安全、卫生、环保等因素不够重视，农产品标准与国际相比标准单一、数量少，标准指标少、覆盖范围窄，农产品的农药残留量、有效成分、生产加工过程和包装贮运等多项指标不符合国际农产品的质量、安全、卫生、环保标准。由于出口农产品有害物质超标、包装达不到环保指标等引发的退货、拒收、索赔现象还时有发生。这些“绿色贸易技术壁垒”严重制约了我国农产品出口，增加我国农产品进入国际市场的难度。要有效破解发达国家制造的“贸易技术壁垒”，促进兵团农产品的出口，必须健全农业标准化体系，制定与国际接轨的标准，大力推进农业标准化，保障农产品质量，增强农产品竞争力。

1.2 研究内容

本书研究推广实施农业标准化的问题，借鉴国内外农业标准化的研究成果，针对兵团农业发展的现状，评估兵团农业标准化发展效果和推广模式，通过调研和分析取得的数据，得出兵团标准化模式选择和发展障碍因素分析。同时，对战略实施所面临的主要障碍因素和优势因素进行剖析并加以排序，为最优战略选择提供依据；形成具有兵团特色、技术比较先进、与兵团农业现代化相适应的农业标准化战略模式。为加快发展农业标准化、提高兵团农产品市场竞争力提供理论依据和决策参考。本书内容分为以下六个部分：

第一部分，阐述本书的研究背景和意义，本书内容的创新之处。

第二部分，研究了兵团发展农业标准化的背景、定义以及内涵，分析了农业标准化的作用和特点，总结了前人在该领域的研究成果，以明确现有文献的不足以及本书的研究方向。分析研究了兵团农业标准化的实施对提升农业竞争力的意义。

第三部分，分析兵团农业和农业标准化发展的现状，通过调查分析，得出目前兵团农业标准化的成果及存在的问题以及兵团目前对提升农业竞争力推行农业标准化的主要做法。

第四部分，通过对农户、合作社及企业的调查，从实证的角度研究了农业标准化实施主体采用标准行为的主要影响因素，分析了这些因素如何影响农户行为，提出促进实施标准化生产的对策建议。

第五部分，介绍国际主要的农业标准化机构，从管理模式、管理法规、管理手段三个方面介绍了国外农业标准化发展状况，分析了我国发达地区农业标准化发展的经验以及国外农业标准化发展值得借鉴的经验。

第六部分，在前几章研究的基础上，经前期的调查研究，确定了促进兵团农业标准化发展和提高农产品竞争力的对策措施。

1.3 课题创新之处

农业标准化是一个具有挑战性的题目，学术界已经在该领域进行了比较深入的研究，他们的研究成果给后续研究奠定了基础。本书是在前人的基础上展开的，试图在以下几个方面有所创新：

研究对象上，本书聚焦于农业标准化实施的主体——农户、农业企业及农民专业合作社进行农业标准化实施行为的研究。目前，国内外研究农业标准化主要针对一个主体，本书选择三个主体作为研究对象，且具有一定的创新性。

研究方法上，本书借鉴了前人的研究方法，结合农户、农业企业、农民专业合作社的特点进行了实证研究，并且注重理论与实证分析相结合。现在，关于农业标准化实施行为的研究大都是简单的理论分析，因此本书是对国内外农业标准化实施行为研究的有益补充。

研究范围上，本书选择了兵团农业标准化主体进行了分析，兵团具有特殊的经济体制，因此在研究范围内也有一定的创新。

2 农业标准化与农业竞争力的定义及研究文献综述

2.1 农业标准化的定义

2.1.1 标准

ISO（国际标准组织）对标准的定义为，“为在一定范围内获得最佳秩序，经协商一致制定并由公认机构批准，对活动及其结果规定共同的和重复使用的规则、指导原则或特性文件”。

我国制定的国家标准对标准的定义是：一定范围内获得最佳程序，经协商一致制定并由公认机构批准，共同使用和重复使用的规范性文件。

具体来讲，制定标准是以建立最佳秩序，取得最佳效益为目的，制定标准的对象是重复性的事物，标准的本质特征是统一。标准是一种特定的文件，有一定的格式和制定颁发的程序。标准的实质是市场上不同的利益集团协调形成的权威文件，这种协调既可以是政府的规定、市场企业的行为，也可以是标准化组织的活动，这主要取决于不同市场经济制度和不同的经济发展阶段，标准是技术和制度的结合。

2.1.2 标准化

ISO 对标准化（Standardization）的定义为：“为在一定范围内获得最佳秩序，对实际的或潜在的问题制定共同的和重复使用的规则的活动。”

标准化不是一个孤立的活动，而是一个过程，是一项有目的的活动，包括编制、发布和实施标准的过程。标准化活动是建立规范的过程，规范不仅针对当前的问题，而且针对潜在的问题，标准化的实施是由经济利益驱动的。

标准是规定某些特性的文件，标准化则是一个活动过程，主要是制定标准、修订标准和贯彻标准的不断循环的、螺旋式上升的过程。标准化的作用和效果只有当标准在实践以后才能体现出来。

2.1.3　标准化的作用

标准化具有领域的广泛性、内容的科学性和制定程序的规范性等特点，标准化在众多领域有着不可替代的作用。具体表现如下：

2.1.3.1　标准化是企业实行企业科学管理和现代化管理的基础

科学管理的创始人泰勒认为标准化是实行现代管理和科学化管理的基础，通过制定和贯彻各种技术标准作为引导生产活动的依据，用来达到统一技术要求、统一程序、统一规范，从而实现生产过程中技术上的相互衔接，管理上的有序高效，信息传递的准确高速，不但能加强管理的有效措施，而且可使管理工作规范化、程序化、科学化，为实行现代管理和科学化管理奠定基础。

2.1.3.2　标准化促进科学技术进步

标准的制定是建立在科学、技术和经验综合研究成果的基础上，它包含了许多成熟的先进技术，反映了具有市场潜力的主流，提供了大量的技术动向和数据资源，与新技术的发展保持同步，因此标准始终反映最新技术状况。标准化过程是一个不断制定和修订标准的过程，这个过程是科学技术不断积累和促进科学技术进步的一种表现形式，这种形式比其他形式更加规范、广泛和系统，是有计划有组织的进行形式。标准化是一个过程，不是一次就完结的，而是一个不断循环、螺旋式上升的过程，一个新的标准的诞生是这种积累的开始，标准的修订是新技术淘汰旧技术，因此标准化可以不断促进科学技术发展。同时标准化为技术创新（包括技术引进）提供了重要技术导向。通常，技术创新是围绕产品及其开发能力而进行的，与产品直接相关的标准及其配套标准，为其改造装备和测试手段的能力以及最终考核验收提供基本的技术支持。

2.1.3.3　标准化连接国际贸易诸多要素

20 世纪 90 年代后期，尤其是进入 21 世纪以来，国际形势发生了巨大变化，经济全球一体化的脚步不断加快，制造业全球化、贸易全球化的步伐势不可当。发达国家的大公司在十几个国家设立分、子公司，为确保跨国公司生产和经营和国际间的专业化生产协作的顺利有序进行，就需要统一的技术标准。标准的国际化是协调各国经济发展的技术纽带，是国际社会传播先进生产方式的手段，是减少和消除产品和相关要素移动障碍的重要措施。这种协调逐步向高层次发展，就可以通过用标准的制度，将质量、安全、效力、可操作性、兼容性等功能转换成产品和服务方面的具体特性的要求。例如，2004 年 10 月 14 日世界标准日的宣传标语“标准连接全世界”，标准化将机械、电气、交通、能源和通信技术等各种各样的界面经济，有机结合起来，从点到点、从点到面，将全球连接起来。

2.1.3.4 标准化可以消除浪费、节约活劳动和物化劳动

标准化对象的重要特征是重复性，在实际生产实践过程中，常常重复地支出活劳动和物化劳动，这是没有必要的，属于浪费行为。很多领域还没有推广实施标准化时，重复浪费是难免的，例如在产品设计开发过程中，每个公司都自己从头到尾设计开发产品，这就是重复浪费大量的活劳动和物化劳动。而推广实施标准化，就会减少或避免这种不必要的重复浪费，劳动技术成果可以得到有效的重复利用。标准化的任何一种形式，都可以产生节约效应，避免重复浪费。

2.2 标准化原理在农业标准化中的应用

标准化原理是从标准化工作实践过程中提炼、总结出来的，农业标准化是标准化实践的一个组成部分。我国的农业标准化原理是在标准化原理基础上发展和延伸的，是指导农业标准的制定及实施过程更科学有效的方法，主要有以下四个原理：

2.2.1 简化原理

简化原理是指在具有同种功能标准化对象，在多样性的发展规模时，以发展优质、高产和高效农产品为目的，为了有效地满足农业各项活动需要，对农业标准化对象的品质、规格和数量或其他特性进行筛选提炼，消除其中可替换的、多余的和低功能的环节，保持其构成合理、精练，使总体功能最佳，达到优质、节本、增效、省工的目的。如在一个地区，玉米的品种有很多，有单交种、双交种、抗虫的、抗病的种子等，这么多的种类为适应该地区的自然环境种植提供了一个很好的选择条件，但同时给农民正确选择合适的品种带来了麻烦。因为针对该地区的农民，并不是所有的种子都能适应该地区的自然环境，或许只有一两个品种或几种是比较合适的玉米品种。所以，选择玉米品种就显得非常重要，而农业标准化的一项重大内容就是用标准的形式选择最适合本地区种植的玉米品种加以简化，从而提高其质量和产量。

2.2.2 统一原理

统一原理是指在一定时期、一定的条件下，对农业标准化对象的功能、形式

或其他技术特性确定的一致性。从现代农业标准化的角度来说，统一化的实质是使对象的功能、形式或其他技术特性具有一致性，并把这种一致性通过农业标准表现出来。统一化的目的就是消除由于不必要的程序多样化造成的混乱，为正常的农业生产活动建立共同遵循的秩序。统一原理是农业标准化工作中常用的形式，比如对农作物“生长带”的划分，就是大范围内统一的例子，例如美国的玉米带划分，就获得较好的经济效益。在农产品的收购中，对甘蔗、原粮、棉花等收购标准的实施，对蔬菜进入市场的准入要求等，都是统一原理的具体应用。目前发布有关农业的国家、行业、地方标准都是统一原理在发挥作用。

2.2.3 协调原理

协调原理是指在针对农业标准体系中，协调农业标准内部各要素之间的关系，协调一个标准体系中各相关标准间关系，协调各环境、各部门之间的相互技术关系，解决各有关方配合和连接的合理性和科学性，使农业标准在一定时期内保持平衡和稳定。农业标准系统中的功能依赖每个标准本身的功能，每个相关标准之间有机联系和相互协调来保证。为了使农业标准系统发挥有效的功能，必须使农业标准系统的相互因素在连接上保持一致性，使农业标准外部约束条件与内部因素相适应，从而达到农业标准系统的稳定性。农业本身是一个巨大系统，它包括生态、经济、社会、技术等各个子系统。在农业生产过程中，各个子系统都具有相对的独立性，各个子系统之间需要很好地协调才能达到有机的结合。任何一个子系统的工作没有跟上节奏，都可能会造成整体系统的混乱，给农业生产酿成不应有的损失。例如水土保持标准化，就是一项综合性的系统工程，植物措施子系统、耕作措施子系统、工程措施系统，就组成了水土保持标准化工作的整体。三个子系统之间能否密切地配合，协调原理起着关键性的作用。

从微观上看，协调原理也很重要，对农业生产技术也是如此。如棉花的种植，不是因为有了好的品种，就能提高质量和产量，还要有育苗、施肥、灌溉、田间管理等一系列技术标准来保证。还有出产的葡萄，在生产过程中的浇水、施肥、病虫防治、栽培管理以及采收、运输、质检、储存等均有关系，涉及了很多标准。只有达到协调一致才能保证标准的有效性，也才能实现食品安全卫生的控制目标。否则，其中只要有一个环节不合理，都难以达到预期的经济性和有效性。

2.2.4 优化原理

优化原理是指按照特定的目标，在一定的条件限制下，对农业标准系统的构成和相互关系进行选择、设计和调整，使其达到最理想的效果。例如对农业标准化对象的大小、形状、色泽、气味、品质、生产成本等参数及其关系进行组合、选择、设计和调整，优选使农业标准化对象的整体系统达到总体最优化，不能仅考虑单一农业标准化对象的优化。在农业标准化的工作中，优化原理常常应用于种子、种禽、种畜、种鱼等育种方面。常用“优化”方法有：加权系数法、优选法、成本价格分析法、费用效果分析法。

2.3 农业标准化的特点

农业标准化的特点和农业自身的特点息息相关。农业对象都是有生命的且受地域影响比较大，例如同一农作物在不同地区种植的品质都有可能相差很大，而且农业对象生长周期较长，农业标准化具有经济性、科学性，其主要对象是生命体或有机体，具有明显地域性、复杂性和文字标准与实物标准同等重要等特点，具体表现在以下几方面。

2.3.1 农业标准的主要对象是有生命的

工业产品与农产品的最大差异是生命性的差异，农业标准化不但是有目的有人的活动，而且必须遵循对象是有生命的特点。农业技术是在不能控制的自然环境中通过动植物生命过程来表现的。农业标准化对象容易受到外界影响的相关因素较多，受自然条件影响比较大，其中有许多不可控的因素，如气温、土壤、降雨、风力、无霜期的长短及日照等，都会对农业技术产生不同层次的影响。因此，在制定或贯彻标准时，要充分考虑到农业标准化对象的这一特点。

2.3.2 农业标准化的区域性

众所周知，农业生产受自然条件的影响较大。同一品种的农业产品因地域不同，其品质也有很大差异，同一农业技术因地域不同其效果也不一样。农业标准化具有明显的地域性。因此，在制/修订农业标准时需要因地制宜，要根据不同的地域和不同的自然环境制/修订不同的地方标准。在我国所有地方的标准中，也只有农业的地方标准可以制定省、市、县三级的地方标准，这就是考虑了农业标准化明显地域性的特点。

2.3.3 农业标准化的复杂性

农业标准制订的周期比较长，要考虑的相关因素比较多。农业标准化具有复杂性。农业标准制/修订周期长主要是因为农业的生产周期比较长，导致制/修订农业标准要进行的生产试验一般1年最多进行1次，假如稍有不慎或试验失败，就必须还要再等1年进行再生产试验。而工业标准制/修订生产试验就不同，一般几个小时甚至几天就可以完成。据了解，制/修订一项农产品标准一般至少3年的数据统计，多的要有5年以上的数据统计。而制/修订种禽、种畜品种标准的时间就需要更长。同时农业生产受诸多的相关因素影响，从农业生产发展进步的历史可以看出，农业的进步不是一个独立的变量，是与社会的进步相吻合的，是受到整个社会科技进步影响的。农业标准化的对象是具有生命的活体，并且种类繁多，发育和生长的规律各不相同等，这就导致了农业标准化的工作要比其他行业的标准化工作更加复杂一些。

2.3.4 农业标准的同步性

农业标准化的标准有实物和文字两种表现形式。文字标准来源于生活实践，是用客观实物的文字表达。但是文字标准较抽象，由于人们的认识程度或理解能力不同，就会产生不同的结果，有时要和实物标准一起加以参考对照，才能使这个标准得到全面理解贯彻。例如烤烟的定级技术标准是根据叶片部位特征、杂色、成熟、色泽度等判定的，每一种特性都有不同，比如色泽，颜色就有很多种，淡黄、青黄、青带黄、金黄、深黄等十几种，如果没有烤烟实物标准和比色板标准来对比，加以参考对照，就很难掌握这个文字标准，从而推广实施。所以，文字标准和实物标准同等重要，两者相互促进、相辅相成。

2.4 农业标准化的作用

2.4.1 实施农业标准化促进技术效率、提高生产效率

技术进步是农业发展的根源，而技术标准是技术进步的前提，是先进适用技术的基础。实施农业标准化，规范农产品生产、加工、运输等环节，降低生产成本，实现规模生产，扩大农产品市场。由于实施农业标准化，限制了农产品品种的多样性，可以集中优势资源进行创新产品的研发，提升产品产业链的附加值。通过实施农业标准化，提高农业生产率，推进农业技术，最终会促进农业的发展。图2－1说明了通过实施农业标准化促进农业技术的推进，提高了农民的利益，也提升了社会福利的现象。

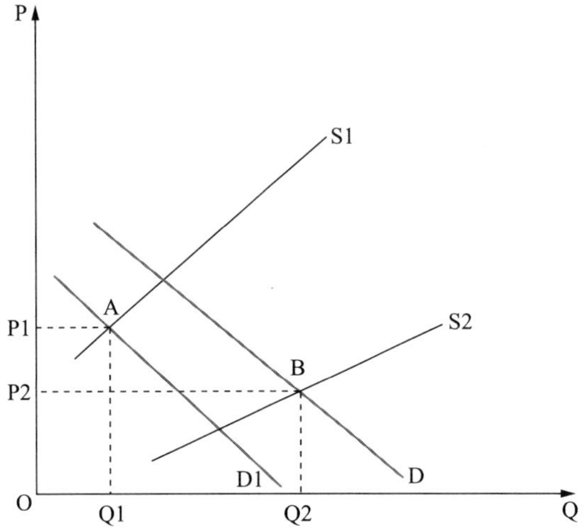

图2-1 农业标准化促进农业科技转化

图2-1中初始状态的农产品价格为P1，销售量为Q1。随着经济社会的发展，人们生活水平不断提高，农产品的需求不断扩大，使得需求曲线从原来的D1右移到D。同时，由于实施农业标准化加快了农业技术的进步，降低了生产经营的成本，提高了质量产量，使得供给曲线从原来的S1向右移到S2。结果是农产品价格降低，供给从Q1增加到Q2，这不仅增加了农民的效益，也大大提升了社会福利。

2.4.2 实施农业标准化促进农产品国际贸易

农产品标准是农产品贸易的“双刃剑”，标准是产品流通的平台，统一标准有利于农产品的流通，更有利于农产品的国际贸易。但是，标准导致的技术贸易壁垒会限制农产品进出口，在农产品的国际贸易中，出口国常会因为进口国标准的限制导致农产品出口受阻。但是通过实施农业标准化，可以促进农产品国际贸易，攻克贸易技术壁垒。

图2-2表明，出口国实施农业标准化降低了农产品供应成本，提升了农产品的品质，提高了出口国在国际市场上农产品的供应水平，供给曲线从S1右移到S2。在国际市场上将农业标准化作为贸易壁垒的情况下，若出口国的农业标准化没有突破贸易技术壁垒，出口量为Q1，出口价格为P1，由于生产成本降低，出口国利润增加。如果出口国的农业标准化突破了国际市场的贸易技术壁垒，国际市场对农产品的需求变得富有弹性，实现了自由贸易，出口量增加，进而出口国效益增加，进而农民效益提升。

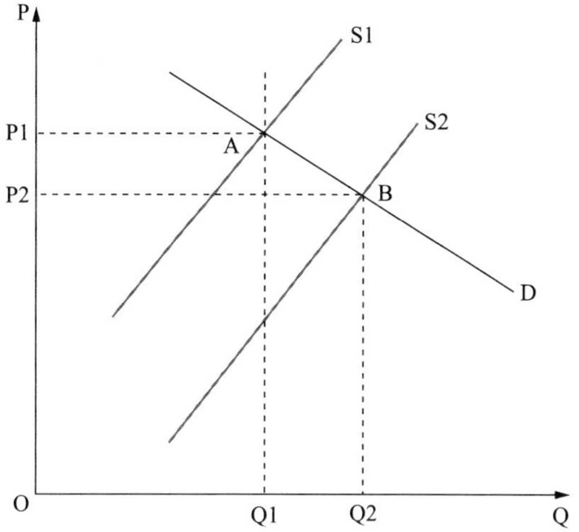

图 2-2 农业标准化促进农业国际贸易

2.4.3 实施农业标准化对农户收入的影响

农户未实施农业标准化生产时，消费者对农产品的需求曲线为 D1，在市场中所形成的均衡价格为 P2，交易量为 Q1，农民的收入为矩形面积 OP2AQ1。农户实施农业标准化后，农产品品质提高，因此在与普通产品价格相同时，消费者更愿意购买更多的优质农产品，因而需求曲线向右上方移动。由于农户长期实施标准化，标准化可以促进技术进步，提高农业的生产效率，增加供给量，因而供给曲线从 S1 移动到 S2（见图 2-3）。根据供求理论，供给增加，市场价格会下降。农民收入是否增加取决于标准化农产品的需求价格弹性，当某种农产品缺乏弹性时，价格的下降导致收入减少要大于因供给量的增加而增加的收入，农户的收入是减少的；反之，当农产品是富有弹性的，那么农户的收入是增加的。

基于以上分析，虽然农业标准化可以促进农业生产力提高，减少贸易壁垒，但是实施农业标准化生产对农户长期收益的增加具有不确定性。然而在现实情况中，农产品市场接近完全竞争市场，由于信息的不对称，市场上逆向选择的问题时有发生，优质未必能够优价。为了解决这一难题，既能调动农户实施标准化生产的积极性，又能保障农户的收益增加，同时又降低小农户生产经营的风险，需要找到推进农业标准化生产的现实路径。

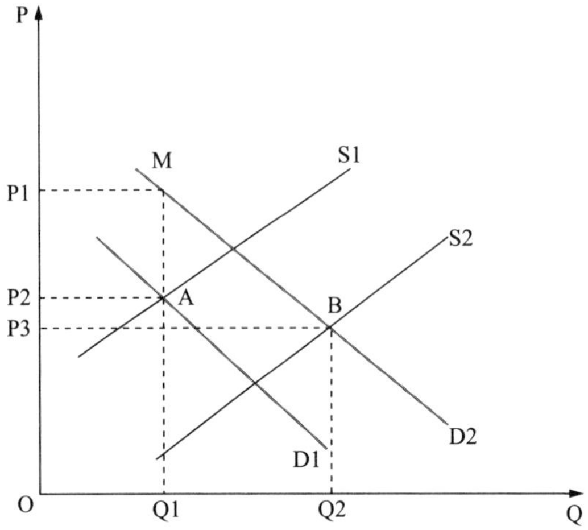

图 2-3　实施农业标准化生产对农户收入的影响

2.5　兵团实施农业标准化对增强农业竞争力的意义

农产品的安全既关系到人民生命安全和身体健康，也关系到经济发展和社会稳定。农业要发展，必须全面实施农业标准化。所谓农业标准化，就是把工业生产中的规范管理运用于农业生产的全过程，坚持统一、简化、协调、优选的原则，对农业生产产前、产中、产后全过程制订和实施标准，促进先进的农业科技成果和经验迅速推广，确保农产品的质量和安全，从而提高劳动者素质，提高农业竞争力。

2.5.1　实施农业标准化是提升农业竞争力的需要

我国加入 WTO 后，农业更加对外开放，调整农业结构，加快农业综合效益从数量效益型向质量效益型转变，提升农业产业素质和效益已是大势所趋。面临经济全球化、贸易自由化的机遇与挑战，地方性和全球性经济活动之间的差别将越来越小，生产经营活动将越来越多地受到全球市场的影响及其标准的制约。而标准化是紧紧围绕消除贸易技术壁垒、实现商品的自由流通、提高产品竞争力而展开的。因此，制定和实施一整套既符合我国国情又与国际接轨的农业标准是增强农业国际市场竞争能力的有效途径。

2.5.2 实施农业标准化是实施农业品牌战略的需要

在市场经济条件下，农产品的竞争归根结底是产品质量的竞争、品牌信誉的竞争。制定和实施农业质量标准是推出农产品品牌，实施农业名牌发展战略的基础。无数事实表明，淡薄的农业标准化意识，是导致全社会农产品质量不高的主要原因。没有严格的质量标准就形不成内在高质量的过硬品牌，在市场上就不可能取得高效益。世界农业发达国家的每个农业生产环节，都实行了标准化，形成了现代农业的生产方式、协作方式、管理方式以及机械化作业方式，极大地降低了农业的生产成本，提高了农业的生产效率和产品质量。标准化作为国内外贸易的技术准则，积极采用国际标准，提高农产品的质量，消除国际贸易的技术壁垒，以使更多的农产品进入国际市场，已成为世界各国发展外向型经济的重要手段。例如，我国是世界上生产苹果的大国，但在国际市场的占有率很低，出口量不足占总产量的 1%，而美国为 15%、法国为 30%、新西兰为 37%。从价格水平上看，在中国香港市场，我国的苹果售价仅为美国的 40%、日本的 20%，其主要原因是我国苹果生产的农业标准化水平不高。我国农产品生产企业在农产品出口时，由于没有严格按协议要求的国际标准组织生产，从而影响出口创汇。

2.5.3 实施农业标准化是提高人们生活质量的迫切需要

随着农产品供求格局的变化和人们生活水平的进一步提升，食品消费需求日趋多层次、多样化，总的要求是更加讲究优质、营养、卫生、方便。然而，兵团在长期的农业生产过程中，由于大量使用无机肥，导致土壤板结，肥力下降；由于大量使用农药、兽药防治作物病虫害和牲畜疫病，既导致了环境污染，又导致了农副产品农药、兽药残留超标，产品质量下降，并不同程度地影响了城乡居民生活质量的提高。通过实施农业标准化，农业监测机构可以按照标准化的要求对农业投入品、农产品及其加工品和农业生态环境的质量进行跟踪监测，从地头到餐桌实行全过程监管，确保农产品质量安全，生产出更多的如绿色食品、无公害产品等优质农产品和确保良好的农业生态环境。

2.5.4 实施农业标准化是实施科教兴农战略、加快科技成果转化和推进农业现代化的需要

现代农业是高科技含量的农业、标准化的农业。农业标准化融技术、管理、投入于一体。农业标准的产生是由政府部门依据生产、流通和消费的实际需要做出统一规划，主要由有关农业科研和推广单位、大专院校按照理论与实践相结合、国内与国际相接轨的原则，进行研究制定。通过标准把农业科研成果和生产

技术、管理经验组装配套，使之科学化、系列化、程序化、简易化，成为广大农民易于掌握的操作技术规范。因此，农业标准是推广先进科技成果、促进农业现代化的有效手段。

2.5.5 实施农业标准化是引导农民走向市场的需要

农业标准是农产品市场准入的通行证，只有符合一定质量标准的农产品才能进入市场。同时，标准是传递市场信息的载体。必须将农产品按照科学的质量标准分等定级，才能在市场上体现优质优价的政策。引导职工进入市场，不仅要让职工了解哪些农产品市场畅销，还要让他们知道同类产品中哪几个品种、什么样的规格标准能卖出好价钱。例如，同样的农产品，其品种、规格、栽培技术和质量不同，价格就会相差数倍。因此，要为职工提供准确、有效的信息服务，就必须以农业质量标准为依据，进而使信息的采集、处理与发布标准化、规范化。

2.5.6 实施农业标准化是农业执法的依据

农产品有了生产、加工及产品标准，在检测时就会有章可循，有法可依，也就有了防治假冒的武器。按标准化来组织生产，能有效地防止假冒产品冲击市场，切实保护广大职工利益，使市场上的农产品能真正成为名品、精品、特品。

总之，农业标准化涉及农产品从种子选择、耕作方式、成品包装、营销手段等多方面的问题，但标准化是现代农业发展的前提，是提升农业竞争力的关键。要加快传统农业生产方式向现代化的根本性变革，就必须用工业化大生产的思维方式来重新审视和发展农业产业，让原本只是出现在工业生产中的标准、质量、管理、组织、成本、品牌等概念，越来越多地进入农业领域，以全面提升农业的产业素质和效益。

2.6 国外研究文献综述

通过外文文献阅读及对国际食品法典委员会、国际标准化组织、世贸组织等官方网站的查询，各类国际标准机构没有明确提出农业标准化的概念，与之相近的有“有机农业”和“危害分析和关键控制点”。目前国外对农业标准化的研究主要集中在以下几个方面。

2.6.1 发展有机农业生产的研究

美国的 John Mather（2001）等提出有机农业能够促使包括微生物在内的生物能提高良性循环，解决变异问题，也为社会提供高品质健康食品；而且有利于解决资源浪费、土地退化、水土流失、环境污染等问题，扩大农业可持续发展。美国的 Agnvall Elizabeth 和澳大利亚的 Choice（1998）等共同提出管理的农户技术不足、市场能力弱、成本过高以及资金不足等是影响有机农业发展的重要因素。

英国的 Kenumeke Robin（1997）和美国的 Lesley Mitehell（1998）认为政府应该加强有机农业技术的研究，加快标准化农产品的市场流通，建立健全标准农业的保险服务机制，同时政府通过免费或者提供部分资金用于标准生产资格的认定，提供资金上的帮助，帮助生产者进行有机生产系统的转换。W. Luczka - Bakula，J. Smoluk（2006）在《波兰消费者对有机食品的认识》一文中分析了波兰有机食品需求的问题，研究人们对这种食物不感兴趣的原因，消费者主要购买动机及市场发展的障碍，提出发展有机食品市场的途径。Gillian Johnston、Chad Perry（2007）提出在澳大利亚许多内部因素会影响消费者购买有机食品的决定，消费者决策主要考虑的因素是食品对健康的影响。英国的昆涅克·罗宾（Kenumeke Robin，1997）提出为了帮助生产者进行农业标准化的生产系统转换，政府可通过提供部分资金或免费用于标准生产资格的认定，政府应加强农业标准化的技术研究，发展标准农产品市场流通。美国的爱莉莎白·麦坎恩（Elizabeth Mccarm，1997）等通过对美国密执安州农场主的分析提出，标准化生产以及传统的农户对与耕作相关的经济风险都有极大的关注，标准化生产的农户对环境意识明显高于传统农场主，而且他们从政府那里获得的支持也高于传统农场主；他们认为政府应加大对农户的教育以及风险保护。

美国的派切思·爱琳（Patricia Allen，2002）提出为了保护诚实的标准产品的生产商、加工商、销售商的利润，确保消费者能买到真正满意的标准农产品成品，必须建立一整套从生产、栽培、加工、储藏、认证、运输等环节遵循的技术标准和相应法规。德国的迈恩·斯太芬（Mann Stefan，2003）通过对标准农产品的补贴实际效用进行了分析，否定福利经济学认为标准农产品补贴是无效的观点。美国的威廉斯·莫尼卡·马歇尔（Williams Monica Michael，2003）从标准化产品的特性、标准化产品为消费者带来的利益和消费者的购买习惯等方面，提出通过构建农户直接销售的网络、专业销售商店和大型连锁超市体系，方便消费者选择和购买。

2.6.2 标准实施主体行为研究

Pratt（1964）如果期望收入高于最低生存水平收入，农户就有规避风险的倾向；Singh 等（1986）建立的农户行为模型则研究农户如何合理分配使非农活动、农业生产活动和闲暇时间的劳动力发挥最大效用；另外，Saldcmlet（1998）运用农户模型解释不同生产模式下农户成员对不同领域劳动力供给选择；Bardhan（1999）分析认为，市场失灵会对农户的最优化决策行为有显著影响。Hooker 和 Caswell（1999）分析了企业采用 ISO 9000 和 HACCP 食品管理体系的影响因素，结果表明影响企业获取安全认证的主要因素有：信任、合同、持续性和竞争力，也就是提高下游商家对企业生产高质量产品的信心，从而满足合同的要求，最终实现竞争优势。Warning 和 Key（2002）提出小农户参与订单农业的重要原因是订单农业能帮农户获得可观的生产资本，降低不确定风险。Carter 和 Olinto（2003）研究认为，农户加入非农市场体现其根据市场价格来追求自身利益最大化的行为特征；Barrettet 等（2006）证实拥有较高资源禀赋的农户可以在市场活动中更好地规避风险，从他们高回报的农业生产活动中获益。Kirumba. E. G. 和 Pinard. F.（2010）通过对肯尼亚的农民咖啡标准化生产决定性因素的研究，发现咖啡产量、施药次数、预期效益是其标准化生产的重要驱动因素。Okello Julius 和 Swanton Scott（2010）发现实施 DC－PS 标准能促使农民加强在农业生产过程中对自身的保护。

2.7 国内研究的文献综述

2.7.1 农业标准化概念研究

李苏（1995）认为，提出农业标准化是运用统一、简化、协调和选优原则，实现对农业生产的科学化、规范化、指标化，达到低耗、高效地提高农产品的质量与产量，协调人类与自然的关系，从而取得最好的社会效益和经济效益，加强农业的可持续发展。

于冷（2002）认为，农业标准化是运用“优选、简化、协调、统一”的标准化原则，对农业生产的产前、产中、产后的全过程，通过制定和实施标准，推动先进的农业科技成果和经验迅速推广，以确保农产品的安全和质量，加强农产品的流通，规范农产品市场的秩序，指导生产，引导消费，就能取得良好的社会、经济和生态效益，达到提高农业竞争力的目的。

刘薇、张琴等（2006）提出，农业标准化是运用统一、简化、协调、优选的原理，在农产品生产、加工、流通各个环节，执行相应的标准，实施生产和管理，形成以市场为导向的、以提高农产品质量水平为中心，获取最佳效益、社会和生态效益的综合运行体系。

王芳、陈松等（2007）认为，农业标准化是以农业科学技术以及实践经验为基础，运用统一、简化、协调、优选原理，把先进技术和科研成果转化为标准，在管理和农业生产中实施应用，实现对农业生产从投入品、农田环境、生产过程的全程控制和全程规范化管理，从管理和技术两个层面提高农业产业的素质和水平，也是加快传统农业向现代农业更替的重要途径和手段。

以上关于农业标准化的概念来自对农业标准化实践的总结，特点在于：按照标准化原理，是农业领域对整个生产过程中通过制定标准、监督和实施的方法，利用管理和技术手段，取得经济、社会和生态效益，从而提升农产品竞争力。对于农业标准化概念的认识是随着实践的深入而不断丰富的，农业标准化应用于实践产生的作用最初表现在食品的质量安全提高上，随着人们认知的深入，农业标准化的作用扩展包括改善市场的交易效率、加快技术推广、加强国际贸易、推进产业结构和农业产业化调整，也更有利于宏观调控等。

2.7.2 农业标准化主体实施行为研究

2.7.2.1 *农户行为的研究*

张林秀（1996）则第一次较为全面地引入西方农户的经济理论并研究我国“小农户”的生产决策行为和效果。熊明华（2004）实证研究表明培训、图书资料、订单农业和农技人员的接触频率等因素会对农户加入标准化生产具有正面的影响。贾宪洲（2005）分析了四川省水果标准化生产中的主体行为，通过对影响制度变化的需求和供给因素的分析，指出了四川省水果标准化生产推广中的阻碍因素。卫龙宝等（2005）通过对农户调查，从质量安全意识、技术能力、市场意识及风险意识等方面，实证分析了农户生产行为，研究表明农户是以市场为导向的生产者，其生产行为和经营决策都符合市场理性。祝宏辉、王秀清（2007）提出农户的文化程度、年龄、接受技术培训与否、家庭劳动力数量、市场信息和外部环境、经营规模、非农收入、政策和制度等因素都会对农户生产行为产生影响。林政、唐梦（2007）提出不同农业生产力水平的农户生产的动机行为是不同的。王芳等（2007）通过对河南512个农户的农业标准化生产的实证分析，认为政府支持因素会对小农户开展农业标准化产生最大的影响。黄文华、林燕金（2008）通过对353个茶农的调查，研究得出农民受教育程度直接决定着农业标准化的实施与推广。

张宝利、刘薇（2010）通过对杨凌示范区的农户农业标准化生产过程实证研究，提出农民对标准化了解程度不够、农业标准化效益不明显和生产规模较小是其农业标准化制约的因素。王慧敏、乔娟（2011）研究认为，农业标准化增加农户的劳动用工以及肥料使用成木，但是产业化组织的作用在于，提高产品的价格，降低交易费用，提高种植效益。赵荣、乔娟（2011）研究认为，加入标准化生产提高农户的种植收益和食品安全认知。陈雨生、房瑞景（2011）通过对海水养殖户的安全生产行为实证的研究发现，食品召回的制度、标准化生产的制度和周围农户的影响对农户加入标准化生产行为有着积极影响。李先玲（2011）提出，农业生产的效益是影响农户行为的关键的因素。颜弥、马惠兰（2011）认为，农户的种植规模、务农时间、施肥习惯、文化程度及农户对化肥施用负面影响的态度也是影响农户化肥施用行为的主要因素。

姜天龙（2012）提出我国农村的劳动力结构和农产品的需求市场的变化对农户农业生产行为有很大影响，对其家庭劳动分配和农业要素投入的影响最大。洪建国、杨钢桥（2012）对太湖平原和江汉平原的实证分析，发现农户农业生产的决策是一个稀缺要素与富余要素的边际产出异化过程。陈昌洪（2013）以四川省农业标准化示范区农户为例，对农户采用标准化意愿因素进行了分析，提出农户收入水平、参加培训次数、售卖价格保证和政府支持等因素对农户采用标准化行为有正向影响，进而提出农业标准化对策。

2.7.2.2　农业企业行为的研究

王芳等2007年提出农业标准化是在农业科学技术和实践经验基础上，运用统一、简化、协调、优选原理，把先进技术和科研成果转化为标准，是加快传统农业向现代农业转变的重要手段和途径。章力建等2011年提出农业企业标准化是把先进的科学技术和成熟的经验制定成标准并推广应用，融合先进的技术、经济、管理于一体，使龙头企业的发展科学化、系统化，从而达到可持续发展。席兴军等通过对我国农业企业的标准化特点与作用机制分析，得出企业实施农业标准化可以加速产品开发，提高企业开发能力，获得适度规模经济，提高和稳定产品质量，使企业活动中各部门、各个环节能有效合理地运作，最终建立现代企业制度。彭建仿、孙在国等通过实证分析提出安全农产品生产能力、安全农产品意识、企业实力、合作伙伴性质、安全农产品生产环境对企业生产安全农产品意愿有显著影响。郑红军、梁俊芬以农业龙头企业质量控制为研究对象，采用实证分析提出企业销售收入、资产总额、产品是否出口、决策者年龄、决策者学历等因素对农业企业是否愿意采用国内或者国际先进的标准有显著影响。

2.7.2.3　农民合作社的行为研究

梁红卫（2009）提出农民专业合作社是推动农业标准化的内在动力。李小洁

(2012) 提出合作社作为农业标准化的载体和组织者，是农业标准化的积极倡导者，是提高农民组织化程度的有效组织经营方式，是推进农业标准化的主力军。周洁红、刘清宇（2010）在文献回顾的基础上，对浙江省95家农业合作社实施标准化的现状、行为及绩效进行了定量研究。研究表明，增加责任感、政府法律要求、消费者食品安全意识及政府支持等是影响农业合作社实施标准化行为的显著因素，提出加强消费者教育、实施农产品市场准入、改革农机推广体系等建议。鞠立瑜（2010）从生产资料供应、产品销售、农民对标准化满意度及生产管理四方面分析了以农民专业合作社为主体的标准化生产，研究表明四川省农民专业组织合作社在生产资料的统一供应、产品统一销售、生产技术统一管理、农户满意度方面均取得了显著成效。范小菲（2011）提出市场需求、监管因素、政府支持及品牌意识是影响合作社标准化的因素。郭晓东（2012）通过分析陕西省苹果合作社的标准化实施行为和影响因素，提出政府扶持及企业带动对合作社实施农业标准化影响显著。王芳、王宁等（2013）基于对合作社的问卷调查，运用 Logistic 回归模型和描述性统计分析，研究影响农业合作社标准化的实施情况显著因素，结果表明，合作社自身基地建设情况、品牌情况、优质优价、销售渠道、负责人学历以及政府支持对合作社实施农业标准化有显著影响。

2.7.3 农业标准化的作用研究

刘录明（2002）提出农业标准化是实施科技兴农的基础，是推广先进农业技术的桥梁，标准化的过程实际是科技应用、科学普及、科技总结、科技水平提高的过程。于冷（2002）提出促进农业标准化生产，控制生产的各环节，提高农产品质量，促进农产品品牌建设，从而提高农产品国际竞争力，更好地开拓国际市场。张光辉等（2003）提出随着农业标准化体系不断完善，健康、优质的农产品流入市场，农业标准化有利于提高人民生活质量、确保良好的农业生态环境。刘微微等（2004）通过分析提出农户实施农业标准化可以有效提高农产品质量和品质，提升农产品附加值，提高农产品市场竞争力，增加农户收入，进而调动农户标准化生产的积极性。杨冲（2005）提出实施农业标准化可以借鉴国外发达地区经验，以市场需求为导向，规范农产品质量，促进农产品市场流通和农业产业化发展。

2.7.4 发展农业标准化的对策研究

加快制/修订农业标准，完善农业标准体系。李艳华（2007）认为，农业标准的制/修订以及推广实施是加快农业标准化生产的前提和基础，要大力实行农业标准化，各部门应该结合实际，根据农业结构的调整、农产品的质量标准与国外市场接轨的需要，积极借鉴和研究国内外先进的标准，按照缺什么补什么的原则，完善农业的标准体系。何乐琴（2008）指出实施农业标准化要对当前的农业标准进行一次全面检查，对产品标准和检测方法不配套、标龄过长、标准内容脱离实际、标准指标落后等问题及时修订，积极采用当前最新科技成果，及时引进、跟踪实用的国外先进标准和国际标准，加快标准制/修订的进程，保证标准的适用性、先进性和科学性，从而提高我国农业标准化的水平。吴小松（2010）提出农业标准化的生产离不开农业标准，如果要保障农业标准化工作顺利的推行，必须加快农业标准的制/修订，用来完善农业标准体系，使农产品的产前、产中、产后的全过程有标准可依。完善标准化体系除了要加强对现在尚空白领域的标准的制定，还要对照国际标准，对现有的标准进行修订、完善、整合，废除那些重复不合理的标准。

多方面宣传农业标准化。王雪琴（2010）指出要加大普及农业标准化的知识，如果没有农民的积极参与，农业标准化如同海市蜃楼。要通过书报刊物、广播电视等多种媒体，通过现场会、科技讲座等形式，向农民宣传农业标准化的重大意义和紧迫性，特别要讲明白农业标准化对农民增收的益处，提高他们加入农业标准化的积极性。同时，要通过开展培训班，提高广大农民科技文化的素质，掌握实用的农业标准化的知识。张宏升（2011）提出通过新闻媒介，向农民普及标准化的知识，增强生产者、管理者、经营者乃至消费者的标准化的意识，以示范户、示范田为模板，让农民眼见为实，充分相信农业标准化能带来实效，从而积极自觉地加入到标准化生产中，完成生产方式的彻底转变，带动农业标准化的发展。

提高农产品的检测手段和完善检测体系。杜刚（2006）提出要确保农业标准化的实施，保证农产品的安全和品质，组建和完善农业科技服务站和监管机构，完善农产品的检测体系是非常重要的。李艳华（2007）认为，建立健全功能齐全、手段先进、布局合理的农产品质量检测体系，也是推进农业标准化生产的重要保证，各地要建立健全完善产地、市场内的检测机构以及管理机制，把好源头的监控关。

把农业标准化与创建品牌相结合。何乐琴（2008）提出推进农业标准化要结合创建农产品的品牌，健全农产品的品牌，通过农业标准化培育一批知名度高、竞争能力强、市场影响力大的农产品品牌，逐渐实现用标准化培育的品牌、以品牌化策动标准化发展的良性循环，把产品优势转化为标准优势，把标准优势转化为品牌优势，把品牌优势转化为市场优势。董全龙（2010）提出标准化生产是根本，品牌化经营是方法，二者相辅相成，在加快实施农业标准化生产过程中，要进一步提高农产品的价格，增强市场的竞争力，就必须要与农产品品牌的经营实行有效的联合，通过品牌来提升价格，通过标准化生产提升农产品质量。张立新（2011）指出实施农产品的品牌战略，是构建农业标准化产业组织基础，在社会主义市场经济的条件下，以规模小、分散经营的农户为基础，是改进我国农业产业化组织开展农业标准化生产的有效途径。钟德田（2013）提出突出农业品牌建设，充分发挥农业标准化的作用，创建农业品牌是农业产业化的“牛鼻子”，农业品牌和农业标准化密不可分。农业标准化应该围绕区域农业如何形成规模、形成品牌、提高质量、增加产量、扩大市场、创建名牌方面做文章。

增加资金投入，加强农业标准化队伍建设。冯世勇（2007）提出农业标准化工作是一个复杂系统工程，离不开资金的支持。国家要注重对农业标准化实践工作的长期投入，设立专项资金用于标准制/修订与实施、农业投入品整治、产地环境监测、农产品质量安全检测与认证、示范园区建设等工作的开展。国家应该出台鼓励机制，引导农业标准化实施的主体如农民专业合作组织、企业以及其他社会力量扩大对农业标准化工作的投入，以确保农业标准化顺利地推广实施。郭振宗（2009）提出建立农业标准化推广和管理机构、购置必备的物质设备器材以及农业标准化的推广和实施等都要有一定的资金投入做保证，而且需要大量的资金投入。各级政府更要高度重视，设置农业标准化专项资金，不断加大扩大投入，确保农业标准化体系建设的顺利进行。董全龙（2010）提出农业标准化生产是一个长期过程，资金投入比较大，光靠农户自身的力量很难坚持下去，政府应该加大对农业标准化生产的政策扶持力度，建立农业标准化发展专门资金，促使农业标准化生产又快又好的发展。李金才提出农业标准化的实施要靠大量资金的投入，个人、企业和政府都要积极地投资，开拓农业标准化投资的多元化局面，从而加快农业标准化发展。李庆欢、汪海霞（2012）提出，兵团农业标准化的主要推广模式，通过对三种模式的现状分析，得出兵团农业标准化实施过程中存在的问题并提出加强农业标准实施进程、完善胚胎措施、促进技术推广、建立健全农业标准化体系制度，确保农业标准化健康发展，以招商引资带动农业经济等对策。钟德田（2013）提出加大对农业标准化的投入，政府应拿出一定比例的财政资金投入农业标准化中，加强农业标准的宣传与贯彻。

3　兵团发展农业标准化与竞争力现状分析

3.1　兵团农业发展状况及农业竞争力现状

新疆生产建设兵团分布在新疆维吾尔自治区的13个地州，67个县市境内，是作为一个体制独特、计划单列的大型农工商企业集团，农业的支柱产业功能更加突出。兵团的农业发展正处在由传统农业向现代集约农业转变的关键阶段。

农业是兵团发展经济的基础及优势产业，建设现代化农业是兵团农业发展的重要途径，也是兵团在“十二五”期间，实现农业增长的宏伟目标。党的十八大报告强调，加快发展现代化农业，增强农业综合的生产能力，确保国家粮食的安全和重要农产品的有效供给。十多年来，兵团重点抓好节水灌溉示范、农业机械化推广、现代农业示范“四大基地”建设，为兵团推进农业现代化提供了有力支撑。通过实施一批重点水利工程建设，进一步增强了兵团灌区蓄水、引水、节水灌溉能力，夯实了现代农业发展的基础。目前，以国家级现代农业示范区、兵团级现代农业示范团和师级特色示范基地互为补充、互为依托的现代农业示范体系更加完备，逐步带动兵团农业发展向集约化生产、科技示范、休闲观光、科普教育等多功能拓展。兵团作为农业的领导者，凭借“四大基地”建设，会加速实现现代化农业，在农业领域创下新辉煌。

据2012年兵团统计公报，兵团高新节水灌溉面积1100万亩，占兵团有效灌溉面积的65%以上，继续在全国保持领先水平。农业综合机械化水平达到90%，居全国前列。拥有采棉机1007台，机采棉面积达到385万亩，占棉花种植面积的一半。主要农作物良种覆盖率达到100%，牲畜良种率达到85%以上，农业科技贡献率达到58%。兵团全年农作物播种面积1114.08千公顷，农作物精量半精量播种面积 777.30 千公顷，有效灌溉面积为 1091.49 千公顷。2011 年，全年完成农业总产值 675.85 亿元，比上年增长 9.4%。团场农牧职工家庭人均纯收入达 8680 元，比 2005 年翻了一番。

借助兵团农业发展的资源优势，尽快使传统农业向现代农业转变，调整农业产业结构，在农产品生产、加工、销售环节中进行标准化生产，实现农产品高质量、高产出、高效益。目前，兵团逐步重视龙头企业带动农业产业化的发展，大力推进农业产业化经营，兵团棉业、糖业、酒业、果蔬业、畜牧业和种业快速发展，农业产业化经营规模不断扩大，龙头企业辐射带动能力进一步增强。以获得国家级和兵团级重点龙头企业 69 家，比 2005 年增加 40 家，其中国家级 15 家。销售收入过 10 亿元的企业有 13 家，龙头企业带动农户 42 万户。优质农产品的品牌影响力不断提升，兵团已有 91 个农产品被评为中国和新疆名牌产品或驰名商标。

兵团进一步加强农业产业化工作，落实国家扶持农业的政策，促进农业发展的方式，推进农业产业化的经营，提高农产品质量，增加职工收入，实现兵团农业经济效益高增长。兵团大力发展特色农业，突出重点产业优势；以棉花为主要种植经济作物，棉区达 150 万亩以上，全年棉花产量 129.31 万吨；还发展果蔬特色产业，番茄、蟠桃、西瓜等大棚种植产业布局；以标准化、规模化、统一化养殖为重点，初步形成了种猪、奶牛、鹅、肉羊等兵团畜牧产业带。2011 年，兵团粮食总产量为 167.29 万吨，棉花总产量为 129.31 万吨，蔬菜水果总产量为 752.12 万吨，肉类总产量为 38.23 万吨，牛奶总产量为 49.66 万吨，分别较 2006 年增长 11.5%、16%、90.6%、31.6% 和 55.7%，农业产量显著提高。

3.1.1 农业结构调整仍在继续

农业是兵团经济的基础，中国加入世界贸易组织后，兵团农业的发展仍然面临着有利因素与不利因素共存、机遇与挑战同在的局面。兵团农业要适应加入世界贸易组织要求，迎接挑战，提高竞争能力，就必须以科技为支撑，发挥比较优势，尽快进入国际市场大循环；就必须推进农业和团场经济结构战略性调整。

兵团的农业优势主要表现在棉花等大宗农产品的生产规模上，在自治区、甚至全国占有突出地位；但由于农产品加工转化率低、农业经济结构不优、团厂职工收入结构不合理、收入增长较慢以及农工队伍素质有所下降，产品优势还未真正转化为商品优势和经济优势。

在农业发展新阶段，为了适应加入世界贸易组织的要求，以职工增收为目的，以市场为导向，大力发展特色农业，实现农业优质、高产，推进农业产业化及农业现代化进程。兵团农业和团场经济结构战略性调整仍在继续。

3.1.2 农业产量提升很快但质量下滑

兵团农产品从长期短缺发展到供求平衡、丰年有余以后，农产品质量问题便成了目前人们关注的热点。长期以来，人们把最大的产出量作为追求的主要目标，从而培育出高产水稻、小麦、玉米、葡萄、棉花等农作物，产品产量提升很快，但质量却大幅度降低，竞争力降低。目前，出现棉花库存和进口双双创新高现象，葡萄的含糖量不符合标准等问题。这严重影响了兵团农产品竞争力和职工收入的提高。加强农产品质量管理，是农业发展进入新阶段的必然要求，全面提高兵团农产品质量至关重要。

3.1.3 真正意义的品牌没有形成

兵团不仅拥有丰富的矿产资源，还具有典型的地域气候特征，干旱少雨，昼夜温差大的温带大陆性气候，为兵团的农产品生产提供了独特的地域环境。然而，由于没有形成有竞争优势的农产品品牌，难以为职工与团场经济的发展带来效益。据资料显示，兵团已有一大批优质农产品获得国家和省级品牌认证。在龙头企业的带动下，兵团已经形成了占全国2/3的番茄种植面积，占世界一半的番茄出口量，番茄制品占全国的90%。林果产业已经培育出林果品牌：哈密瓜、香梨、阿克苏苹果、红枣等一批林果品牌。

但是由于品牌知名度不高、品牌散乱，各自为政，难以形成合力，导致很难获得显著的经济效益和特色农业产业所起到的推动作用。另外，由于生产规模小而分散、农产品受自然因素影响较大，质量不稳定等原因，严重影响品牌建设。并且大多数团场重视农产品的生产及产量，轻视销售。许多兵团农产品销售缺乏品牌形象实力的营造。因为没有认识到农产品品牌的影响力度，疏于对农产品品牌的管理，品牌产权保护意识差，法律意识薄弱。兵团农产品有其自身的优势和特色，但是真正意义的品牌并没有形成。

3.2 兵团农业标准化发展现状

兵团的农业标准化从1957年开始建设农业现代化国营农场开始，形成了整个团场内部的标准化生产管理体制，到20世纪80年代逐步形成了师级层面的管理体系，农业生产的统一指令性生产模式形成。兵团以标准化促进农业效益提高，有效开发利用农业资源，改善农产品结构，实施品牌战略，积极发展各种特色农产品，初步形成了粮食、果品、棉花等主导产业，标准化的实施取得了明显的效果。新疆兵团在种植业、养殖业等农业生产领域建立农业标准化示范区，种植业示范带动350多万亩，牛羊养殖10余万头，鹅养殖100多万羽，形成了综合标准化生产体系。

3.2.1 兵团农业标准体系初步形成

2012年，兵团完成农业增加值388.37亿元，比2011年增加9.0%。2012年农作物播种面积113.02万公顷，增长1.4%。作物精量、半精量播种面积81.91万公顷，增长5.4%。有效灌溉面积108.54万公顷，其中高新节水灌溉77万公顷。农业标准化产业园有2万公顷，其中国家级园艺作物标准园6个。农业机械总动力424.36万千瓦，比2011年增长7.1%。大规模标准化养殖场3994个，国家级标准化示范场43个。“三品一标”（有机农产品、绿色农产品、无公害农产品和农产品地理标志）产品认证达237个。其中无公害认证为140个，认证产地面积为30万公顷。兵团农业产业化水平较高，有各级农业产业化龙头企业393户，国家级15户，兵团级65户，带动农户数1.95万户。全兵团58个团场和企业被国家农业部批准为“农产品质量追溯创建单位”，有4个团场被国家农业部批准命名为“全国粮食原料生产示范基地”。兵团有91个农产品被命名为“中国名牌”、“新疆名牌”、“驰名商标”。很多优质农产品成果开拓国外市场，销售到加拿大、美国、欧洲、中亚、新加坡、俄罗斯等地①。

农业标准从单一的品种标准、产品标准，逐步涉及生产、销售等各个环节的标准，部分标准对农业生产技术、产品品质、生产环境有严格的规定，初步形成了农业标准化生产体系。

3.2.2 农业机械化技术水平明显提高

2012年末，兵团拥有农机械总动力425.02万千瓦，比2011年增长7.05%，农机经营总收入426332万元。2012年，兵团投入农机化资金163758万元，为2011年投入量的116.50%，该年全兵团机耕面积108.44万公顷，耕作机械化程度100%。机播面积113.02万公顷，播种机械化程度99.6%。机械收获面积81.63万公顷，收获机械化程度91.54%；覆膜面积69.29万公顷，覆膜机械化程度99%。机械中耕面积65.28万公顷，中耕机械化程度100%。

2012年末，农机化人员57426人，其中农机管理、经营服务干部951人，占1.66%；农机操作人员53120人，占92.50%；其他农技服务人员3355人，占

---

① 数据来源：2012年兵团统计年鉴。

5.84%。全年农机培训61726人次，其中，农机监管人员培训3011人次，农机管理人员培训2347人次，农机监理人员培训1258人次，农机技术人员2347人次，农机操作人员55110人次①。

3.2.3 农业科技创新和标准化工作取得新突破

2012年，兵团高产创建面积达到7.51万公顷，高产创建团场63个，标准化示范园面积达到2万多公顷，创建国家级标准园6个。六大精准农业技术和以精耕细作为代表的十大栽培技术在兵团得到大力推广和普遍实施。一师农业已走上了精准农业发展道路，成为五家渠后农业部批准的第二个国家现代农业示范区。2012年，兵团对59个获证产品进行抽查检验，合格率高达100%。到2012年底，兵团有7个产品获得有机食品认证，66个产品获得绿色产品认证，123个产品获得无公害产品认证，8个单位成为国家农业部质量追溯单位，13个产品获得农产品地理标志。

3.2.4 农产品质量安全检测体系建设基本形成

2012年，国家发展和改革委员会、农业部下达投资3600万元计划指标，用于兵团12个团场农产品质量安全检验监测站建设，截至2012年底，兵团已有13个师和27个团场建立了农产品质量质检站。并且，兵团农业局组织开展农产品质量安全抽查工作，重点抽查12个师的9个农产品批发市场、4个农产品贸易市场、16个蔬菜生产基地、3个葡萄生产基地等，经检测，合格率达100%。

2012年，兵团机构编制委员会下发《关于兵师两级农业局建立农产品质量安全监管机构的通知》（兵编办发〔2012〕41号）和《关于在师、团两级农业技术推广站挂农产品质量安全中心牌子等有关问题的通知》（兵编办发〔2012〕44号），明确在兵团农业局设立农产品质量监管处，与市场信息处一个机构两块牌子，各师农业局农产品质量安全监管机构的设立由各师机构编制委员会按管理权限审定，在各师农业技术推广站挂农产品质量安全中心的牌子，在各团场农业技术推广站挂农产品质量安全监管站牌子，至此，兵、师、团的农产品质量安全监管有了明确的机构。

① 数据来源：2013年兵团统计年鉴。

3.3 兵团推进农业标准化提升农业竞争力的主要做法

3.3.1 团场推动

兵团高度重视农产品市场开拓工作，以“团场搭台，企业唱戏”的方式，积极组织农产品基地和加工型龙头企业参加多种形式的省内外产品展销会、经贸洽谈会等，帮助企业寻求合作伙伴，推介产品，开拓市场，为企业提供高效优质的服务。组织考察团赴国内外取经学习，派出干部到发达城市挂职，组团参加各类博览会、推介会等。同时，组织召开了第二届鲜食葡萄推介会，来自全国各地的 100 余名客商参加产销对接的推介洽谈会。仅 2012 年上海兵团光明食品节一次就先后组织 10 多家企业 60 余种产品参加展示。为进一步扩大兵团优质农副产品资源优势，通过亚欧博览会、首届北京服务贸易洽谈会、青海（清真）食品展、112 届广交会、义乌国际商贸城新疆名优产品展展位、2012 年中国工业产品（缅甸）展览会等展会平台进行宣传展示。

3.3.2 加快农业新科学、新技术推广，大力推行农业标准化生产

兵团着眼于增强大农业自主创新能力，加快农业科技成果的转化应用：一是在种植业上大力推广以六项精准农业技术为主要内容的新科学、新技术，超宽膜植棉、良种推广 100%、精量播种、膜下滴灌 100%，智能化滴灌、大力实施机采棉种植。在畜牧业生产中全面应用了人工授精冷配技术、饲草三贮一化、牛羊塑料暖棚技术、机械化挤奶、牧草机械化收割、性控冻精及性控胚胎移植、全混合日粮饲喂、奶牛自由采食等技术。二是大力推行标准化生产。滴灌技术已发展到智能化控制大田示范阶段。滴灌作物也由单纯的棉花、酱用番茄推广应用到玉米、辣椒、甘蔗、大豆、马铃薯等 30 多种农作物种植中。

3.3.3 积极拓展国内外市场，广辟市场渠道

为了更好地实施“开放带动”战略，帮助、引导区内企业“走出去”，深度拓展周边中亚国家市场，扩大国外宣传，促进对外贸易和区内企业进一步发展，兵团充分利用石河子经济技术开发区和商务部开展的“万商西进工程”平台，组织垦区相关企业参与在中亚举办的“中国商品暨亚洲商品展览会”和东西合

作交流，新疆燕京啤酒、雨润食品、秉信纸业公司、正义科技公司等一批区内企业先后与外资、东部沿海龙头企业签订了合作合同。天业膜下滴灌系统也在巴基斯坦信德省、旁遮普省建立了四种典型作物的三个示范点。

3.3.4 培育农产品名牌，提升现代农业竞争力

在示范区建设中将提升产品质量、推进产品升级作为工作重点，与名牌战略工作相结合，提高农产品质量，打造产品名牌，增强农产品市场竞争力，提高农业经济效益，切实做到“创建一个品牌，带动一个产业”。如先后引进伊利、燕京、康师傅、雨润、张裕等以及番茄酱、啤酒花、饲料、豆制品等一大批国家乃至世界知名农产品知名加工企业入驻垦区，并充分发挥它们的品牌优势，提升垦区农副产品增值空间。为进一步加强农产品品牌建设，兵团建立了师团两级农产品质量检测站。

4 兵团农业标准化现有推广模式

农业是兵团发展经济的基础及优势产业，建设现代化农业是兵团农业发展的重要途径，也是兵团在“十二五”期间，实现农业增长的宏伟目标。十八大报告强调，加快发展现代农业，增强农业综合生产能力，确保国家粮食安全和重要农产品的有效供给。十多年来，兵团重点抓好节水灌溉示范、农业机械化推广、现代农业示范“三大基地”建设，为兵团推进农业现代化提供了有力支撑。通过实施一批重点水利工程建设，进一步增强了兵团灌区蓄水、引水、节水灌溉能力，夯实了现代农业发展的基础。目前，以国家级现代农业示范区、兵团级现代农业示范团和师级特色示范基地互为补充、互为依托的现代农业示范体系更加完备，逐步带动兵团农业发展向集约化生产、科技示范、休闲观光、科普教育等多功能拓展。兵团作为农业的领导者，凭借“三大基地”建设，会加速实现现代化农业，在农业领域创下新辉煌。

兵团高新节水灌溉面积1100万亩，占兵团有效灌溉面积的65%以上，继续在全国保持领先水平。农业综合机械化水平达到90%，居全国前列。拥有采棉机1007台，机采棉面积达到385万亩，占棉花种植面积的一半。主要农作物良种覆盖率达到100%，牲畜良种率达到85%以上，农业科技贡献率达到58%。兵团全年农作物播种面积1114.08千公顷，农作物精量半精量播种面积777.30千公顷，有效灌溉面积为1091.49千公顷。2011年，全年完成农业总产值675.85亿元，比上年增长9.4%。团场农牧职工家庭人均纯收入达8680元，比2005年翻了一番。

借助兵团农业发展的资源优势，尽快使传统农业向现代农业转变，调整农业产业结构，在农产品生产、加工、销售环节中标准化生产。目前，兵团逐步重视龙头企业带动农业产业化的发展，大力推进农业产业化经营，兵团棉业、糖业、酒业、果蔬业、畜牧业和种业快速发展，农业产业化经营规模不断扩大，龙头企业辐射带动能力进一步增强。以获得国家级和兵团级重点龙头企业69家，比2005年增加了40家，其中国家级15家。销售收入过10亿元的企业有13家，龙头企业带动农户42万户。优质农产品的品牌影响力不断提升，兵团已有91个农产品被评为中国和新疆名牌产品或驰名商标。

4.1 兵团农业标准化示范区分布及示范区个数统计

农业标准化示范区是指按照一定的种植或养殖标准组织生产和管理，其产品达到相关质量标准要求，并对周边地区起到示范、带动作用的农业生产区域。它的建设始于1996年原国家技术监督局（国家质检总局前身之一）开始在全国开展大规模农业标准化示范区建设工作，至今已有16年的工作历史。

目前，农业标准化示范区共分为国家级、省级和市级三个级别，分别由国家标准化管理委员会、省质量技术监督局、市质量技术监督局及市农业局等主管部门批准立项及验收。

从1996年开始，我国开始实行农业标准化示范区的创建工作。至今，全国共有3758个创建单位被评为国家级农业标准化示范区。农业标准化示范区的建设是兵团农业标准化推广实施项目之一。自2005年起，国家对农业标准化进行扶持。从兵团质监局2011年统计获悉：兵团共承担建设了80个农业标准化示范区项目，其中国家级项目47个，兵团级项目33个。示范区的建设内容涵盖了兵团种植业、养殖业等农业生产的主要领域，示范区累计带动种植业标准化生产面积350余万亩，牛羊养殖10万余头，家禽养殖100多万羽，已初步形成了以粮食、畜牧、瓜果、棉花为主的综合标准化体系，将农业生产的产前、产中、产后各环节纳入标准化管理轨道，从源头确保了农产品的质量安全。

通过示范区建设，兵团提高了农产品的质量和产量，培育了一批农产品品牌，拓展了农工增收渠道，提高了农业整体效益。2010年，兵团农工家庭人均纯收入达到8782元，比上一年增长14.5%，其中农业标准化对农工增收的贡献额占到60%以上。五家渠、阿拉尔国家级现代农业示范区、天山北坡现代农业示范带和20个现代农业示范团场建设初具规模，其示范成效显著。

兵团农业标准化示范区实施面积约350余万亩，分布于14个师以及农牧团场，主要生产对象集中于种植业和畜牧业。以师为单位，对目前已建及在建的各级农业标准化示范区个数统计结果如表4-1所示。

表 4-1 农业标准化示范区在各师及农牧团场分布情况

各师市	种植业	畜牧业	现代综合农业示范区
一师	2	6	2
二师	5	3	1
三师	0	2	0
四师	5	2	0
五师	4	0	0
六师	8	3	1
七师	3	3	0
八师	1	7	0
九师	3	4	0
十师	2	0	0
十二师	3	1	1
十三师	2	1	0
十四师	1	1	1
兵团质监局	2	0	0

注：数据来源于农业标准化信息平台。

进一步分析，兵团农业标准化示范区的建设的覆盖面积比较宽广，各师农业标准化示范区分布比较均匀。兵团为加速发展现代农业，进行优化产业结构，带动农业经济。

4.2 兵团农业标准化现有推广模式

兵团农业标准化的实施是加快现代化农业的重要手段，兵团有力加强示范园区建设，推动农业发展，主要是当地政府起推动作用，依托当地大型龙头企业和成熟的农工专业合作社成为引导主体，大力实施推广模式。以示范区为重点建设项目，招商引资，落实政府补贴。兵团以特殊的组织团体，领导农工走积极的标准化推广模式。兵团对农业标准化示范区实施要求严格，分工明确。政府主导型推广模式、龙头企业主导型推广模式、合作社主导型推广模式这三大推广模式，由于自身的性质不同，承担的项目内容也不同，本书以农产品为例。

4.2.1 政府主导型农业标准化推广模式

政府标准化推广模式是指以政府为组织主体，响应积极的政府政策，向农民推广标准化农业生产的模式。政府主导型的推广组织是为了保证国家的政治、经济和社会目标的实现，主要是一种宏观性的目标。兵团拥有14个师，175个农牧团场。政府主导型农业标准化推广模式在兵团这个特殊性质的社会组织中，主要管理体系是由兵团、师、团、连队构成。这一模式主要采取纵向农业标准化推广体系，以团场职工为推广对象，实施兵团“一团一品”、“一团多品”的战略实施，创建兵团自己的现代农业品牌，层层递进，提高效益，增加职工收入。政府在农业标准化实施中主要职责是“四统一”即统一规划，合理布局；统一协调，扶持建设标准化生产基地或示范区；统一标准，创建品牌；统一服务，发挥技术优势。

政府为主导的农业标准推广，主要覆盖多个方面，其主要包括示范区项目的设立、服务体系的构建、农产品生产全过程的经营服务等。项目的设立主要包括示范区建设的影响力，带动的经济效益及快速推广农业标准化生产的实施。服务体系的构建是使农民得到标准化的服务体系，使农民在培育、种植、施肥等生产过程中，得到标准的技术投入。而经济效益是农民最关心的一个问题，由政府提供销售渠道以及产品的流通平台使农民的经济利益得到保障。在实施项目过程中，以政府为主导，开展农业标准化建设就会有很大的成效。

兵团政府对实施标准化推广模式主要工作如下：

根据兵团的特殊性质，可以知道兵团本身就可以看成一个独立的“企业”。兵团大企业为发展各项产业，积极促进经济增长，兵团政府提出具有特色农业的“一团一品”、“一团多品”的战略实施，即每个团场要创建每个团自己优势的农业品牌产品，大力推广农业标准化项目，是由兵团统一发放标准化的育苗、统一标准化的种植、统一标准化的销售等农业标准化。

目前，兵团总共14个师以及175个农牧团场。发展“一团一品”是兵团政府做出农业产业结构调整，“一团一品”战略改变了发展经济传统模式经济观念。兵团根据各师市的资源和特点，以种植业特色产业的品种大多有棉花、小麦、巴旦木、核桃、番茄、打瓜籽、蟠桃、葡萄等主导产业；以畜牧业为主的有生猪养殖、奶牛奶业、野生鸡等生态养殖产业。以市场为导向，变资源优势为产业和品牌优势，逐步建立起各具特色的产业链或产业集群，培育出主导产业明确、产业规模较大、产业链条较长、发展极具特色的“一团一品”。坚持“效益优先、产业互补、生态和谐”的原则，围绕产业支柱、实现产值、职工收入“三增长”。

兵团对农业标准化示范区申请项目积极推进，各师都发挥地域优势，对特色产品进行品牌化、标准化、优质化的生产要求。实施团场加大补贴，推行更多惠农政策，使兵团政府拥有自己的品牌。兵团政府推广模式主要获国家级示范区称号的项目有：四师六十八团水稻标准化示范农场、五师八十一团棉花标准化示范农场、五师八十六团红提葡萄标准化示范农场、六师一〇一团蔬菜标准化示范农场、六师一〇五团棉花标准化示范农场、七师一二三团蔬菜标准化示范农场、八师一四二团生猪标准化示范农场、九师团结农场蔬菜标准化示范农场、十二师五一农场加工番茄标准化示范农场、十二师三坪农场加工番茄标准化示范农场、十三师火箭农场无核白葡萄标准化示范农场、十四师二二四团红枣标准化示范农场等。

简言之，政府主导型的推广组织是为了保证国家的政治、经济和社会目标的实现，主要是一种宏观性的目标，兵团政府是一个由各个师市、连队、牧场组织起来的逐层管理模式，图 4－1 为政府主导型的农业标准化推广模式。

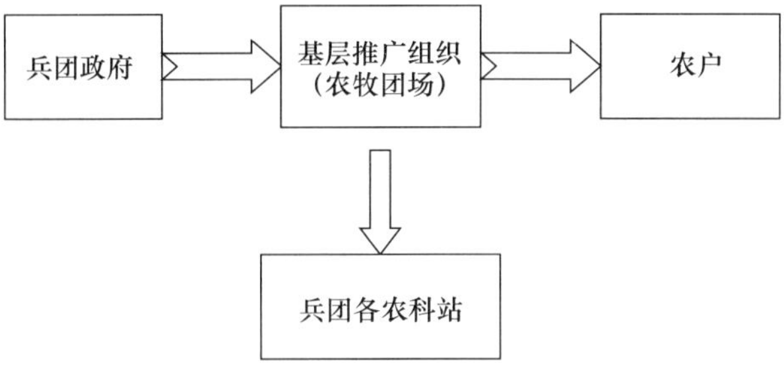

图 4－1　政府主导型的农业标准化推广模式示意

4.2.2　龙头企业推广模式

龙头企业推广模式是指以企业带动农民发展农业经济，以订单、参股、口头签约的形式进行双方交易。企业会提供标准化服务，对农产品标准化严格要求，上交货物要符合检测结果，得到高质高标准的农产品。

兵团龙头企业农业标准化推广模式主要是通过标准化的实施，对农产品的产、供、销各个环节进行严格质检。龙头企业还为农户提供农技服务、信息传递、投入资金和品牌效应，将企业生产运营、产品交易和周边的散户农民生产有机地结合起来；通过签订合约的方式，形成生产、技术、品牌、资金相融，最终达到相关利益主体合作推广的模式。龙头企业推广模式是经济较发达的农、牧、团场较为适宜采用的一种农业标准推广实施模式。

龙头企业农业标准化推广模式选择具有多样性，龙头企业可以起到很好的协调作用。一方面，它通过政府的政策扶持，发挥龙头企业的带头作用，带动周边的农牧团场，提高各团的经济效益。另一方面，龙头企业与合作社联合经营，减少其中交易费用，降低成本，达到互利共赢的目标。所以，龙头企业农业标准化主要推广模式包括“龙头企业 + 农户”、“龙头企业 + 基地 + 农户”、“龙头企业 + 经济合作组织 + 农户”等类型（见图4－2）。

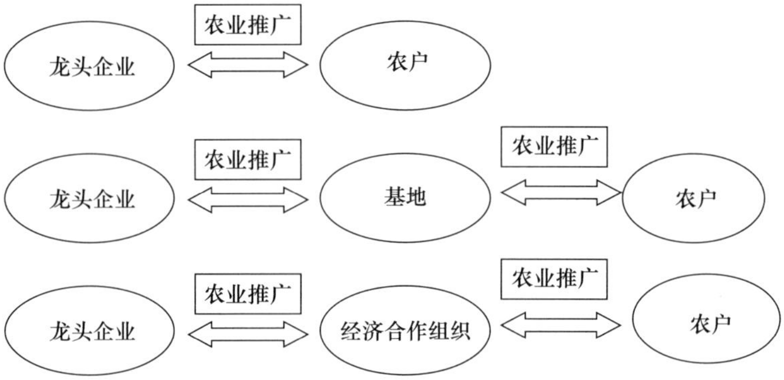

图4－2　龙头企业主导型的农业标准化推广模式示意

“龙头企业 + 农户”：是指从事农业产业化经营龙头企业直接与农户进行市场交易，并发生经济关系，企农之间不通过其他中介组织。企业可以根据市场需求与生产的需要，与农户达成协议，主要包括：①双方进行口头自由买卖，是按市场价格进行收购。②签订合同的订单方式，保护价的方式进行收购。还可以给农户提供配套服务，为了保证产品数量与质量，企业会给农民提供标准的种苗、技术等服务。③入股结合方式。是指龙头企业和农户一起入股，拥有共同利益。参加入股的农户可以按股分红，还能从龙头企业的供销等服务中得到优惠。这种方式使农民和龙头企业之间形成“风险共担，利益共享”的关系。

“龙头企业 + 基地 + 农户”：在经济发展比较快速的农牧团场，都有一些实力强大的龙头企业发挥重要作用。当地龙头企业产业链数目增多时，它会选择基地（示范区）的建设，并运用标准化的设施、高新技术等将各个基地产业链联系在一起。这可以形成一个循环经济，带动当地的经济发展，解决当地就业情况，龙头企业对基地建设也达到了国家级的标准化示范区的标准。

“龙头企业 + 经济合作组织 + 农户”：是指企业通过与农民专业合作经济组织进行联合和合作，以合作组织为中介与农民形成利益联结关系。主要有以下四种形式：①企业牵头，联合农户兴办合作组织，由合作组织再组织、指导农户为企业生产原料；②农户自愿组建合作组织，企业以团体成员身份加入合作组织，再由合作组织与企业联合销售农产品；③合作组织、企业互相以资金、土地、设备、技术等要素参股，共同出资组成具有独立法人的经营实体，互有股份，互相参与经营管理和监督；④由合作组织出资兴办龙头企业，使企业、合作组织、农户形成一个目标、利益一致的有机整体。在这种利益联结机制中，龙头企业和农民不仅有严格的经济制约，而且还作为投资合作伙伴，组成或成立一个新的经济主体。其入股结合方式是使龙头企业总利润按一定股份分配给合作经济组织，合作经济组织将含有龙头企业得到的分红总利润二次分配给农户成员，形成企业合作组织、农户“资金共筹、利益共享、积累共有、风险共担”的利益共同体。但这种联结机制要求管理人员具有较高的素质和经营管理水平，也需要市场机制的进一步完善。

截至2014年底，兵团国家级和兵团级重点龙头企业已有69家，龙头企业带动农户42万户；兵团有82个农产品被评为中国和新疆名牌产品或驰名商标；全兵团农产品加工值与农业总产值之比提高到0.52:1。兵团各级发挥特色农产品资源优势，以城市、开发区、工业园区为平台，以招商引资为重要手段，积极开展国家农业标准化示范区、农产品示范基地等项目创建活动，涌现出一批特色鲜明、形式各异、类型多样的农业产业化示范区（基地），初步形成一批关联度高、配套能力强的企业集群。八师、石河子市，一师、阿拉尔市，三师、图木舒克市，六师、五家渠市，石河子北泉镇等已成为兵团农业产业化示范区的重点区域，石河子经济技术开发区已建成中西部地区最大的棉纺织产业基地、西北地区最大的食品生产加工基地。兵团农业标准化龙头企业承担项目共有14个，获国家级的有10项，兵团还将进一步加强农业示范区建设，继续调节农业产业化发展，提高经济效益。

4.2.3 农民（农工）合作社推广模式

专业合作社推广模式是指农工自发组建合作社，自己经营管理合作组织，在内部推广农业标准化，进行统一的农业生产经营活动。

兵团农民（农工）合作社的建立是在农村家庭承包经营的基础上，同类农产品的生产经营者或者同类农业生产经营服务的农户生产者、销售者、农业生产经营组织自愿组织起来，在产、供、销等环节，实行自我管理、自我服务、自我发展的一种运作模式。2004年，国家农业部将新建生产建设兵团（农民）农工专业合作经济正式纳入管理范围。2004年，国家农业部将新建生产建设兵团农民（农工）专业合作经济正式纳入管理范围。2004～2010年，140家农民（农工）合作社得到国家和兵团的大力扶持，102家合作社组织正式登记注册。农民

（农工）合作社将市场和农户紧密结合，能够给农民提供有效的市场信息，指导和引导农民标准化生产。合作社还通过与销售市场的连接为农户统一提供种苗、技术等一系列标准化服务，根据市场信息，进行规模化、集约化农业生产。

合作社是将相同产业的农民组织起来的利益连接整体，通过对入社农户实行统一生产标准、统一操作规程、统一产品质量、统一农资供应，监管农业投入，建立健全农业质量监测体系，开展标准化培训工作，普及农民农业标准化安全知识，指导农民使用标准化种植模式，新型科学技术、科学采收，从而实现农业的标准化生产。

4.2.3.1 兵团专业合作社特殊的组织形式

兵团合作社是团场农民自发结合，有一定的经济基础，以自愿的形式组建起来的，社员以流动资产或固定资产的形式进行入股。专业合作社组织机构成立，组织机构由成员代表大会、理事会、监事会、总经理及下属职能部门构成。成员代表大会是合作社的最高权力机构，主要是选举合格任免的监事会与理事会的成员，对合作社组织做出每项重大经营事件决策起到表决权；合作社一般的平日管理工作是由理事会负责，其职能主要是对合作社成员管理；监事会对所属部门成员进行监管工作；总经理主要起决策作用，在成员大会和理事长中也起到调节作用，使合作社能够顺利完成各项重大活动。

4.2.3.2 兵团专业合作社和农民之间关系

兵团合作社是和农民共同承担风险、共同获利的组织。合作社可以降低农民的生产成本，统一购买使用国家农业标准化大型生产资料如种子、化肥、农业机械等。合作社帮助农民降低交易成本，主要包括界定和保障农产品产权的费用、发现交易对象和交易价的费用、讨价还价的费用、订立和执行交易合同的费用等。合作社的运作有助于技术的创新和新知识的传播，并使农民有机会接受专家的指导。农民可以使科技应用得到标准化推广、科技意识得到提高，并得到标准化安全质量保证产品。通过组织表达的意愿也较容易重视，农民可以通过专业合作组织把自己的意愿和要求，及时反映给政府。同时，也可以及时得到政府发布的农业产销、科技和政策等信息，获得更多的发展机会。

4.2.3.3 兵团专业合作社与农产品市场的关系

专业合作社为农民提供产、供、销一体化服务。农民专业合作组织作为一个整体参与市场交易，以市场为导向，按照规模化组织、标准化生产、品牌化经营、安全化消费的要求，建立市场竞争力强的专业合作社。专业合作社在市场中担任着买卖的不同角色，它从农产品市场中购买农民需求的标准化农资，又可以向市场供给标准化生产高质量安全的农产品。合作社成为农民和市场的桥梁，并为双方共同获利。合作社在农产品市场中占有一定的地位，就可以得到更多的企业、政府的关注。企业愿意和合作社成为合作伙伴，形成“企业 + 合作社 + 农户”的推广模式进行更好的经济合作。政府也有意为合作社建立国家级农业标准化实施基地，加大对农业标准化推广试点基地，带动农民经济发展，提高农民收入（见图 4 –3）。

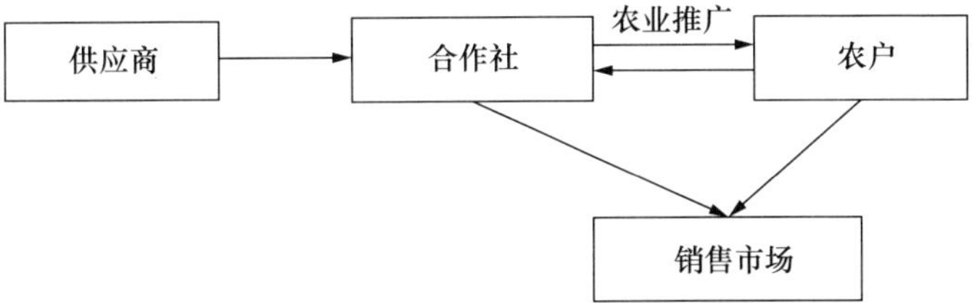

图 4 –3　合作社农业标准化推广模式示意

4.3　兵团农业标准化示范区经济效益分析
——以八师示范区为例

2012 年，兵团八师是兵团农业标准化实施的典型示范县（农场），兵团八师为加强农业标准化建设，深刻学习《关于深入实施标准化战略的若干意见》的重要内容，明确 2015 年农业标准化工作的目标与任务。八师石河子市地处天山北麓中段、古尔班通古特沙漠南缘，面积 7762 平方千米，耕地 296 万亩，现有人口 63 万人。八师共有 18 个团场、两个河系管理处，石河子市行政区域面积 460 平方千米，建成区面积 41 平方公里，人口 33 万人。八师石河子市实行一个党委领导，领导班子分设，部门一套机构两块牌子的体制。

八师现代化农业建设成效显著，处于全国领先水平。农业机械化程度达 85%，节水灌溉面积 230 万亩，机采棉面积 88.4 万亩，石河子垦区成为全国最大的节水农业灌溉区和棉花机械化采收示范区。2011 年，八师农业产业总产值为 1.29 亿元，农工平均年收入 4 万元。八师拥有 18 个农牧团场，都在实施“一团一品”计划项目，创建团场品牌。28 家重点龙头企业坐落于农八师，其中省级以上的龙头企业 13 家，带动农八师的经济发展。自 2007 年第一家合作社成立以来，农工合作社也加快了发展步伐，现已拥有 20 家专业合作社。这三种不同的领导班子，使农八师拥有已建及在建 11 个国家级农业标准化示范区，其中政府推广模式 1 个，龙头企业推广模式 8 个，合作社推广模式 1 个。

由于八师是典型的国家级标准化示范县，本章以八师示范区为例，分析八师示范区各推广模式的经济效益，得出经济贡献率，使农工更好地选择最优的推广模式，发展现代农业。

4.3.1 兵团八师农业标准化经济效益评价方法

经济效益是衡量一切经济活动的最终的综合指标。目前，用于评价农业生产经济效果评价常用方法有比较分析法、试算分析法、因素分析法、综合评分法，这些方法都有各自的特点。其方法都是选取指标体系，根据评价对象的不同，对影响产出的相关技术等各因素设立指标，使技术投入的前后有明显的对比，也可以全面分析示范区经济效益。本书选取基本方法比较分析法纳入案例。

比较分析法又称对比分析方法，是指将调查和实验所收集到的各项农业经济效果资料，进行加工、整理、归纳、分组，根据可比性原则将性质相同的指标进行对比分析，以区别经济效果的大小，从而选择最优农业方案的一种方法。

比较分析法类型可细分为平行比较法、分组比较法和动态比较法三种。比较方法：①平行比较法是对不同方案，通过采用多个指标，列成平行表进行综合比较，评定其经济效果的优劣。采用平行比较法的步骤是：确定评价对象；选择评价指标；收集整理资料；列出平行比较表；综合比较分析并选出最优方案。②分组比较法是按一定的标志进行分组，按每组的平均值进行比较分析，选择最优方案。③动态比较法是根据不同时期的资料，采用动态数列进行比较分析，从而揭示经济现象中的依存关系和发展变化趋势的方法。

本书案例中选取比较分析法，以农业标准化示范区作为研究对象，按一定的农业生产力水平和一定的自然条件要求一定的农业经营规模与之相适应，才能取得良好的经济效果。主要是对农业标准化示范区自身发展进行比较分析，以示范区实施前、实施中、实施后的水平进行比较。具体包括两个方面：一是投入水平；二是产出水平，具体表现在总量水平和平均水平。总量水平如总产量、总产值，具体可以分为时点水平和时期水平。平均水平如亩产量、亩成本反映社会经济现象的典型水平和集中趋势，在获得平均水平指标时，应注意资料的代表性和个体差异性。

运用比较分析法时，要掌握好以下三个方面的可比性：一是满足需要的可比性，指生产技术具有相同功能，生产的产品有相同的使用价值。换言之，即提供的劳务和生产的产品具有相同的性质，可以满足同一方面的社会需要。例如，不同的耕作技术，要能生产同类农产品方可比较；不同机具具有相同的功能，方可比较。二是计算口径的可比性，指计算的范围以及技术方法两方面的可比性。三是时间因素的可比性，时间因素对技术经济效果的影响表现在技术方案实施年限，以及发挥效益的年限。

案例一、案例三选取指标一样，主要是猪肉产量、规模化养猪场、政府补贴、出栏数、存栏数 5 个指标。

猪肉产量作为经济增长量，可以作为总量水平的衡量指标，可以明确通过总量的变化趋势，反映经济效益的增长。

规模化养猪场作为选取指标，是因为规模化养猪是由养猪生产规模标准划分，规模化猪场可分为三种基本类型，年出栏 10000 头以上商品肉猪的为大型规模化猪场，年出栏 3000～5000 头商品肉猪的为中型规模化猪场，年出栏 3000 头以下的为小型规模化猪场，现阶段规模化养猪场都适用于标准化养殖工作，对猪场严格要求标准化工作。

由于案例一为政府主导型模式，政府对农业标准示范区积极引导，每年国家都对示范区的建设有相关的补贴文件，政府按补贴条例给予示范区建设。

对于案例三中政府补贴是指国家〔2008〕286 号文件和《扶持发展壮大农民专业合作社的有关实施细则》规定，符合相应条件的合作社可以申请财政补助项目。根据项目的实施情况，政府发放一定申请补贴。通过政府补贴的指标变化可以看出示范区的经济扶持发展状况以及示范区的建设进度。

存栏数、出栏数作为评价指标的选取，是因为存栏就是在饲养中猪的头数，存栏数可以反映出标准化养猪的个数，即成本（按猪的个数统计），出栏数就是养成了拿去卖掉或宰杀猪的头数。这个指标可以分别反映出销售量的变化、经济效益的增幅情况。

案例二中选取的指标有示范户、皮棉单产、实现亩利润、销售利润、农工获这 5 个指标。选取指标原因如下：

示范户数：是指由龙头企业带动一四八团棉花发展，对团场职工种植彩棉有积极的促进作用，参与种植的示范户会逐渐增加，与龙头企业合作签约，对标准化种植彩棉推广覆盖至整个团场。

皮棉单产：是指由农民直接从棉株上采栽，棉纤维还没有与棉籽分离，没有经过任何加工的是“籽棉”。把籽棉进行轧花，脱离了棉籽的棉纤维叫作“皮棉”。而一般意义上说的棉花就是指皮棉。

实现亩利润：是指每亩收入减去每亩所投入的成本所得的利润。这个指标是来衡量一亩地实现的经济效益。

销售利润：是指龙头企业在销售棉花产品中实现的利润，又称营业利润、经营利润。销售利润是来衡量龙头企业的经营状况的变量，是对彩棉实施标准化后销售量的增幅情况。

农工获益：这个指标是代表龙头企业实施农业标准化推广模式后，给农工带来的收益情况。

4.3.2 案例一：八师一四二团养猪标准化示范区（政府农业标准化推广模式）

4.3.2.1 一四二团养猪标准化示范区发展状况

新疆生产建设兵团八师一四二团是一个典型养猪大团，具有较高的养猪水平和成熟技术。一四二团严格执行该项目的实施方案，及时成立项目领导小组，由团总畜牧师刘振国担任组长，畜牧科、动物卫生监督所、动物疫病预防控制中心、财务科、农业科等相关人员组成，制定一四二团生猪产业中长期发展规划，落实相关部门职责。由政府领导，实施农业标准化建设全过程，带动一四二团的农业经济，按标准化模式分类，把一四二团养猪标准化示范区归为由政府主导型农业标准化推广项目。

经过八师一四二团全团职工 10 年之久的标准化示范区建设发展的努力，为一四二团畜牧业养殖做出极大贡献。1998 年开始进行生猪的规模化养殖，积累了丰富的养殖经验。自 2002 年以来，一四二团就在筹划标准化示范区的建设工作，2003 年被国家农业部授予“无公害生猪养殖基地”称号。经过 5 年的前期工作，对示范区做好强有力的基础，使养猪产量达到标准化申请范围，全面迎接标准化示范区的建设。2007 年申报的国家级生猪标准化示范农场建设项目（农财发〔2007〕34 号），2007～2009 年就确定为标准化实施项目考核期，一四二团党委根据国内市场生猪需求大幅上升的情况和国家级生猪标准化示范农场建设项目的要求，决定在 5 年内出栏生猪达到 10 万头，引导现有生猪养殖小区向标准化规模养殖场过渡，新建万头标准化规模养殖场 10 个，截至 2010 年建设工作已全部完成，年出栏商品猪 11.5 万头。项目实施 5 年来，基本达到了标准化示范创建的预期目标和效果。

4.3.2.2 一四二团农业标准化管理措施

八师一四二团被列入建设国家级生猪标准化示范农场后，为农场开展生猪标准化工作提供了保障和条件，在实施过程中对标准化要求不断地提高，其政府也加强标准化建设的实施力度，成立了生猪标准化示范农场建设技术队伍，负责生猪标准化示范团场建设的具体实施、日常工作开展和管理工作，组织定期召开调度会和总结协调会，及时总结经验，完善工作中的不足。在标准化示范管理过程中主要对猪舍标准化、饲养标准化、服务标准化等采取严格的标准化措施。

（1）猪舍建设标准化。2007 年以前，一四二团拥有 3 个规模化养猪场，年出栏生猪只有 2.1 万头，养猪设备和圈设老化、陈旧，多采用人工饲喂、人工清粪的方法，污染物排放不达标，饲养管理不到位，软件建设明显滞后，病死率高，高投入得不到高回报，团场职工养猪积极性不高等原因制约了生猪产业的发展。规模化是现代养猪的基本方向，真正实现标准化是最主要的目的。一四二团采取“走出去、请进来”的办法，先后安排专人到北京、天津、上海、成都、重庆、山东等地参观学习，聘请石河子大学、新疆农垦科学院专家为科研后盾和技术支撑力量，从规模化猪场的选址、设计和材料都进行了科学的论证，自始至终坚持硬件和软件相结合，使其圈舍、饲养、环境调控和粪便处理实现现代化、设施化。

经过实地考察和经验借鉴，建设标准按照各类猪舍设计和标准参照中、小型集约化养猪场环境参数及环境管理 GB/T17824.4—1999 标准和 NY/T1568—2007 标准化规模养猪场建设规范，结合一四二团的具体实际全部圈舍为面南坐北、东西走向、砖混结构，三七墙夹 6 厘米苯板，屋面为轻型刚屋架 8～10 厘米彩钢苯板，地面采用混凝土粗糙斜坡地面，坡度 5°，全部采用全进全出的管理模式。

标准化规模养殖场总体布局是：生产区、生产辅助区、管理与生活区。生产区包括公猪舍、母猪舍、产房、培育舍、育肥舍。生产辅助区包括消毒室、兽医室、值班室、装猪台、隔离室（舍）、饲料车间、仓库、水塔、锅炉房、粪便无害化处理区、食堂、职工休息室等。

管理方式采取微机信息化管理、自动饲喂、粪便的固液分离、堆包式发酵和沼气生产等无害化处理系统，所有规模猪场安装视频监控系统，设施配套完善，符合农业部标准化示范场的要求，严格的防控措施，完备的消毒设施，家属区与饲养场区分隔离开。一四二团在 2011 年的下一个五年计划为再建标准化规模养殖场 20 个，达到年出栏 30 万头，力争达到 40 万头目标。将畜牧业在大农业的经济总量比重达到 50%，创建八师及兵团的畜牧业大团和强团。

（2）饲养标准化。猪舍已经全面建成，对全方面的养殖达到了设施的标准，接下来对饲养的标准也要严格制定。猪的品种是养猪生产的基础，对不同种猪培育有不同的饲养条件。在购买饲料时，要拥有《饲料生产企业审查合格证》复印件和国家正规饲料合格证才允许购买。对养殖标准化猪进行饲喂时，要按照标准化条例 GB/T178242—1999 中、小型集约化养猪场经济技术标准给予适量的饲料，提高饲料利用率，缩短饲养周期。

软件建设要实现信息化管理，建章立制，责任到人，利用对厂长、技术员和饲养员进行法律法规规范，培训饲养规程，严格监管投入品，建立健全养殖档案，每季度组织考核组进行一次实际量化考核。

（3）服务标准化。为了加快团场农业标准化建设，更好地发展生猪产业，推动项目的顺利进行，不断完善科技人才队伍，一四二团党委出台优惠的政策，从甘肃农业大学、广播电视大学、塔里木大学等高等院校招聘优秀大学毕业生 11 人，包含畜牧、兽医、动物营养、检疫等专业，充实项目人才队伍建设，并注重科技人才引进与本土人才培养相结合，推动项目建设顺利开展。建立健全科技服务体系，大力推动了生猪标准化生产健康发展，对标准化猪配种程序全部采用猪的人工授精技术，比传统养猪节省70%劳力，可控的智能化养殖环境是生猪生长、繁殖的高福利养殖场所。基本功能齐全，5年来未发生过各类重大动物疫病。建立了无害化处理设施及完整的无害化处理制度，养殖档案齐全，防疫记录完整，投入品监管记录，所饲养的猪全部佩戴耳标，已连续10年成为国家的无公害生猪的生产基地。是石河子大学培养学生的场所以及教、学、科研基地，连续5年成为全师的动物防疫达标示范团场。

4.3.2.3 示范区经济效果分析

根据比较分析法，按照时间序列，以2002~2006年作为没有实施标准化示范区的时期，2007~2009年作为实施标准化示范区实施起步阶段，2010~2011年作为标准化完善阶段，从猪肉产量、养猪的存栏数、养猪出栏数、规模化养猪示范场的数量以及政府补贴增加几方面对标准化示范区经济效益增长的情况进行分析（见表4-2）。

表4-2 一四二团养猪农业标准化相关指标数据

年份	猪肉产量（吨）	养猪场（个）	政府补贴（万元）	出栏数（万头）	存栏数（万头）
2002	1976	0	10	3.45	2.17
2003	2033	1	20	3.57	2.24
2004	2300	1	20	3.24	2.4
2005	2750	3	40	3.32	2.79
2006	3876	3	60	4.12	3.08
2007	4230	5	65	2.64	3.54
2008	3920	8	80	4.9	3.07
2009	5150	10	150.2	6.32	3.91
2010	7215	10	240	11.1	7.4
2011	12600	13	285	13.64	9.76

资料来源：八师农林牧局、八师统计局。

根据上表对示范区2002~2011年的数据统计情况，分别作出逐年变化折线图，并进行比较分析。

自八师开始实施农业标准化示范区的建设，一四二团是八师主要养猪示范团，以团场自身优势，带动全团职工致富。政府各项投入增加，各项设施卫生条件达标，经济效益显著增加。从图4-4中可以看出2002~2006年为标准化养猪示范区前期，猪肉产量由1976吨增长至3876吨，平均年增长率18.34%。2007～2009年步入正规的标准化管理阶段，对各项管理都达标，猪肉产量由4230吨增长至5150吨，平均年增长率10.34%。2007年，“病猪”及猪肉抽验显示为巴氏杆菌感染所致猪肺疫事件；2009年，甲型H1N1流感在全球范围内大规模流行，这两起事件都促使猪肉产量增长缓慢，年均增长率下降。2011年的猪肉产量突破万吨，达到12600吨，同比增长74.6%。

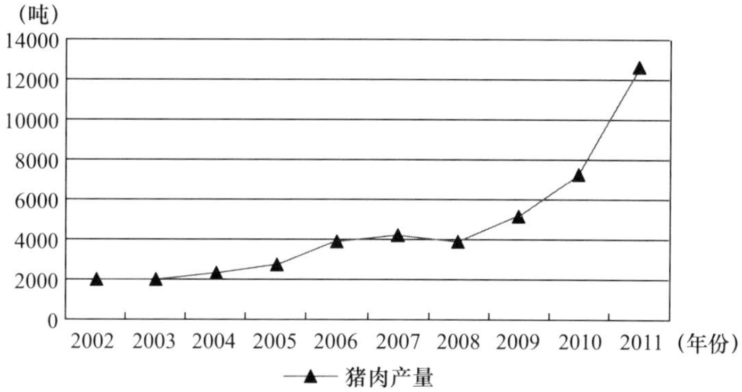

图4－4 2002～2011年猪肉产量变化情况

从图4－5中可以看出养猪场个数自2002～2006年平稳变化，期初规模化养猪场只有1～3个，大多都是散户，不集中养殖。2007年开始建设标准化养殖场，同时会有大量的政府补贴。2007～2009年扩建时期，从5个规模化养猪场增至10个，一四二团在2011年的下一个五年计划为再建标准化规模养殖场20个。

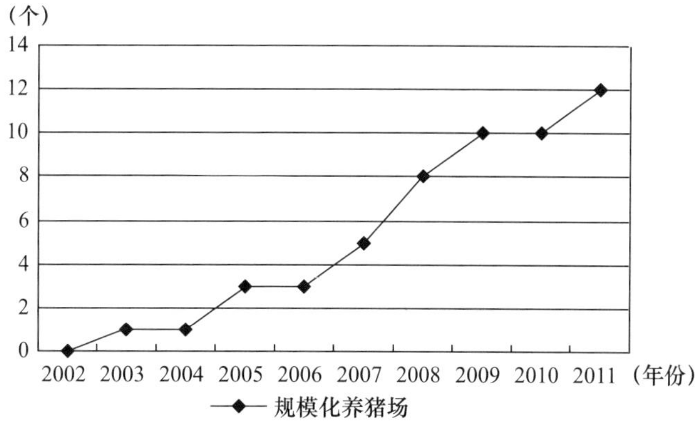

图4－5 2002～2011年养猪场变化情况

一四二团标准化养猪示范区是由政府主导建设，示范区的建设也给养猪大团提供了一个设施齐全的生产平台，一四二团可以更进一步地发展自己的“一团一品”农业产业。政府对示范区建设也极其重视，财政补贴由2002年的10万元增加至2006年的60万元，搞好各项设施建设以及政策性补贴的落实。2007～2009年是示范区建设发展阶段，根据实地建设情况，政府补贴逐年增加，由65万元增至150.2万元。2011年政府补贴已达到了285万元，2002～2011年平均每年增加27.5万元（见图4－6）。

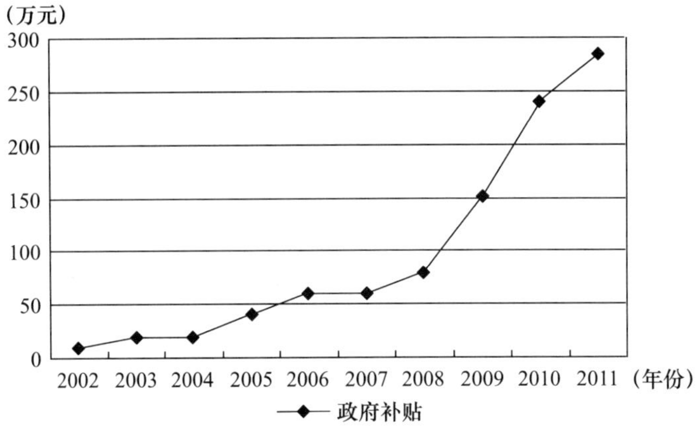

图4－6　2002～2011年政府补贴情况

一四二团在2002～2006年养猪出栏数与存栏数都保持稳定及缓慢的增长趋势，大多是自己家圈养养猪，品种少，其他设施条件不完善，出栏数由3.45万头增加到4.12万头，存栏数由2.17万头增加至3.08万头，平均年增长率分别为4.5%、9.15%。2007年由于最低出栏数2.64万头，存栏数3.54万头，示范区开始严格实施标准化管理，加大对标准化的投入。经过5年项目实施的努力，从图4－7中可以看出，出栏数和存栏数在2007～2009年都呈快速增长趋势，至2009年，出栏数6.32万头，存栏数3.91万头，平均年增长率分别为54.72%、5.16%。2011年已经达到出栏数13.67万头，存栏数9.76万头，一四二团争取在下一个五年计划中出栏数突破20万头。

通过对案例中选取各指标的不同，运用水平比较分析方法和折线趋势图进行经济增长量的分析。以时间序列为主，分析2002～2010年，示范区未建设前（2002～2006年）、实施起步阶段（2007～2009年）、实施完善阶段（2010～2011年）的指标变化情况，我们可以看到，猪肉产量由2002年的1976吨大幅增长到2011年的12600吨，平均年增长率为26.1%。规模养猪场也扩大生产规模，

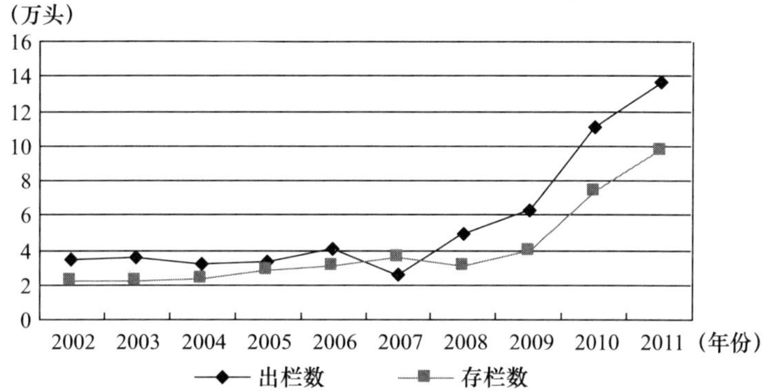

图 4-7 2002~2011 年养猪出栏数、存栏数

其个数由 2002 年的 1 个增至 2011 年的 12 个。政府财政补贴也逐年增多，政府的财政政策也稳步落实，使农工也积极加入农业标准化养殖。政策补贴由 2002 年的 10 万元增长到 2011 年的 285 万元，政府前期的鼓励政策是导致生猪存栏增加最直接的原因。近两年来政府出台了大量的优惠、奖励、补贴政策，鼓励养殖户增加生猪存栏，使得生猪存栏量大增。出栏数由 2002 年的 3.45 万头增长到 2011 年的 13.67 万头，平均年增长率为 16.51%。存栏数也由 2002 年的 2.17 万头增长到 2011 年的 9.76 万头，平均年增长率为 17.35%。经过对各指标的分析情况来看，各指标总体都处于增长趋势，标准化示范场的实施中、后期比实施前都有明显的效益增长。通过对指标数据分析说明养猪标准化示范农场建设带来的经济效益和社会效益十分显著。项目实施后，团场社会经济得到快速发展，GDP 由 2007 年的 2.4899 亿元增加到 2010 年的 6.6156 亿元，年均增长 21.6%；职均收入由 2007 年的 13119 元增加到 2010 年的 50567 元，年均增长 31%，生猪标准化示范农场建设带来的经济效益和社会效益十分显著。

4.3.3 案例二：八师一四八团彩棉示范区（“龙头企业+农户推广模式”）

4.3.3.1 一四八团彩棉发展情况

新疆生产建设兵团农八师一四八团是一个植棉重点建设团场，具有较高的植棉水平和成熟技术，1999 年开始引进种植彩棉，积累了丰富的种植经验，2000 年被中国特产之乡暨宣传组织活动委员会授予“中国彩棉之乡”称号。2005 年申报的《优质高产天然彩棉规模化生产配套技术应用示范》国家科技富民强县专项行动计划项目，得到科技部、财政部的支持，并进行彩棉种植试验示范与推广、初加工与中间、终端产品研发，发展彩棉产业。2008 年获得国家农业部支持，积极创建“国家级彩色棉标准化示范农场”，2009 年 6 月以“一四八团彩棉”为名向农业部申报农产品地理标志，2011 年根据一四八团彩棉发展状况，依托石河子义展纺织公司（原一四八团西营棉纺厂），新疆西域彩棉有限公司为申报项目主体，按标准化推广模式分类，将一四八团彩棉划分为龙头企业主导型的标准化推广项目，于 8 月获批。在项目实施期间，通过新品种、新技术引进示范与推广和彩色棉标准化生产配套栽培技术组合，彩棉品质得到提升；石河子义展纺织公司（原一四八团西营棉纺厂）加工生产出了优质精梳彩棉纱；新疆西域彩棉有限公司，研发出天然彩棉布、衬衫、T 恤、内衣、床上用品等“西域艾瑞斯”自主品牌系列产品，延长了产业链，增加了产品附加值。建设了“西域彩棉”网络信息平台，实现彩棉产品网上交易和宣传推广，一四八团彩棉产业成为团场经济发展新的增长点。

4.3.3.2　一四八团彩棉标准化管理措施

一四八团对龙头企业加大资金扶持和科技人才投入，壮大公司规模，带动彩色棉产业的发展。通过标准化示范建设，彩色棉产业已经成为一四八团的支柱产业，企业发展标准化农业，对示范区建设必须要严格要求，实现企业利益最大化，要降低投资成本。在管理制度方面，公司设定管理制度，并有相关的管理组织进行统一实施管理，还包括对棉种高标准、技术设施高标准、采摘高标准等的管理标准。

（1）彩棉种子标准化。在建设期间，棉种的选取是最基础的首选工作，对于彩棉的种子要求高质、高产，要参照国家标准：《农作物种子检验规程（GBT 3543.1—1995）》《国家农作物种子质量标准（GB 4404.1—2008）》，行业标准：《硫酸脱绒与包衣棉花种子（NY 400—2000）》。

（2）种植技术标准化。在种植期间要达到企业单产标准，进行田间作业，项目的实施增加了科技含量，规范了彩色棉种植管理技术，提高了管理水平、技术水平和产品质量，示范区要求高密度高产栽培技术到位率达 100%。精量播种、节水滴灌、测土配方平衡施肥等技术到位率达 100% 以上；滴灌自动化控制技术达 40%。良种覆盖率达 100%，1、2 级花比例达 80% 以上，彩色棉纤维长度指标 28 毫米；强力指标 18g/Tex，“三丝”含量在 0.2 克/吨以下。按照上述达标要求，企业标准化管理按照《兵团棉花加工企业技术规程及行业管理标准》、《天然彩色棉无公害亩产籽棉 380 千克栽培技术规程（Q/NB148—001—002—005）》、《天然彩色棉病虫草害生态调控技术规范（Q/NB148—002—002—005）》、《天然彩色棉花种子田繁育技术规程（Q/NB148—003—002—005）》、《天然彩色棉花种子加工技术规程（Q/NB148—004—002—005）》、《天然彩色棉精梳纱线（棕色）（Q/NBS148—2004）》、《滴灌系统使用管理制度》、《滴灌系统操作技术规程》等标准化规章进行监管实施。

（3）彩棉加工、销售标准化。石河子义展纺织公司和“西域彩棉”公司已经拥有4类彩色棉中间产品商标和西域“艾瑞斯”系列产品商标，研发出38个中间和终端产品，能够纺织出优质的彩色棉精梳棉纱，提高了彩色棉棉纱、布等产品的品质，为生产彩棉高档终端产品奠定了基础。同时积极和“九彩罗”等公司合作开发研究，生产出了彩色棉衬衫、T恤、内衣、巾被、床单等终端产品，由石河子义展纺织公司生产提供精梳棉纱，“九彩罗”公司负责生产终端产品。

在彩棉加工和销售过程中，企业对此环节也严格要求需要按照：国家标准《农药贮运、销售和使用的防毒规程（GB 12475—90)》《GB1103—2007〈棉花（细绒棉)〉国家强制性标准》等执行。《农作物种子定量包装标准（NY/T 611—2002)》《棉花加工新工艺流程与产品质量检测新标准及专用设备安全操作规范实用手册》使销售产品保证高质量、高标准、高销售，为企业市场地位及利益做好保障。

4.3.3.3 示范区经济效果分析

通过示范区标准化项目实施后，团场社会经济得到快速发展，示范区计划进度、阶段目标及职工受益实现情况如下：

2008年彩色棉（棕色）种植面积2万亩，示范户数500户，皮棉单产105.8公斤/亩，实现亩利润600元，销售利润1200万元。与白棉相比定额（40亩）增收10320元，种植彩棉农工获益516万元。

由于要进行系列比较分析，现把2008年数据中的单位进行统一换算，结果如下：

2008年彩棉（棕色）种植面积1万亩，示范户数250户，皮棉单产105.8公斤/亩，实现亩利润300元，销售利润600万元。与白棉相比定额（40亩）增收10320元，种植彩棉农工获益258万元。

2009年彩色棉（棕色）种植面积1万亩，示范户数170户，皮棉单产122公斤/亩，实现亩利润850元，销售利润850万元。与白棉相比定额（50亩）增收16000元，种植彩棉农工获益400万元。

2010年彩色棉（棕色）种植面积1万亩，示范户数250户，皮棉单产135公斤/亩，实现亩利润2400元，销售利润2400万元。与白棉相比定额（60亩）增收24250元，种植彩棉农工获益412万元。

本案例主要数据分析，主要是示范区实施3年的增收效果，对其未实施标准化及实施完善期的数据有差异，所以对示范区考核期间的经济效益变化进行描述。根据上述文字叙述，对示范区2008~2010年的数据统计情况，现将选取示范户数、皮棉单产、实现亩利润、销售利润、农工获益指标分别作出逐年变化折线图，并进行比较分析。

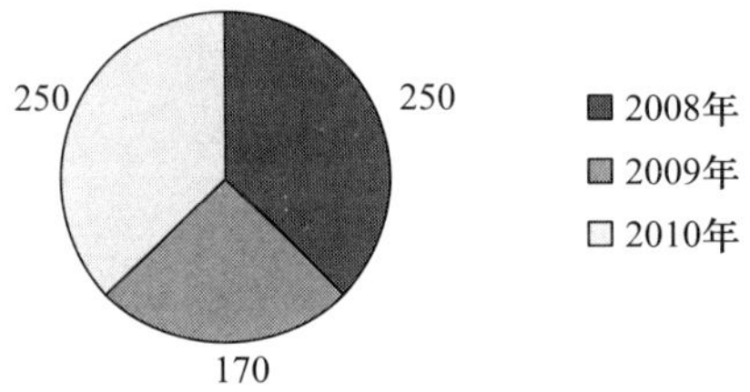

图 4-8　示范户数（户）

依托石河子义展纺织有限公司和新疆西域彩棉有限公司两家龙头企业，开发中间、终端产品，延长了产业链条，实现了彩色棉产业化发展。一四八团形成“龙头企业+示范区+农户”推广模式，与当地农户形成订单合同，参加示范户在250户上下浮动。带动了近千名农工致富（直接参与项目职工），辐射农民5000多人次，实现300多人富余劳动力转移，使职工的承包定额由2007年的40亩增加到现在的60亩。通过彩色棉标准化示范建设使一四八团彩色棉进一步走向高产、优质、高效之路，同时为其他农作物标准化生产起到了典型示范的作用。

一四八团队龙头企业彩棉的供应，大大提高皮棉单产和亩产利润。从图4-9看出，在示范区实施期间皮棉单产量由105.8公斤/亩增长到135公斤/亩，2010年同比增长10.66%。从图4-10可以看出，实现亩利润也由2008年的300元增加到2010年的2400元，2010年比2009年增加1550元。棕色彩棉单产增加给职工和企业都带来了经济利益。

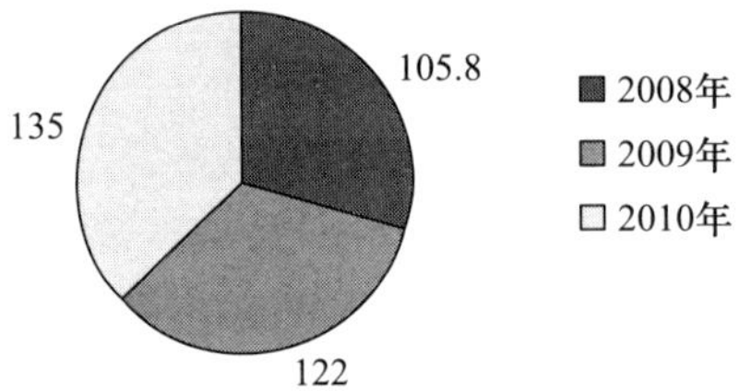

图 4-9　皮棉单产（公斤/亩）

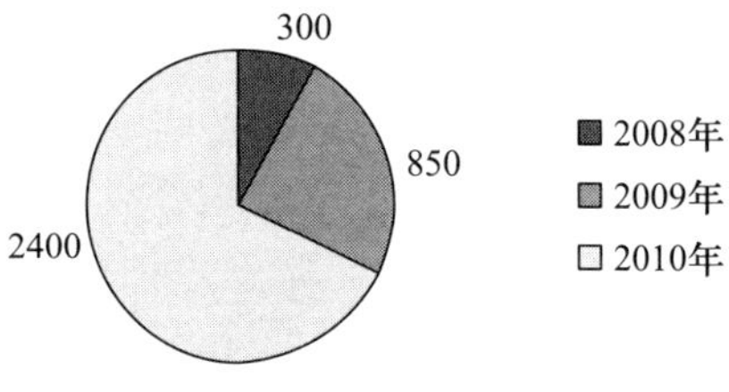

图 4-10　实现亩利润（元）

示范区建设3年以来，龙头企业的销售利润逐年增长，从图4-11中可以看出，由2008年600万元增加至2010年2400万元，增加1800万元，带动团场农业产业，其一四八团的GDP由2007年的3.27亿元增加到2010年的6.63亿元，增加 3.36 亿元，年均增长 34.25%；财政收入由 2007 年的 9842 万元增加到 2010 年的 18215 万元，增加 8373 万元，年均增长 28.36%。从图 4－12 可以看出，彩棉职工获益由 2008 年的 258 万元增加到 2010 年的 412 万元，年均增长 26.37%，职工均收入由 2008 年的 20046 元增加到 2010 年的 43100 元，增加 23054 元，年均增长 38.34%，3 年累计职工从项目建设中获益达 1326 万元。

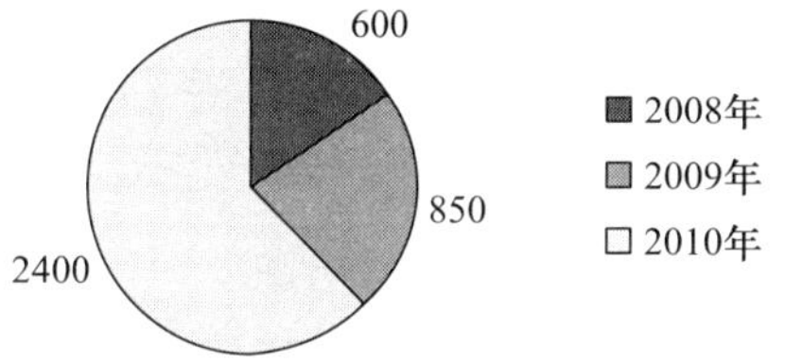

图 4－11 销售利润（万元）

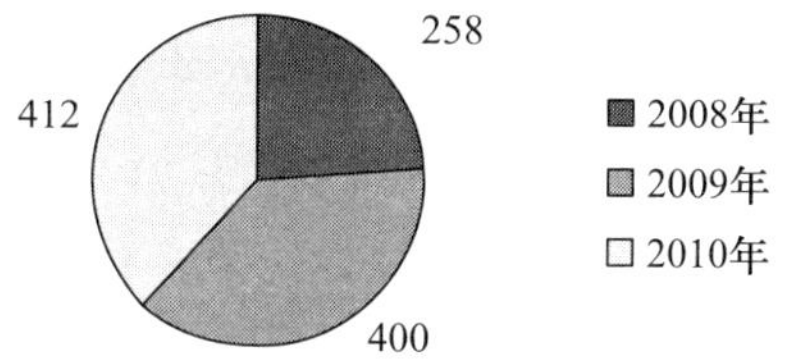

图 4－12 农工获益（万元）

通过彩色棉标准化示范建设使一四八团彩色棉进一步走向高产、优质、高效之路，从案例中各个指标选取分析结果可以看出，一四八团依托石河子义展纺织有限公司和新疆西域彩棉有限公司两家龙头企业，开发中间、终端产品延长了产业链条，2008～2010 年累计种植彩棉面积 4 万亩，农工从该项目上累计获益 230 多万元，彩棉皮棉单产由 2008 年的 105.8 公斤/亩增加到 2010 年的 135 公斤/亩，增加 29.2 公斤/亩，年均增长 25%；亩效益由 300 元增加到 2400 元，增加 2100 元，增长 300% [2010 年棉花价格较高，彩棉（棕色）籽棉：12.14 元/公斤]。农工承包定额、收入不断增加，激发了农工种植彩色棉的积极性，科技致富能力、管理水平不断加强，产量不断提高，彩棉产业逐渐走向健康良性发展的轨道。

通过彩色棉标准化生产示范的示范带动，一四八团白棉、小麦、大豆、玉米、饲草等作物生产管理都不断地向标准化生产的模式迈进。2009 年滴灌春小麦、大豆高产高效栽培示范按照标准化生产的管理模式管理，取得良好的效益，单产分别以 586 公斤和 354 公斤创下全国干旱半干旱平原地区大面积种植高产纪录；2010 年滴灌苜蓿以平均单产 1.5 吨，最高单产 2 吨刷新团场产高产纪录。同时为其他农作物标准化生产起到了典型示范的作用，并实现了彩色棉产业化发展，取得更好的经济效益和社会效益。

4.3.4 案例三：石河子泉水养猪专业合作社（合作社推广模式）

4.3.4.1 石河子泉水养猪专业合作社发展状况

石河子总场位于石河子市北郊，区域面积 475.76 平方千米，耕地 27.3 万余亩，人口 7.9 万人，是兵团一个大型农场之一。2006 年，总资产达到 8.4 亿元，国内生产总值达到5.2亿元，职均收入2.05万元，人均纯收入6099元。2006年，总场成立了养猪协会，组织机构下设会长、秘书长，另设4名副会长、4名理事。制定了章程，明确了“组织、协调、服务、管理”四大职能，依托于政府，服务于会员。发展之初，协会拥有规模猪场30个，商品猪年出栏头数10万头左右，发展会员108人，当时办公场所设在总场工会。2007年国家颁布了农民专业合作社法。

2007年9月，总场养猪协会被兵团工会授予“自营经济先进协会”称号。2007年11月30日在全兵团第一家成立了石河子泉水养猪专业合作社，并在石河子市工商局注册登记资金为2198万元，为此，北泉镇人民政府为合作社专门划拨100平方米的办公场所及现代化的办公设备。合作社现有种猪场1个，新型标准化猪舍10000平方米，年出栏生猪近15万头，种猪520头，产值1.2亿元。现拥有社员112名，专业技术人员30名，先由32户规模猪场自愿组成，根据标准化推广模式的分类，将水泉养猪划分为专业合作社主导型标准化推广项目，其章程完善，机构完整，制度规范，设施齐全。生猪生产采用网床产仔，网上育幼，地暖育肥，全进全出方式，实行统一防疫、统一品种、统一饲料、统一销售价，分散饲养的管理措施。

4.3.4.2　石河子泉水养猪合作社标准化管理

（1）智能化管理系统。智能化养猪管理系统已成为同行的标准，通过标准化、精确化智能化的管理，为猪场的标准生产提供了强有力的技术支持。该技术在欧美国家已广泛应用，国内专业化的生猪饲养设备制造商引进的国外先进畜牧设备及管理模式——智能化母猪群养管理系统、AcuShot第二代数字化无针注射器、育肥猪群养管理系统、格式塔FMA饲料系统为国内养猪树立新标准。

（2）猪舍标准化。猪场各类猪舍设计原则和标准参照中、小型集约化养猪环境参数及环境管理GB/T17824.4—1999［标准］和NY/T1568—2007标准化规模养猪场建设规范，结合石河子的具体实际建设；按生产节律分单元全进全出设计；猪栏规格与数量的计算，先设计好生产指标、生产流程，然后再设计猪舍、猪栏。

（3）产品标准。2009年雨润集团在泉水合作社投入猪宰加工基地，要求高质量猪肉，其产品标准必须严格根据国家农业部《无公害畜产品——生猪养殖系列标准》行业标准执行。加强对养殖环境、喂养饲料等环节的检测，达到无公害猪肉生产规模和认证标准。

4.3.4.3　示范区经济效果分析

根据比较分析法，按照时间序列，以2003～2006年作为未标准化示范区建设时期，2007～2009年作为实施标准化示范区实施起步阶段，2010～2011年作为实施完善阶段，从猪肉产量、养猪的存栏数、养猪出栏数、规模化养猪示范场的数量以及政府补贴增加几方面对标准化示范区经济效益增长情况进行分析（见表4－3）。

表4－3 石河子北泉镇标准化养猪相关指标数据

年份	猪肉产量（吨）	生猪存栏（万头）	生猪出栏（万头）	规模化养猪场（个）	政府补贴（万元）
2003	3639	3.19	4.56	5	20
2004	4538	4.5	6.33	9	20
2005	4257	4.34	6.54	13	56
2006	6103	5.6	8.12	20	80
2007	8944	9.88	11.23	28	105
2008	9436	10.97	12.53	33	130
2009	11247	13.05	16.3	40	119.2
2010	13586	14.35	18.23	43	165
2011	14535	15.33	17.40	48	210

注：数据来源于八师农林牧局、八师统计年鉴。

根据表4－3的示范区2003～2011年数据统计，分别作出逐年变化折线图，并进行比较分析。

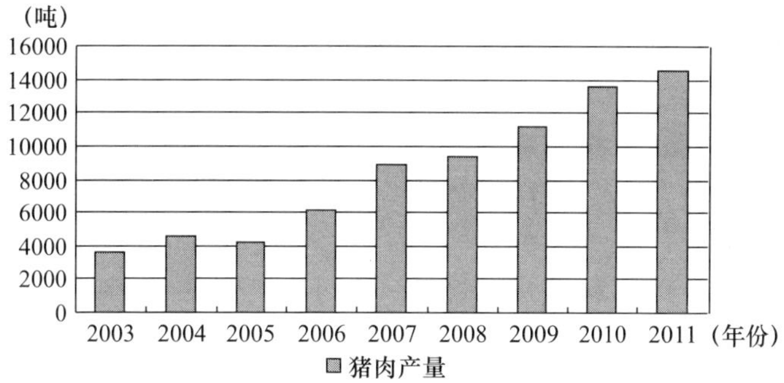

图4－13 猪肉产量

根据图4－13的分析，泉水合作社养猪经过智能化养殖，对产品加工严格要求，自示范区2003～2006年实施示范区前，都属于散户养殖，从柱状图来看，猪肉产量趋势属于缓慢增长。总场猪肉产量由3639吨增加至6013吨。2007年确定泉水合作社的建立，引进智能养猪化，标准化示范区的建设，使猪肉产量由

2007 年的 8944 吨增加至 2009 年的 11247 吨，年均增长率为 12.1%，2010～2011 年为合作社发展成熟阶段，有一些企业成为销售渠道，猪肉产量 2011 年已达到 14535 吨。

石总场在 2003～2006 年养猪出栏数与存栏数都保持稳定及缓慢的增长趋势，大多是散户饲养养猪，设施条件差，存栏数由 3.19 万头增加至 5.6 万头，出栏数由 4.56 万头增加到 8.12 万头，年平均增长率分别为 15.13%、15.52%。2007 年泉水合作社的成立对示范区开始严格实施标准化管理，自给自足的经营管理方式使农工对合作社多信心倍增，积极加大对标准化工作的支持。经过 5 年项目实施的努力，从图 4－14 中可以看出，出栏数和存栏数在 2007～2009 年都呈快速增长趋势。至 2009 年，存栏数 13.05 万头，出栏数 16.3 万头。2011 年已经达到存栏数 15.33 万头，出栏数 17.4 万头，2007～2011 年平均年增长率为 11.61%、11.57%。

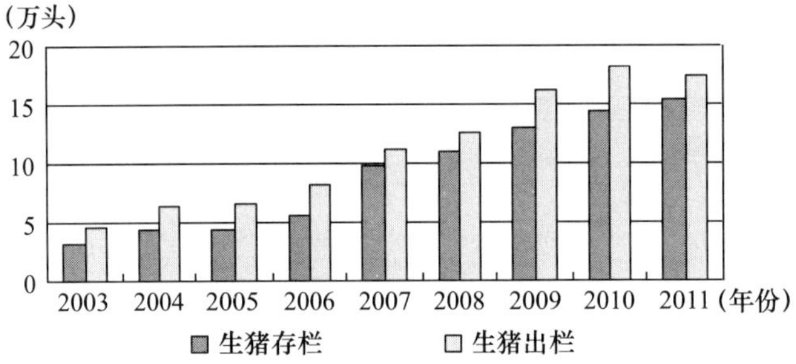

图 4－14　猪肉存栏数、出栏数

从图 4－15 可以看出养猪场个数自 2003～2006 年都呈现平稳变化状态，期初规模化养猪场只有 5 个，不断地增加到 20 个，养猪大户越来越多。自 2007 年合作社成立以来，将规模养猪户集中入股，开始标准化养猪场的建设，智能化管理系统得到许多企业的投资支持。由 2007～2009 年扩建，共增至 40 个规模化养猪场，至 2011 年，已达到 48 个养猪场，2003～2011 年逐年建设平均增长率达 32.67%。

石河子总场养猪示范区是由水泉养猪合作社主导型建设，合作社的生产经营都是由总场职工自发组织，成立组织团体，各项经济活动都为职工负责。其合作社资金投入是由职工入股，大多合作社的运营资金也是由农工筹集的，自给自足。政府补贴是对农户养猪补贴的政策，从图 4－16 可以看出政府补贴由 2003 年的 20 万元增加至 2006 年的 80 万元。2007 年合作社的成立对养猪标准化示范区的建设，使政府依照对合作社农业标准化示范区的申请，政府补贴由 105 万元增加至2009年的119.2万元，至2011年达到210万元的高额补贴。

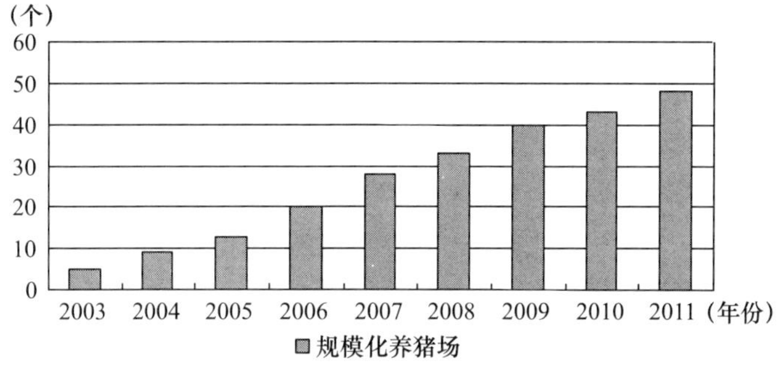

图4－15　规模化养猪场数

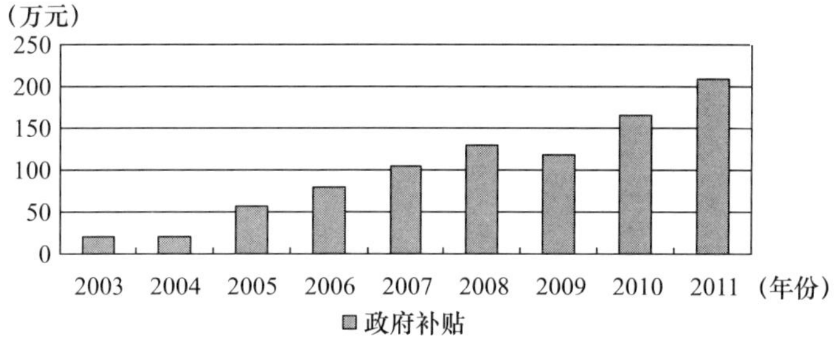

图4－16　政府补贴数

通过对案例中选取各指标的比较分析和图形分析来看，各指标总体都处于增长趋势，标准化示范场的实施中、后期比实施前都有明显的效益增长。结合合作社发展情况，自2007年合作社成立以后，合作社内部工作加以完善。带领参股职工，对示范区建设投入，由2007年存栏猪9.88万头，拥有规模养猪场28个，其设备落后，到2009年由于养猪合作社前期工作运作良好，产生了很好的社会效益和经济效益，场镇区域2011年出栏商品猪17.4万头，其中，万头以上猪场2个，6000头以上猪场5个，3000头以上猪场9个，1000头以上猪场24个，达到效益最高峰，由示范区续延。在“十二五”期间，将要实现更辉煌的成绩，出栏数将达到15万～20万头，将达到高产量、高效率、高质量的标准化生产。

经过几年的标准化示范区建设，生猪标准化示范农场建设带来的经济效益和社会效益十分显著。示范区总面积达2.15万公顷，辐射面积24.47万公顷，重点示范区能带动石河子垦区农工约30万人。2011年石总场北泉镇实现产值21亿元，在新疆兵团农牧团场地区生产总值（GDP）排名第1名。石总场北泉镇现代农业示范区育成农作物新品种42个，研发新技术41项，承担国家科技部、发改委、农业部兵团等重大科技公关项目300余项，取得科技成果132项，获得专利32项，吸引了涉及棉花加工、育种、农业机械制造等行业的50余家企业入驻示范区，极大地促进了示范区节水产业、棉花产业、红色产业、农机制造产业和畜牧产业的技术升级，为石总场北泉镇现代农业示范区的建设奠定了坚实的基础。

4.4 兵团农八师农业标准化示范区对比分析

通过上述案例，可以发现三大模式在农业标准化的发展中起到了重要作用。目前，兵团农业标准化的推广实施主要以模式一和模式二为主，各类组织模式已经成为了农业标准化推广实施的主力军。以政府为主导的推广模式，在各类农业中介组织也起了关键性的作用。政府主导模式不仅推动兵团自身品牌建设，带动各团经济发展，还牵动企业推广模式和合作社推广模式在团场的推广，是企业、合作社与农民的桥梁。龙头企业推广模式是兵团大力支持和积极推广的农业标准化推广模式，是能给农民带来更高利益的大商家。而且有严格的标准化制度，对产品要求较高，能生产出高质量、高效益、高标准的农产品。合作社农业标准化推广模式由农民自己当家做主，自主经营的模式在农牧团场中的号召力比较强，能够使农民利益最大化。

三大模式都有各自的生产、加工、经营等方式，而且在组织结构和管理机构设置、资金来源、利益机制、服务体系、质量监测等方面也存在差异。所以产生的经济效益不同。由此可见，进行推广模式选择，要从各个方面进行分析，给农民做出最优的模式效果，使农民有选择方向。

4.4.1 管理机构设置方面

兵团政府主导型推广模式的管理机构是由各相关农业标准化部门管理，及其农业技术推广站的专业部门进行管理和监督。龙头企业主导型推广模式管理机构是由龙头企业成立领导小组，并进行视察与监管。合作社主导型推广模式是由牵头人和会员选举董事会等相关部门管理。

4.4.2 资金投入

农业发展的资金投入是农业推广活动的核心动脉，没有一定的资金来源，无论何种农业推广模式，都无法正常运转。政府主导型推广模式的资金主要来源于国家财政事业拨款，科技推广基金、农业系统、教委系统争取推广项目，各团场单位的自筹资金等；还有政府对农业发展支持的各种政策、农机补贴、农业税的减免等有关大力实施农业标准化的有利之处。而企业主导型农业推广模式的资金来源完全由企业自身负责筹措，开拓市场、提高效益，以迅速开发新技术为主；合作社主导型农业推广的资金一般来自会员集资，采取社员入股形式，资金来源比较单一，数量也较少。

4.4.3 质量安全

质量安全是国家农业标准化实施实现的主要目标，政府和合作社对生产、加工、销售全过程都有标准化的体系，通过质检局的严格监督达到农业标准化的高质量要求。而质量安全是龙头企业对农产品检测中的重中之重，龙头企业内部设有专门的质检部门。在激烈的市场竞争中，一些出口企业又受到出口国技术壁垒限制，所以企业从产前生产资料供应到产中技术环节，再到产后农产品分级、包装、储运等，都要严格按照生产标准和技术规程操作，提高从农户到加工等环节的标准化生产，达到无公害，绿色食品 ISO 9001 等质量认证，所以龙头企业的各个环节都离不开农业标准化的制度监督。

4.4.4 利益机制

政府主导型的推广组织是为了保证国家的政治、经济和社会目标的实现，主要是一种宏观性的目标。企业是自负盈亏的单位，它与农民签订合约，是共同承担风险的互利“双赢”的共同体。合作社是由农民自发结合的组织，以固定资产和资金入股，专业合作组织将含有分红的总利润二次分配给农户成员，形成合作组织、农户“资金共筹、利益共享、积累共有、风险共担”的利益共同体。

4.4.5 服务体系

政府型服务体系推广方式主要是内生与外生相结合，兵团 175 个农牧团场中已有 81 个农业技术推广站建立在各团场中，奠定了良好的科技实验基础。大部分设有种子、作栽、植保（病虫测报）、土肥（化验）、气象等职能部门。实施统一播种、统一栽培、统一机耕作业、统一病虫害防治的种植模式。兵团政府主导型推广外生是根据市场需求动态，联系农垦科学院以及大学相关科技人士，引进农业科技进行新技术开发，进行产后农产品采收、销售服务以及新产品、新农药、新品种的试验、示范、推广工作，使外部影响及内部的科技优势相结合，创造更好的技术推广模式。

龙头企业可以与农户提供配套服务，为了保证产品数量与质量，企业会给农民提供标准的种苗、技术等服务。合作社通过与销售市场连接，为农户统一提供种苗、技术等一系列标准化服务，根据市场信息，有规模化、集约化、标准化农业生产。合作社帮助农民降低交易成本，主要包括界定和保障农产品产权的费用、发现交易对象和交易价的费用、讨价还价的费用、订立和执行交易合同的费用等。

4.5 兵团农业标准化推广模式存在问题

4.5.1 农业标准化推广模式实施的难度较大

在农业标准化推广过程中，实施力度不够，推广范围狭窄。农民主要以散户为主，单家独户的种植、养殖实现标准化生产的难度大，大多都以传统耕作方式进行农业生产。农民对农业标准化的思想认识浅薄，不同的标准化主导型推广模式很难形成统一的标准化生产经营。由于各个农业标准化推广模式产生的经济效益、社会效益、生态效益不同，也使农民很难做出对模式的选择。

4.5.2 农业标准化推广模式技术服务推广落后，缺乏配套设施

兵团农业技术服务体系呈弱化趋势，农业标准化新技术引进缓慢，其三大推广模式对技术服务要求不统一，但标准化技术执行中的各种操作规程都是为了确保农产品质量安全。农业标准化主要实行的是无害化洁净生产技术，生产出来的产品必须达到高标准、高质量；生产出无公害、低毒药、低残留的标准农产品。由于质量技术监督不健全，仍然存在高毒、高残留农药且广大农户仍在使用。兵团农业标准化实施起步较晚，又比较偏远，配套措施比较缺乏。畜牧标准化示范园、果蔬标准化示范园等示范区内，配套建设中污水处理、自动引水、防暑降温、滴灌溉等设施设备建设不健全，还有一些管理用房、消毒室、防疫室、储藏室等设施不够合理，缺乏先进的配套设施，且对标准化实施也有相应的影响。

4.5.3 农业标准化推广模式的产品安全检测能力差

引进农业标准化技术就是确保农产品质量安全，使农业标准化推广模式运用现代科学种养技能，并得到优质的农产品。食品安全检测机构和装备分属质监、卫生和农业等部门，部门较多，其检测装备的配置与使用缺乏统一规划和要求，对农户也缺乏培训，尤其是在农药环节没有实施严格、统一的检测和控制；另外

对生产基地缺乏必要的投入，其建设标准低，质量安全无保障，许多农产品基地缺乏技术人员和质量检测设施。

4.5.4 龙头企业主导型推广模式少，缺乏动力机制

兵团重点龙头企业68家分布在10个师，在各个团的龙头企业只有几家，对整个兵团的经济带动仅限于几家龙头企业的标准化生产经营。龙头企业农业标准化推广模式还不够成熟，团场与企业对接，在资金、货源、订单、质量等方面都存在着一定矛盾，龙头企业和农民之间的商业利润存在分歧。

4.6 兵团发展农业标准化推广模式的影响因素

4.6.1 推广因素对农业标准化推广模式发展的影响

兵团的农业标准化体系的设定，在农业标准化推广中存在一定的困难。其中制定的体系与实践差距较大，与当地农业发展情况存在差异。主要表现为实施标准化管理在农产品全过程中不完善，对实施后的不足没有改进和积极的补救措施，导致产品销售环节中出现许多重大问题。兵团实施标准化推广模式，但其忽略了标准体系与实施存在的矛盾，使农业标准化实施后出现了问题。

在实施标准化的过程中，从其制定标准的内容上看，标准化制定中关于市场需求与流通相关的标准较少，以致不能使市场经济发展得到所预期的效果。政府主导型、龙头企业主导型、合作社主导型三大推广模式对农产品标准的实施有一定的方向偏差，龙头企业对农产品标准就侧重于国内市场，很少采用国际标准。目前使用的标准化分类，国家、地方、行业为标准的农业标准化的制定时间过长，有很多标准化已经不能适用于当前的农业发展。政府、质量监督局、农业局以及相关部门制定农业标准化，他们都注重制定标准规则，但是忽略了实施标准化；以产、供、销环节为标准，忽视了市场运行的流通标准；有的还严格控制某方面的标准化，而忽视整体的体系结构建设；在龙头企业和农户之间进行货物交易时，对产品的数量、价格等利益方面冲突较多，而对产品的质量以及达标的要求不够，从而使农民在种植时滥用化学农药的现象会偶尔发生，使基本的农业标准化执行不到位。

4.6.2 市场因素对农业标准化推广模式发展的影响

目前，农产品流通市场主要包括果蔬批发市场、大型超市、私人菜店以及进

出口交易等买卖市场，但是优质优价市场机制还不完善。标准化的农产品与传统农产品的差异主要是外表鲜亮、营养丰富、质量安全等都有保障，但是由于兵团农产品流通方式仍然处于传统的销售方式，三大主导型标准化推广模式都没有特定的专业标准化市场。对于消费者来说，要以消费者的购物经验来判别好坏，有的还需要标准仪器以及正确的指标进行检测。然而社会群体对标准化的认识欠缺，以及无法真正地辨别标准化农产品与非标准化农产品，很难实现优质优价。农产品标准化无法带动市场经济效益提高，使农业标准化很难在农民中得到推广。

4.6.3 监管因素对农业标准化推广模式发展的影响

兵团在实施标准化过程中，对农业标准化推广模式的监管力度不够，使其出现很多漏洞。监管部门以《标准化法》规定对实施农产品标准化推广模式进行标准监管，但由于监管体系的不完善，或由于农产品自身的特性，使农产品标准化监管得不到落实，监管的机制非常薄弱。相比其他发达国家，农产品标准化体系制定很完善，监管严格。比如，农产品进出口检测对贸易壁垒的制定等都有严格的标准。

5　兵团实施农业标准化战略，提升农业竞争力的对策思路

农户、农业专业合作社、农业企业是农业标准化实施的主体，实施主体的行为将影响农业标准化的实施情况，进而影响农业竞争力的提升，本章从实施主体行为研究出发，探索兵团实施农业标准化战略，提升农业竞争力的对策思路。

5.1　农业标准化实施过程中农户行为实证研究

棉花是兵团重要的农产品，播种面积占兵团农业总面积的一半以上，兵团棉花在新疆乃至全国已占有举足轻重的地位，根据兵团棉花种植特点，主要调查兵团棉花主产区的八师、七师和一师，其中一师2011年总产量310733吨，2012年总产量312541吨；七师2011年总产量114396吨，2012年总产量147684；八师2011年总产量352455吨，2012年总产量390188吨；而兵团2011年和2012年总产量分别为1293053吨和1417738吨。在2011年和2012年，一师、七师、八师棉花种植面积和总产量分别占全兵团的60.14%和59.98%（出处：2013年新疆生产建设兵团领导干部手册），占全兵团总产量的一半以上，即受调查样本具有高度的典型性。每个团场随即抽取20名农户进行调查，调查问卷共发放300份，剔除未收回及不合格问卷，有效率为90%。

5.1.1　棉农实施标准化生产行为描述性分析

5.1.1.1　基本情况

根据调查数据，户主从性别上看，男性200人，占总数的74.07%，女性70人，占25.93%。从年龄上看，如图5－1所示。

被调查农户的平均年龄为45.52岁，其中30岁以下占总数的3.7%，31～40岁占总数的25.9%，41～50岁占总数的37.4%，51～60岁占总数的27.4%，60

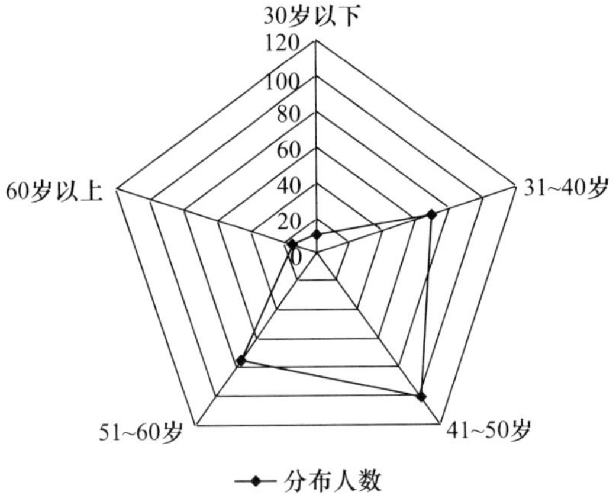

图5－1　被调查农户年龄分布

岁以上占总数的5.6%。被调查对象均为随机抽选，不难看出，主要是41~60岁的农户从事农业生产。

从文化程度看，被调查农户的文化程度比较集中在小学和初中。其中，文盲占总数的0%，小学文化程度占总数的35.2%，初中文化程度占总数的40.7%，高中或中专文化程度占总数的15.2%，高中或中专以上文化程度占总数的8.9%，具体情况如图5－2所示。

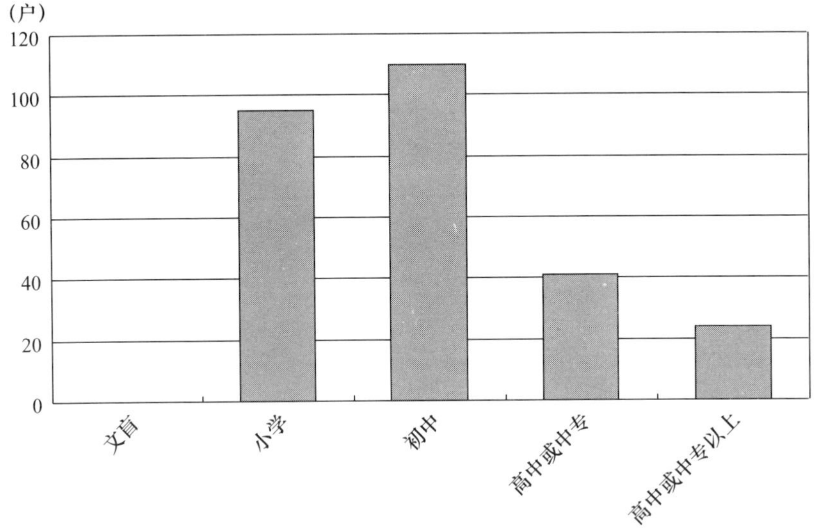

图5－2　被调查农户文化程度分布

表5－1给出了被调查农户的基本情况，在所调查的270户农户中，户均种植面积55亩，人均种植面积17.2亩；家庭总收入43493元，调查数据包括了工资性收入、家庭经营性收入、财产性收入、转移性收入等全部收入，相对于2011年增加了24.98%。

表5－1 调查对象基本情况

户均种植面积（亩）	55.0
人均种植面积（亩）	17.2
家庭总收入（元）	43493.0
人均总收入（元）	13591.6
户均人口数（个）	3.2

5.1.1.2 农户获取标准的途径

表5－2显示了农户获取标准的基本途径，从中可以发现，团场部门、邻居亲友和示范户是农户获得标准信息的主要途径。

表5－2 调查对象基本情况

途径	户数	比例（%）
图书资料	15	5.6
农技部门	47	17.4
邻居亲友	68	25.2
行业协会、合作社或农业企业	0	0
科研专家	6	2.2
示范户	60	22.2
团场部门	74	27.4

另外，据调查数据显示，270户调查对象中，270户按标准要求种植棉花，占被调查对象的100%，其中与农业企业、合作社或专业协会签订合同，按订单要求生产的农户有260户，占按标准生产农户总数的96.3%。

5.1.1.3 农户按标准生产的决策依据

从表5－3中可以看出，农户选择标准化生产的主要原因是团场的要求，占决策依据的68.9%，其次为邻居亲友种植、农技人员宣传和看广播电视或图书资料学习而得的。

从上述分析中，可以看出，团场在农户获取标准信息，影响农户作出标准生产决策方面起到了重要作用，这说明兵团棉花标准化生产模式为团场主导型模式。

表5-3　农户按标准化生产的决策依据

决策依据	户数	比例（%）
农技人员宣传	33	12.2
团场要求	186	68.9
看到邻居亲友种植	46	17.0
看广播电视或图书学的	5	1.9
行业协会、合作社或农业企业要求	0	0

5.1.2　农业标准化实施过程中农户行为的回归分析

5.1.2.1　研究假设

职工是天生的经济学家，是追求利润最大化的经济人，那么农户是否愿意实施标准化生产的主要原因是标准化产品能否增加收益。理论上，实施农业标准化，通过统一规范农户农业生产的整个过程，最终实现产品优质优价，增加收益。而标准化农产品的收益主要取决于农户自身的内在因素和外部环境因素。其中自身因素主要包括户主年龄、性别、文化水平、种植收入、耕地面积、机采面积、种植品种数量、参与标准化培训的次数及对标准化的认知，外部环境因素主要有团场是否支持、标准化产品的价格、标准化产品的成本。

标准化生产的外因来自外部因素的影响，主要有标准化成本、标准化产品的价格、团场支持等因素。实施标准化生产的内在动机来自农户收入水平、户主文化程度、种植面积、机采面积、对标准化的认知、参与培训的次数。本书将影响农户标准化生产行为的因素概括为两类，如表5-4所示。

表5-4　影响农户标准化行为的因素

影响因素			具体表现	影响
标准化生产动机	外部因素	标准化生产环境	团场支持变量	+
		标准化农产品价格	比非标准化产品价格高	+
		标准化农产品成本	比非标准化产品成本低	-
	内部因素	农户基本特征	收入、户主文化程度、种植面积、品种等	+
		标准化生产意识	对标准化生产的认知	+
		标准化生产能力	标准化培训次数	+
		种植面积、机采面积	农户耕地面积及使用机械采收面积	+

根据分析，本书提出以下假设：

第一，农户特征主要包括户主文化程度和种植收入水平，一般来说，收入水平和户主文化程度越高的农户，抵御标准化生产带来风险的能力越强，对生产的规范性要求越高。由此提出假说：户主文化程度和种植收入越高，越倾向于标准化生产。

第二，农户种植面积及机采面积，种植面积和机采面积越大的农户，越容易形成规模收益、降低标准化成本，从而农户参与标准化生产的概率就越大。由此提出假说：种植面积和机采面积越大，农户越倾向于标准化生产。

第三，农户所在团场种植品种的统一程度是指农户所在团场种植棉花品种数量。农户所在团场品种越统一，棉花一致性越高、异性纤维含量越低，进而品质越好、品级越高，农户越愿意参与标准化生产。由此提出假说：农户所在地棉花种植品种越少，农户参与标准化生产程度越高。

第四，农业标准化生产能力是指农户标准化培训的次数。农户参与标准化培训次数越多，标准化生产能力越高、生产意识越强，就越容易满足农产品品质的要求。由此提出假说：农户标准化培训次数越多，越倾向于参与标准化生产。

第五，标准化农产品效益指标准化农产品收益高于非标准化产品。从长期看，标准化农产品经济效益高于非标准化农产品，职工都是天生的经济学家，是理性的生产者，农户会选择标准化生产以获得更多的收益。由此提出假说：标准化生产的农产品经济效益越大，成本越低，农户越倾向于参与标准化生产。

第六，标准化生产环境指制约或促使农户参与标准化生产的外在影响因素，比如团场支持因素，团场是否支持对农户参与标准化生产有很大的影响力，成为不可忽视的因素。由此提出假说：团场支持因素对农户参加标准化生产有较大的促进作用。

5.1.2.2 模型选择及研究方法

Logistic 回归为概率型非线性回归模型，是研究分类观察结果（y）与一些影响因素（x）之间关系的一种多变量分析方法。Logistic 概率函数模型为：

$$p(y=1 \mid x)=\frac{e^{a+bx}}{1+e^{a+bx}}$$

在本书中，p 为农户采用标准的概率，x 为影响农户采用标准生产行为的因素，a，b 分别为各个因素所对应的参数。模型中的变量选取及统计数据如表 5-5 所示。

假设农户选择标准化生产用 Y 表示，Y 取决于 X_i（影响农户实施标准化生产的各种因素）。结果只有两种：分别用 Y=0 和 Y=1 表示农户不采用和采用标准化生产，是非连续性的，并且这属于分类结果（Y）与多种影响因素（X_i）之间的关系，可以用 Logistic 回归模型分析此问题。

表 5-5 模型变量的含义、取值范围

变量名称	取值范围	变量含义
因变量（Y）		
农户是否采用标准化生产	0~1	否=0；是=1
自变量（X）		
户主年龄（X_1）	1~5	30岁以下=1；31~40岁=2；41~50岁=3；51~60岁=4；60岁以上=5
户主性别（X_2）	1~2	男=1；女=2
文化程度（X_3）	1~4	小学及以下=1；初中=2；高中=3；大专及以上=4
种植收入（X_4）	1~6	10万元以下=1；10万~15万元=2；15万~20万元=3；20万~25万元=4；25万~30万元=5；30万元以上=6
耕地面积（X_5）	1~5	50亩以下=1；50~100亩=2；100~150亩=3；150~200亩=4；200亩以上=5
机采面积（X_6）	1~5	50亩以下=1；50~100亩=2；100~150亩=3；150~200亩=4；200亩以上=5
所在团场种植品种数量（X_7）	1~5	1~2种=1；3~4种=2；5~6种=3；7~8种=4；9种以上=5
参加标准化培训次数（X_8）	1~5	未参加=1；偶尔参加=2；经常参加=3；多次参加=4；频繁参加=5
对标准化生产的认知（X_9）	1~4	没听说过=1；有印象=2；听说过=3；经常听说=4
团场支持变量（X_{10}）	0~1	无支持=0；支持=1
与非标准化产品相比		
售卖时价格（X_{11}）	1~3	降低=1；不变=2；提高=3
生产成本（X_{12}）	1~3	降低=1；不变=2；提高=3

5.1.2.3 模型结果分析

用SPSS 19.0统计软件对270个样本数据进行二元Logistic回归分析，在处理中，先对选定的12个变量进行多重共线性检验，发现所选择的12个变量方差膨胀因子均小于10，即各个变量之间不存在显著多重共线性，然后采取逐步剔除，得出以下结果（见表5-6）。其中数据选择变量的标准水平是$\alpha=0.05$，剔除变量的标准水平是$\alpha=0.1$，模型预测采用农业标准化生产的正确率为91.1%，-2对数似然值为110.611，说明回归方差的拟合度高，卡方检验值为139.024，$p=0.00$，小于0.05，说明模型至少有一个变量系数不是0，有统计意义。Hosmer-Lemeshow检验值为0.645，大于0.05，说明模型数据的拟合度较好，实际值与预测值之间没有显著差异。通过检验得出种植面积、种植品种数量、参加培训的次数及标准化产品价格 4 项指标对棉农实施标准化生产均有着显著影响。

表 5-6 农户标准化行为的 Logistic 模型估计结果

解释变量	B	S. E.	Wals	df	Sig.	Exp（B）
常量	-2. 470	1. 989	1. 543	1	0. 000	0. 085
X_5	0. 931	0. 413	5. 086	1	0. 024 **	2. 538
X_7	-1. 280	0. 218	34. 367	1	0. 000 ***	0. 278
X_8	0. 793	0. 326	5. 922	1	0. 015 ***	2. 209
X_{11}	1. 111	0. 531	4. 370	1	0. 037 **	3. 036
模型整体检验 整体预测准确概率：91. 1% -2 对数似然值：110. 611				卡方检验值：139. 024 Nagelkerke R^2：0. 667 Hosmer 和 Lemeshow 检验：0. 645		

注：* 表示在 10% 的水平上统计显著，** 表示在 5% 的水平上统计显著，*** 表示在 1% 的水平上统计显著。

第一，种植面积水平对农户是否采用标准化影响较大。从模型结果看，在 1% 的显著水平下，回归系数为正，OR 值为 2. 538，农户种植面积每改变一个单位，农户选择标准化生产行为将增加 2. 538 倍。农户种植面积越大，越容易形成规模效益，降低标准化成本，农户参与标准化生产的概率越大。

第二，农户所在地种植棉花品种数量对农户实施标准化生产有很大影响，显著性最强。原因在于棉花栽培品种是棉花生产的基础，品种的数量直接影响棉花品质的统一度及标准化程度，品种质量的好坏直接影响棉花产量的高低和纤维品质的优劣，进而影响棉花的品质。通过限制棉花品种，可以有效地解决棉花品种多乱杂等问题，促进棉花标准化生产。

第三，参加标准化培训的次数对实施农业标准化生产有很大影响。在其他条件不变的情况下，农户对标准化的认知改变一个单位，其采用标准化生产的概率将增加 2. 209 倍。对标准化的认知及标准化培训可以提高职工对标准化的认知，转变人们的思想观念。通过技术培训提高农户标准化技能，增加实施标准化的概率。

第四，标准化农产品售价对采用标准化生产有明显影响。计量结果表明，标准化产品每改变一个单位则标准化生产优势将增加 3. 036 倍。职工是经济人，农产品需求价格弹性较低，只有提高农户收益才能提高农户采用标准化生产的积极性。采用标准化生产提高产品的品质，进而提高价格，农户越愿意采用标准化生产方式。

第五，户主年龄、户主性别、种植收入、机采面积、标准化产品的生产成本对农户标准化行为影响不大。因为兵团职工年龄大都分布在40~60岁，户主大都是男性，对标准生产的影响较小。兵团属于政企合一，棉花从种植到栽培到采棉，相对地方有较高的标准，但是目前棉花生产补贴水平低，国家政策支持力度不够，使得团场支持因素对农户实施标准化生产影响不显著。当前棉花生产资料价格上涨，现有技术在降低标准化生产成本方面效果，使得标准化产品成本变量不显著。尽管兵团有部分农户实施标准化生产，但目前农业标准化生产组织管理不规范，生产各环节标准不一致，标准化体系没有建立，未能解决好农户抵御风险、增加收入等问题。

5.1.3 促进棉农标准化实施的政策建议

5.1.3.1 大力推广棉花机械采收

随着我国人力成本的提升及农业现代化的要求，机械生产替代人力生产已成为必然趋势，农业机械化是农业标准化和现代化的必然要求。为了解决棉花成本问题，应该大力发展机采棉。加大机采棉品种研究，认真执行农业部门在机采棉打药、脱叶、采收、烘干等环节制定的有效的管理制度。另外，适度扩大生产规模，促进农户实现规模效益，从而有效地实现经济效益。并落实机采补贴制度，加大机采棉品种研发经费投入，提高兵团棉花机械采收率及机械采收质量，降低棉花生产成本。

5.1.3.2 探索棉花种植体制，推广棉花公司化经营

我国目前棉花栽培模式面临着成本高、品质差、竞争力小等问题，难以适应农业现代化的要求，而美国的公司化经营模式可以很好地解决此类问题。棉花公司化经营指把棉花生产纳入企业范畴，转向公司经营方式，提高标准化程度，向规模化、集约化、专业化转变。棉花公司化经营可以很好地解决棉花品种多乱杂、棉花品质参差不齐等现状，从而有效促进棉花标准化生产，推进棉花生产现代化。

5.1.3.3 加大培训力度，积极引导职工参与标准化生产

加强农业标准化培训工作，降低农户学习成本，团场应该增加兵团农业标准化的财政投入和政策支持，可以免费对职工进行标准化技术和标准化知识的培训，加大对农户的指导和标准化补贴等形式以培养农户参与培训的积极性。通过培训可以将信息有效地传递给农户，帮助农户获得必要的知识、技术和观念，使他们接受新知识、新信息、新技术、新设备，从而具有经营管理知识和能力，提高标准化生产意识。棉花标准化除了有规定的格式外，还有很多专业术语，例如：马克隆值、衣分率、断裂比强度、轧工质量、异性纤维含量等术语，职工很

难理解其中的含义，更不知道如何按这些要求去做，农业技术人员在培训时可以将这些术语简单化、通俗化地讲授给职工，帮助职工更好地达到标准化生产。因此，团场必须加大培训将信息有效地传递给农户，让农户更深入地了解标准，按标准生产。

5.1.3.4 加强棉花品种管理，转变农户种植理念

目前，农户在种植棉花时多关注产量和衣分，在一定程度上忽视了棉花的内在质量，尤其是机采棉长度偏短，大多集中在 27 ~ 29mm 级。团场应该建立一套完备的棉花品种培育、优选机制，提升育种技术，并筛选出优质高产的品种，同时实行统一品种，实现区域化种植，规定 1 个团只有 1 个主栽品种。在不同的地区，实行棉花品种登记制度，提高新品种引进门槛，未经过权威部门认证，不得随意推广，改变棉花品种多乱杂的局面。对各个团场实行统一供种、区域化种植，保持品种纯度，提高棉花品质。这不仅可以保障棉纤维品质的一致性，利于棉纺产业发展，还可以切实改变目前棉花品种繁杂、品质参差不齐的局面。

5.1.3.5 提高棉花检测技术，推动棉花标准化生产

我国棉花品级检验方法随着棉花新标准的出台即将成为历史，棉花标准改革的核心内容是将品级改为颜色级：取消了品级，增加了颜色级、轧工质量指标及检验方法；老标准质量评价体系指出：棉花质量≈品级（品级涵盖了色泽特征、轧工质量、成熟度等指标），新标准质量评价体系指出：棉花质量 = 颜色级 + 马克隆值 + 断裂比强度 + 轧工质量等物理指标。新标准实现了“质”的飞跃，对棉花质量要求细致化，通过提高棉花检测技术，对棉花整体品质进行检测，有利于提高棉花一致性。但针对目前棉花质量现状、异性纤维等问题，还需要标准化的改革和检测技术的提高来促进。

5.1.3.6 加大兵团棉花标准化生产补贴政策，完善生产环节的财政补贴

我国棉花棉农的补贴远远小于国外发达地区棉农补贴，团场应加大棉花补贴政策，出台棉花种植直补政策。不仅从种子而且农药、肥料、滴灌等生产环节直补，降低棉花标准化成本，不断提高棉花标准化规模进而提高棉花品质，促进农户增收。今年将出台新的棉花补贴政策，团场可以对棉种进行直接补贴，筛选出适合各地区生长的品种，统一免费供种，这样不仅实现了补贴政策，提高职工种植的积极性，也促进了标准化的实施。

5.2 农业标准化实施过程中农业企业行为的实证研究

5.2.1 研究假设

我们根据企业实施标准化生产程度的高低，将其分为“标准化生产”和“非标准化生产”。企业参与标准化生产的影响因素应该从以下两方面分析：

一是企业为什么实施标准化生产？企业选择标准化生产的外因来自外部因素的影响，主要有市场需求、竞争需要、团场支持等因素。通过调查显示，企业标准化生产行为较大程度上受市场需求和竞争压力的驱使。企业实施标准化生产的内在动机来自企业自身对标准化的认知、标准化生产能力和标准化产品的效益等因素。

二是农业龙头企业实施标准化受企业自身特征的影响，包括员工人数、销售收入、资产总额、产品是否出口、企业性质等因素。具体分析如表 5－7 所示。

表 5－7　影响企业标准化行为的因素

影响因素			具体表现	影响
生产动机	外部因素	标准化生产环境	市场需求、竞争需要、团场支持	+
	内部因素	标准化生产意识	认知	+
		标准化生产能力	“三品一标”认证	+
		标准化产品经济效益	比非标准化农产品效益好	+
自身特征	员工数、销售收入、资产总额、产品是否出口、企业性质、企业级别			+

根据以分析，本书提出以下假说：

第一，企业自身特征主要包括员工数、销售收入、资产总额、产品是否出口、企业性质、企业级别，一般来说，企业的资产多规模大，抵御标准化生产带来风险的能力越强，对生产的规范性要求越高。由此提出假说：企业规模越大、级别越高、出口越多，越倾向于标准化生产。

第二，标准化生产意识主要是企业对标准化生产的认知、标准化生产意识及对标准化生产行为的重视程度等。企业领导对标准化生产意识越高，参与标准化生产的积极性越强。由此提出假说：企业标准化生产意识越强，越倾向于标准化生产。

第三，农业标准化生产能力是指获得无公害、绿色、有机、地理标志认证的数量。企业标准化生产能力越高，越容易满足农产品品质的要求。由此提出假说：企业标准化生产能力越强，越倾向于参与标准化生产。

第四，标准化农产品经济效益从长期看高于非标准化农产品，理性企业会选择实施标准化获得更多的效益。由此提出假说：标准化农产品效益越明显，企业越倾向于参与标准化生产。

第五，标准化生产环境是指制约或促使企业进行标准化生产的外部因素，有市场需求、竞争需要、团场支持等因素。由此提出假说：市场需求、竞争需要、团场支持等因素对企业实施标准化生产有促进作用。

5.2.2 数据来源

近年来，随着经济的发展，我国农业和农村经济逐渐进入新的阶段，人们对农产品已从追求数量变成追求质量、品质和特色，为了适应人们的需求，实现经济增长由粗放型向集约型转变，我国各地区发展特色农业产业，培育了一批农业龙头企业，大力实施农业标准化，推动了农业现代化的发展，有力地促进了农业增收。农业发展迅速的石河子垦区高度重视标准化工作，着眼于增强农业自主创新能力，通过实施农业标准化，加快农业科技成果的转化，取得了良好效果。在种植业上大力推广以六项精准农业技术为主要内容的新科学、新技术，超宽膜植棉240万亩、良种推广100%、精量播种80万亩、膜下滴灌100%，智能化滴灌2万亩、机采棉种植面积200万亩以上。在畜牧业生产中全面应用人工授精冷配技术、饲草三贮一化、牛羊塑料暖棚技术、机械化挤奶、牧草机械化收割、性控冻精及性控胚胎移植、全混合日粮饲喂、奶牛自由采食等技术大幅提高了畜牧业生产的科技含量，已建成500~1000头规模化奶牛场58个，从饲喂、繁育、产奶全部采用现代化管理新工艺。通过无公害农产品产地认证13家企业的34个品种，认证面积25万亩；通过绿色食品获证单位7家，通过了1.2万亩葡萄有机农产品认证。截至目前，石河子拥有农产品加工企业注册商标751个，其中引进知名品牌30个，自治区名牌产品9个，新疆著名商标15个，中国驰名商标1个。截至2013年10月底，“三品一标”已认证品种达52个，其中无公害农产品34个、绿色食品15个、地理标志3个。

可见石河子垦区在种植业、畜牧业等领域标准化实施方面取得了显著成效，在整个新疆甚至全国处于领先地位，因此本书在石河子垦区实地调查，通过对新疆石河子农业企业负责人进行访谈及问卷调查，涉及棉业、酒业、果蔬业、畜牧业、种业、粮油加工业等79家龙头企业，具体分布如表5-8所示。共发放调查问卷90份，回收79份，有效率87.8%，问卷具有较强的代表性。

表 5－8 调查农业企业分布情况

企业分类	企业个数	比例（%）
棉业	22	27.85
酒业	9	11.39
果蔬业	19	24.05
畜牧业	15	18.99
种业	1	1.27
粮油加工业	13	16.46

5.2.3 实证研究结果

5.2.3.1 描述性分析

（1）农业企业标准化的出发点。调查表明，企业重视标准化生产的出发点主要集中在提升农产品质量，其次是获得经济效益、迫于竞争压力、加速开发新产品方面（见表 5－9）。

表 5－9 农业企业标准化出发点

	竞争压力	经济效益	提升农产品质量	加速产品开发	合计
企业（个）	15	19	35	10	79
比重（%）	18.99	24.05	44.30	12.66	100.00

（2）企业对标准化的认可情况。如表 5－10 所示，被调查企业大多数认为标准化对企业发展较为有利，占企业总数的 56.96%，没有企业认为标准化不利于企业发展，说明企业实施标准化比较利于企业发展，企业比较认可标准化的重要性和必要性。

表 5－10 农业企业对标准认可情况

标准化是否有利于企业发展	非常有利	较为有利	一般	不利	合计
企业（个）	12	45	22	0	79
比重（%）	15.19	56.96	27.85	0	100.00

（3）企业实施标准化满意度。79 个企业中，高达 72.16% 的企业对实施标准

化感到很满意和比较满意，认为一般满意的占25.32%，仅有2家企业认为不满意（见表5-11）。对标准化满意度进行1~4分赋值后，计算平均得分2.8分，与总分4分相比，满意度70%，总体看来，企业对实施标准化现状比较满意。

表5-11 农业企业实施标准化满意度

满意度	很满意	比较满意	一般	不满意	合计
企业（个）	8	49	20	2	79
比重（%）	10.13	62.03	25.32	2.53	100.00

（4）企业实施标准化稳定性。从标准化实施年限上来看，70%以上实施标准化生产年限在5年以上（见表5-12），对于大多数企业而言，实施标准化是比较稳定和连续的。

表5-12 农业企业实施标准化年限情况

实施年限	3年以下	3~5年	5~10年	10~15年	15年以上
企业（个）	3	20	28	24	4
比重（%）	3.80	25.32	35.44	30.38	5.06

5.2.3.2 计量经济模型和结果

（1）模型选择及研究方法。假设农业企业选择标准化生产用Y表示，Y取决于Xi（影响企业实施标准化生产的各种因素）。结果只有两种：分别用Y=0和Y=1表示农业企业不采用和采用标准化生产，是非连续性的，并且这属于分类结果（Y）与多种影响因素（X_i）之间关系，可以用Logistic回归模型分析此问题。

Logistic回归为概率型非线性回归模型，是研究分类观察结果（Y）与一些影响因素（X）之间关系的一种多变量分析方法。Logistic概率函数模型为：

$$p(y=1 \mid x) = \frac{e^{a+bx}}{1+e^{a+bx}}$$

在本书中，p为农业企业采用标准的概率，x为影响企业采用标准生产行为的因素，a，b分别为各个因素所对应的参数。

模型的因变量Y为农业企业是否实施标准化生产，被解释变量Y是二元选择变量，即实施标准化生产和不实施标准化生产。由于所有农业企业都表示实施标准化生产，因此采用计量方法对标准化实施程度和质量来判别企业真正实施标准化取向，通过聚类分析，将标准化实施情况分为两类。标准化实施程度高的为一类，归为“标准化生产”，赋值为1；标准化程度低的为一类，归为“非标准化生产”，赋值为0，自变量是根据之前的5个假设选择变量来反映。模型中的变量选取及统计数据如表5－13所示。

表5－13　模型变量的含义、取值范围、均值

变量名称	取值范围	变量含义
标准化程度变量（Y）		
是否通过质量体系认证（y_1）	0～1	0＝否；1＝是
标准实施满意度（y_2）	1～4	很满意＝1；比较满意＝2；一般满意＝3；不满意＝4
是否采用国际或国外先进标准（y_3）	0～1	0＝否；1＝是
标准实施年限（y_4）	1～5	3年以下＝1；3～5年＝2；5～10年＝3；10～15年＝4；15年以上＝5
自变量（X）		
企业自身特征变量		
企业性质（X_1）	1～7	国有企业＝1；外资企业＝2；股份合作企业＝3；私营企业＝4；民营企业＝5；中外合资＝6；其他企业＝7
企业级别（X_2）	1～5	市级企业＝1；师市级＝2；兵团级＝3；自治区级＝4；国家级＝5
资产总额（X_3）	1～6	1000万元以下＝1；1000万～5000万元＝2；5000万～8000万元＝3；8000万～1亿元＝4；1亿～5亿元＝5；5亿元以上＝6
销售收入（X_4）	1～6	1000万元以下＝1；1000万～5000万元＝2；5000万～8000万元＝3；8000万～1亿元＝4；1亿～5亿元＝5；5亿元以上＝6
员工人数（X_5）	1～5	100人以下＝1；100～300人＝2；300～500人＝3；500～1000人＝4；1000人以上＝5
企业产品是否出口（X_6）	0～1	没有＝1；不多＝2；较多＝3；很多＝4
企业成立年限（X_7）	1～5	3年以下＝1；3～5年＝2；5～10年＝3；10～15年＝4；15年以上＝5
外部环境		
团场支持（X_8）	1～3	不支持＝1；支持＝2；非常支持＝3

续表

变量名称	取值范围	变量含义
竞争是否激烈（X_9）	0~1	0=是；1=否
内部因素		
标准化生产意识（X_{10}）	1~6	很不重视=1；不重视=2；一般重视=3；重视=4；非常重视=5
是否获得“三品一标”认证（X_{11}）	0~1	没有获得认证=0；获得认证=1
标准化产品比非标准化经济效益（X_{12}）	0~1	低=1；差不多=2；高一点=3；高很多=4

（2）计量结果。首先本书利用标准化实施年限、满意度、是否采用国际标准、是否通过质量体系认证，来评估企业实施标准化程度，由此来界定企业实施标准化行为。如果企业通过质量认证体系，具有稳定的标准实施年限并且对标准化实施满意度较高，说明企业标准化实施程度高，有利于标准化实施。如果企业没有通过标准认证、满意度较低，即使在实施标准化，也不一定保证生产出标准化的产品。因此，我们选择若干表征标准化实施程度的指标来加以反映。为了生成虚变量，采用K均值快速聚类分析法，结果如表5-14所示，给定两组聚类的条件，基于多元变量，将79家企业分为两组，标准化程度较高的一组对其赋值为1，较低的一组赋值为0，由此生成虚变量数据。

表5-14 每个聚类中的案例数

聚类	1	56
	0	23
	有效	79
	缺失	0

然后应用SPSS 19.0统计软件对79个样本数据进行二元Logistic回归分析，在处理中，先对选定的13个变量进行多重共线性检验，发现所选择的13个变量方差膨胀因子均小于10，即各个变量之间不存在显著多重共线性。然后进行回归，得出以下结果（如表5-15所示）。其中数据选择变量的标准水平是$\alpha=0.05$，剔除变量的标准水平是$\alpha=0.1$，模型预测采用农业标准化生产的正确率为90.6%，-2对数似然值为44.723，该数大于在自由度为13在5%显著水平下查处的卡方临界值22.36，说明回归方程通过了检验。卡方检验值为55.377，$p=0.00$，小于0.05，说明模型至少有一个变量系数不是0，有统计意义。Hosmer和Lemeshow检验值为0.947，大于0.05，表明模型拟合较好，实际值与预测

值之间没有显著差异。通过检验得到了影响显著的5个变量：企业级别、销售收入、竞争是否激烈、标准化意识、“三品一标”认证。Logistic 回归方程为：

$$\text{Logit (y)} = \text{Ln}\left(\frac{p}{1-p}\right)$$
$$= -3.75 - 0.833X_1 + 0.452X_2 - 1.919X_9 + 2.8X_{10} + 3.709X_{11}$$

表5-15　企业标准化行为的 Logistic 模型估计结果

解释变量	B	S. E.	Wals	df	Sig.	Exp (B)
常量	-3.750	3.781	0.983	1	0.321	0.024
X_1	-0.833	0.361	5.310	1	0.021**	0.435
X_4	0.452	0.258	3.073	1	0.080*	1.571
X_9	-1.919	1.156	2.754	1	0.097*	0.147
X_{10}	2.800	0.804	12.114	1	0.001***	16.441
X_{11}	3.709	1.156	10.297	1	0.001***	40.813

模型整体检验	
预测企业非标准化生产的概率：88.5%	卡方检验值：55.377
预测企业标准化生产的概率：90.6%	Nagelkerke R^2：0.701
整体预测准确概率：89.9%	Hosmer 和 Lemeshow 检验：0.947
-2 对数似然值：44.723	

注：*表示在10%的水平上统计显著，**表示在5%的水平上统计显著，***表示在1%的水平上统计显著。

从研究结果中可以看出，“企业级别”、“销售收入”、“竞争是否激烈”、“标准化意识”、“三品一标认证”的回归系数显著不为0，说明以上四个变量对企业是否采用标准生产影响程度很大，且可信度较高。

第一，从企业自身特征变量看，销售收入对企业是否采用标准化有显著影响，并且系数符号为正，说明龙头企业销售收入越高，对标准化生产投入也会增多，企业的经济实力对企业是否采用标准提高产品质量有显著的促进作用。比如石河子西部牧业是国家级龙头企业，管理机制比较完善，其所属公司花园乳业加大标准化投入，促进标准化产品生产，2008年“花园”商标被命名为新疆著名商标，于2013年11月进行GMP和HACCP体系的外部评价。通过四体系的有效运行，公司管理走上了一个新的台阶。这充分说明了龙头企业级别越高，标准体系越健全，标准化程度越高，经济效益就越大。

第二，在外部因素中，竞争者数量对企业实施标准化有显著影响，从现实情况看，随着经济的发展，企业间的竞争越来越激烈，标准化是企业制胜的法宝，迫于竞争压力企业会实施标准化提高企业竞争力。新疆经济特产源远流长，是全国优质棉生产基地，产品质量享誉中外，新疆棉业公司众多，为了提高企业竞争力，新疆西部银力棉业（集团）有限责任公司视质量为生命，严格遵守国家《GB1103—2007 棉花标准》和《“银力”牌棉花质量管理办法》，严格地把好“银力”品牌的质量关和使用关，在装棉、运棉、售棉过程中，严禁使用编织袋、塑料袋、麻绳；在棉花收购加工中，任何人进厂必须戴白帽子，各厂都配有特杂箱，拉花车辆一律加盖棉制白布。西部银力棉业严格实施标准化使得经营的棉花 1999 年 7 月在全疆率先注册了“银力”牌棉花商标，并获“国家权威检测达标品牌国家质量检测连续合格产品”、“全国认知率最高的棉花品牌”、“中国棉花行业最具影响力十大满意品牌”、“新疆名牌产品”、“新疆著名商标”等荣誉，2002 年集团通过 ISO 9001：2000 质量体系认证。银力棉业高度重视质量，大力实施标准化生产，使得银力棉业在众多棉业中崭露头角，成为了石河子垦区最大的棉业集团。

第三，内部动机中，标准化生产意识和是否获得标准认证对企业实施标准化生产有显著影响，也对企业实施标准化有明显的促进作用，说明标准化意识越强，实施标准的积极性越高，越倾向于实施标准化生产。如石河子垦区神内食品有限公司，神内公司自成立以来就非常注重自主创新能力及标准化生产，依靠自主创新创立企业品牌，自 1997 年获得第一件注册商标起，积极申请注册商标 15 件，目前获得国家工商局商标局颁发的“神内”、“果菜家园”等商标注册证 10 件。公司在营运中意识到标准化生产的最终目的是提高产品的质量，为了确保神内品牌持续良好地发展，公司严格履行“追求绿色天然的一流品质，创造健康快乐的美好生活”的企业宗旨，严格自律，加强产品质量安全管理，不懈地利用多种形式，对员工进行质量意识教育培训，先后建立了 ISO 9001 质量管理体系，卫生保证控制体系，HACCP 管理体系，并顺利通过了国家认证机构的审核，取得了认证证书，各项管理体系的建立和实施运行，有效保证神内产品的安全、卫生和营养，在各级质量技术监督和卫生管理部门的监督抽查检验中，产品质量全部符合有关质量标准，赢得了广大消费者的信赖和赞誉。神内“胡萝卜汁、蟠桃汁、番茄汁”连续 6 年获得绿色产品证书，这进一步增强了神内品牌在市场竞争中的实力，年产品产销量达 5000 吨，促进了经济效益大幅提高。

5.2.4 促进农业企业标准化实施的对策建议

对企业而言，企业应该不断强化标准化生产意识，重视标准、尊重标准，积极采用国际标准和国内先进标准，使生产、经营、产品质量达到更高的水平；不断提高企业自身的安全生产能力及深加工能力，申请质量标准认证，积极推进品牌建设；以提供资金、技术为切入点，以此促进标准化实施；加快提高企业技术标准水平，增强产品科技含量，促进销售收入，增加经济效益。

对团场而言，应该着力引导、扶持企业实施标准化，建立完善的市场价格机制，实现优质优价。建立不同级别的龙头企业准入、奖励、淘汰机制，在同一地区引入若干同类型企业，增强企业间的竞争性，以此促进标准的实施。另外，要加大标准化宣传力度，对企业负责人员进行标准化生产宣传与培训，提高标准化意识和标准实施能力，提高企业的社会责任感。

5.3 农业标准化实施过程中合作社行为的实证研究

5.3.1 研究假设

在综合前人研究，总结制度变迁理论、行为理论及决策理论的基础上，本书从合作社内部因素、行为动机、外部因素、类型因素四方面分析影响合作社实施标准化的因素。

表5-16 影响合作社标准化行为的因素

影响因素			具体表现	影响
标准化生产行为分析	内部因素	合作社特征	人员规模、生产规模	+
		负责人基本特征	合作社负责人的年龄、学历	- +
		合作社建设情况	自有品牌、年纯收入、带动农户数	+
	行为动机	促进合作社收益	提高产品价格、打造品牌、开拓海外市场	+
		提高收益	提高农产品质量、降低成本	+ -
	外部因素	团场支持	团场是否有资金、政策支持	+
		销售渠道	农贸市场、经销商、团场收购	
		“优质优价”机制	标准化农产品是否“优质优价”	+

根据以上影响因素，本书提出如下假设：

第一，合作社特征主要包括合作社人员规模和生产规模，通常来讲，成立年限越久，人员规模、生产规模越大的合作社，拥有更多的人力和土地资源组织标准化生产，生产经营活动越正规，对生产经营的规范性要求越高。由此提出假设1：合作社成立年限、人员规模和生产规模对合作社参与标准化生产有促进作用。

第二，合作社负责人基本特征是指负责人的年龄及学历等，负责人年龄越小、学历越高，接受新事物的能力越强，对标准化生产意识越强，越能有效从事标准化生产。由此提出假设2：合作社负责人年龄越小、学历越高，越倾向于参与标准化生产。

第三，合作社建设情况是指合作社品牌建设情况及年纯收入，一般来说，合作社品牌、带动农户数、年纯收入越多，抵御标准化生产带来风险的能力越强，对生产的规范性要求越高。由此提出假设3：合作社品牌、年纯收入越多，合作社越倾向于标准化生产。

第四，团场支持指团场是否有资金、政策支持，通常来看，团场支持对合作社实施标准化行为有促进作用。由此提出假设4：团场对合作社标准化实施的政策、资金支持越多，合作社越倾向于实施标准化生产。

第五，"优质优价"机制是指标准化农产品质量高，价格更高。合作社组织是以提高农户收益为目的，在"优质优价"的机制下，能够促进合作社实施标准化生产。由此提出假设5："优质优价"机制能够促进合作社实施标准化生产。

5.3.2 数据来源与样本特征

2012年，兵团农业专业合作社运营比较规范的有100家左右，主要分布在养殖业，果蔬业特色种植领域，在生产组织、产品营销、市场谈判、新技术推广普及、信息咨询、培训、生产资料的购进等方面发挥重要的作用。本书根据兵团农业局专家提供的合作社名单，进行问卷调查及访谈，问卷共发放180份，剔除未收回及不合格问卷，最终确定对150份有效问卷进行分析，有效率为83.3%。从回收的有效问卷看，受访合作社的基本特征如下：

从合作社成立年限看，兵团2009年合作社数量明显增加，在2009~2012年成立的合作社较多，占总样本的90.8%。合作社纯收入的跨度较大，少的几万元，多的可达千万元，大部分集中在100万元左右。合作社人员规模情况，平均规模为57人，人员规模在100人以内的合作社占了全部样本的89%。在负责人年龄方面，平均年龄为53岁，负责人学历方面，高中及以上占总样本的86.8%。合作社的生产规模的均值为5458.55亩，纯收入集中在100万元左右，带动农户数集中在100~200人。

合作社的品牌建设情况。根据调查显示，兵团职工专业合作社的品牌意识较强，65%的合作社拥有商标。在销售渠道方面，大部分合作社的销售渠道是经销商，占总样本的69.6%。

在团场支持方面，有81%的合作社表示获得过相关的资金支持，70%的合作社表示团场在合作社标准化生产方面有很大的促进作用，28%的合作社表示作用一般。说明团场在合作社标准化实施中的作用很大，但是仍然有部分合作社对团场职能的发挥还不满意。

5.3.3 变量设定及模型选择

5.3.3.1 因变量

本书结合农业标准化实施行为定义为二分类变量，由于合作社是否实施农业标准化的信息比较难获得，因此本书将农业标准化的实施情况的综合评价作为因变量。

对于农业标准化的实施情况综合评价主要从产品认证（“三品一标”：无公害农产品、绿色食品、有机食品、农产品地理标志）、管理体系认证（GMP、HACCP、ISO 9001、ISO 14001 等）、产品检测、产品质量等方面综合考虑。根据专家意见对各项指标的重要性进行评分，指标总分 30 分，具体指标如表 5－17 所示，总分在 18 分以上者对其农业标准化实施行为赋值为 1，其余赋值为 0。

表 5－17 合作社标准化实施情况综合指标

指标	指标解释	得分
产品认证	合作社生产的产品认证情况	10
体系认证	合作社管理体系认证情况	10
产品检测	合作社生产的产品是否进行检测	5
产品质量	合作社实施标准化后产品质量变化	5

5.3.3.2 自变量

根据理论假设，本书在回归分析中设置了合作社基本情况、负责人基本情况、外部环境 13 个自变量，具体标准的类型、定义如表 5－18 所示。

表 5－18 模型变量的含义、取值范围

变量名称	变量类型	变量定义
标准化实施情况（Y）	二分类	是＝1；否＝0
人员规模（X_1）	连续值	实际值（人数）
生产规模（X_2）	连续值	实际值（亩、头等）
成立年限（X_3）	定序	2 年以下＝1；2～4 年＝2；5～8 年＝3；9～10 年＝4；10 年以上＝5
负责人年龄（X_4）	定序	30 岁以下＝1；31～40 岁＝2；41～50 岁＝3；51～60 岁＝4；60 岁以上＝5

续表

变量名称	变量类型	变量定义
负责人学历（X_5）	二分类	高中以下 =0；高中及以上 =1
自有品牌（X_6）	二分类	有 =1；没有 =0
年纯收入（X_7）	连续值	实际值
带动农户数（X_8）	定序	50 户以内 =1；51 ~ 100 户 =2；101 ~ 200 户 =3；201 ~ 300 户 =4；300 户以上 =5
团场作用（X_9）	二分类	有资金或政策支持 =1；没有 =0
销售渠道（X_{10}）	定序	农贸市场 =1；经销商 =2；团场 =3；其他 =4
优质优价（X_{11}）	二分类	能 =1；不能 =0
与非标准化成本相比（X_{12}）	定序	降低很多 =1；降低不多 =2；不变 =3；提高 =4
与非标准化产品质量相比（X_{13}）	定序	降低很多 =1；降低一点 =2；不变 =3；提高一点 =4；提高很多 =5

5.3.3.3 模型选择

本书的因变量（Y）为二分类变量，Y 取决于 X_i（影响合作社实施标准化生产的各类因素），取值为 0 或 1。可用 Logistic 回归模型分析此问题。Logistic 概率函数模型为：

$$p(y=1 \mid x) = \frac{e^{a+bx}}{1+e^{a+bx}}$$

5.3.4 模型结果分析

5.3.4.1 数据处理

按照因变量的定义方法，对 150 个样本的农业标准化实施情况进行综合评价，最终得出全部样本标准化实施情况的综合得分。综合评价中最高得分 30 分，最低 5 分，均值 23 分。根据评价结果，52% 的合作社标准化综合得分在 18 分以上，说明兵团合作社标准化实施情况不是很好。

5.3.4.2 模型回归

用 SPSS 19.0 统计软件对 150 个样本数据进行二元 Logistic 回归分析，在处理中，先对选定的 13 个变量进行多重共线性检验，发现所选择的 13 个变量方差膨胀因子均小于 10，即各个变量之间不存在显著多重共线性，然后采取逐步剔除，最终进入模型的变量及对应系数见表 5 – 19。

表5－19　模型系数的综合检验

检验	项目	数值
预测准确率	因变量为0预测准确率	89.0%
	因变量为1预测准确率	92.4%
	整体预测准确率	90.8%
模型系数综合检验	卡方检验值	127.779
	Sig.	0.000
模型汇总	－2对数似然值	82.701
	Cox&Snell R^2	0.569
	NagelkerkeR^2	0.758
Hosmer和Lemeshow检验	卡方统计量	10.364
	Sig.	0.240

根据模型系数综合检验表，卡方检验值为127.779，大于0.05显著性卡方临界值15.507，且Sig.值为0.000，说明模型的显著性效果较好。从Hosmer和Lemeshow检验表来看，最终卡方统计量为10.364，小于0.05显著水平下的临界值14.067，从Sig.角度来看，0.240＞0.05，说明模型能够很好地拟合整体，不存在显著性差异。最终进入模型的变量及对应系数见表5－20。

表5－20　合作社标准化行为的Logistic模型估计结果

解释变量	B	S.E.	Wals	df	Sig.	Exp（B）
常量	－6.595	1.892	12.146	1	0.000	0.001
X_1	1.029	0.102	5.453	1	0.020**	1.329
X_7	1.017	0.501	11.752	1	0.001***	1.508
X_8	1.009	0.287	12.360	1	0.000***	2.744
X_9	2.402	1.010	5.662	1	0.017**	11.051
X_{11}	1.277	0.577	4.893	1	0.027**	3.587
X_{12}	－0.998	0.344	8.430	1	0.004***	0.369

注：**表示在5%的水平上统计显著，***表示在1%的水平上统计显著。

通过检验得出合作社人员规模、纯收入、带动农户数、团场作用、“优质优价”机制、成本变量6项指标对合作社实施标准化生产均有着显著影响。自变量合作社成立年限、负责人年龄、学历、自由品牌、与非标准化农产品质量相比变量没有进入最终回归模型。

5.3.4.3 模型解释

第一，自变量合作社人员规模的回归系数为 1.029，而且在 5% 的显著水平上显著，说明合作社人员规模对合作社农业标准化实施情况影响非常显著。人员规模越大，管理机制较为完善，生产过程有统一、严格的标准控制，因此可以有效地保障农业标准化的实施。

第二，自变量合作社纯收入回归系数为 1.017，且在 1% 的水平上显著，说明收入情况对合作社的农业标准化实施情况产生显著影响。合作社纯收入越多，合作社越有能力抵御外来风险，也越有能力参与标准化生产，因此收入越高越能积极促进合作社参与标准化生产。

第三，自变量带动农户数回归系数为 1.009，且在 1% 的水平上显著，说明合作社带动农户数对农业标准化的实施产生显著促进作用。随着社会化的发展，农业标准化是一项提高农产品质量、促进职工增收的有益活动。合作社带动农户数越多，合作社社会化服务越大，越有荣誉感，就越能促进合作社参与实施标准化生产。

第四，自变量团场作用回归系数为 2.402，且在 5% 的水平上显著，说明团场的支持对合作社实施标准化生产有明显的促进作用。职工合作社大多是农户自愿组织成立起来的农业生产组织，大多数没有资金基础，因此团场的资金政策支持能消除合作社实施农业标准化成本顾虑，极大地提高合作社的积极性。

第五，自变量“优质优价”机制的回归系数为 1.277，且在 5% 的水平上显著，说明“优质优价”机制对合作社农业标准化的实施情况产生显著影响。“优质优价”机制可以促进产品质量的提升，促进职工增收，因此在“优质优价”机制下合作社更愿意参与标准化生产。

第六，自变量与非标准化产品成本相比变量的回归系数为 -0.998，且在 1% 的水平上显著。合作社作为农业标准化的实施主体，是以利益最大化为目标的组织。标准化产品比非标准化产品成本低时，可以促进合作社参与标准化生产，提高收益。

第七，合作社成立年限、负责人年龄、学历、生产规模、自有品牌、与非标准化产品质量相比，变量未进入最终模型，说明这几个对合作社实施农业标准化情况的影响不显著，由于兵团合作社大都是近 10 年内发展起来的，成立年限都比较短。兵团合作社负责人年龄大都处于 40 ~ 55 岁，学历基本是高中以上水平，因此这几个变量对合作社标准化生产影响不显著。兵团特色农产品非常多，但是在品牌建设上存在一定欠缺，名牌农产品甚少，真正具有竞争力的品牌很稀缺。另外，由于样本的有限性，以局部推断整体，可能存在一定的误差。

5.3.5 促进农业专业合作社标准化实施的对策建议

基于以上结论分析，本书提出以下政策建议：

（1）进一步加强团场对农业标准化生产的支持力度。现在合作社发展普遍存在规模不足、资金短缺等障碍，兵团各级团场应该进一步加大对农业标准化的重视力度，不断完善和调整政策支持农业标准化。在此基础上，针对不同地区的实际情况，制定一些资金支持政策，形成一套具有兵团特色的农业标准化扶持政策。另外，出台优惠政策，鼓励分散农户加入合作社，扩大合作社的规模。

（2）进一步规范和完善农产品市场，促进“优质优价”机制的形成。强化农产品市场监测，加强市场巡查，建立健全农产品价格体制。通过建立认证和农产品品牌建设等方式，积极推进优质农产品的市场专营，形成完善的、结构分明的农产品销售市场，逐步完善农产品包装标示制度，提高农产品的收益。

（3）合作社应该充分发挥积极引导农业标准化生产的作用，对农户实施“统一操作规范、统一技术指导、统一产品标识、统一收购销售、统一生产资料”的五统一管理。积极促进合作社标准化生产，促进职工增收，农业增产，实现农业现代化生产。

（4）引导农业企业带动合作社发展，进一步扩大合作社规模。引导农业企业与合作社建立合理而紧密的联结机制，使农业企业发挥市场与合作社之间的桥梁纽带作用，以农业企业带动合作社发展，从根本上解决农产品的质量问题，进一步促进标准化实施。

（5）完善农产品检测体系，加强农产品检测机构的建设，增加对农产品检测机构的财政投资力度，完善农产品检测机构补贴机制。出台相关政策和补贴政策鼓励合作社对产品进行检测，推动合作社标准化生产，提高合作社收益。

6 国内外农业标准化发展经验借鉴

本章介绍了国际上主要的农业标准化的机构：从管理模式、管理法规、管理手段三个方面剖析了部分西方国家农业标准化发展的概况。研究我国发达地区的农业标准化做法和路程，通过对国内外的农业标准化发展的分析，得出兵团发展农业标准化值得借鉴的启示。

6.1 国际主要的农业标准化机构介绍

标准化工作重要目标之一就是使各国之间进行劳务与物质交换时所产生的一切技术性问题得到国际性协调解决。随着国际贸易的扩大和农业生产技术的发展，国际农业标准化取得了显著的发展，参与农业标准化的国际组织也越来越多，其主要的名称和代号如下：

国际标准化组织（ISO）；联合国粮食与农业组织（FAO）；国际种子检验协会（ISTA）；（国际）食品法典委员会（CAC）；联合国欧洲经济委员会（UN/CEE）；国际农产品联合会（IFAP）；粮农组织与世界卫生组织（FAO/WHO）；国际葡萄和葡萄酒局（IWO）；国际乳品业联合会（IDF）；国际冷冻学会（llR）；国际谷物化学协会（ICC）等。

6.2 部分西方国家的农业标准化发展概况

在西方经济发达国家，也没有明确的农业标准化提法，它们主要是从农产品质量安全管理的方面，落实农业标准的制定、推广、宣传、监测等工作。国外已经建立了较为完善的农业标准化体系。

6.2.1 管理法规

目前，主要的发达国家都没有一部专门规范农产品的质量安全的法律、法规，而是制定多部法律、法规来对农产品生产的不同环节、不同方面来实行管理。

首先，国外的农产品质量安全立法具有很高的层级性。除由议会通过法律来对农产品的质量安全管理作出比较原则的规定外，大量法律条文的细化和技术性的规定都授权各行政机关以法令和条例的方式作出。

其次，同一层次级别农产品的质量安全立法具有多样性，区分调整农产品质量安全管理不同的方面。这些立法可以分为以下两种情况：一种是在一些综合性的法律中通过对农业投入品、食品、标签和包装的调整从而直接或者间接地涉及对农产品的质量安全的调整，这些法律比如英国的《1990年食品安全法》（主要调整食品的标准和质量，禁止生产、销售不符合食品安全规定的食品），美国的《联邦食品、药品和化妆品法》，加拿大的《食品和药品法》等；另一种是在单一性法律中专门对农产品（或者农业投入品）的某一种类或某一环节的质量安全问题作出要求，如英国的《动物防疫法》，加拿大的《有害物控制产品法》、《饲料法》、《肥料法》、《种子法》、《植物育种者权利法》、《肉类监督法》、《渔业监督法》、《动物防疫法》，日本的《农林产品标准化和质量表示合理化法》、《家畜传染病防治法》、《有机农产品等指导方针》等法律，上述不同层次级别、不同方面的农产品的质量安全管理立法互相协作而又各有侧重，形成比较严密的农产品的质量安全管理法规体系，更为农产品质量安全管理提供充分的执法手段和法律依据。

6.2.2 管理模式

目前，世界各国都普遍认识到食品从农产品的生产到最终消费是一个有机的、连续的过程，对它的管理也不能人为地分割开来，故均强调对农产品的质量安全的全程性管理。这种全程性的管理不仅强调要从农产品投入开始，对食品由生产到消费的每个环节进行监管，并且表现在尽可能地减少管理机构的数量，由尽可能少的机构对食品安全进行全程性的管理。总的来说，各国农产品质量安全管理体制大概有以下三种模式：

一是由农业部门来负责模式。采用这一模式的示范国家是加拿大。该国的食品安全监督管理工作原来分属卫生部、农业和农业食品部、工业部和渔业和海洋部等部门，这种分散的管理模式带来了职能冲突和效率不高等问题。为此，1997

年3月，加拿大议会通过了《加拿大食品监督署法》（Canadian FoodInspection Agency Act），决定在农业部下设立一个专门负责食品安全监督的机构——加拿大食品监督署，相当于中国部委管理的国家局或部属事业单位，全权负责加拿大食品安全、植物保护和动物健康的监督管理工作。加拿大的食品监督署负责产地检查、动植物和食品及其包装检疫、农业投入品监管、药残监控、标签检查和加工设施检查，真正地实现了“从农田到餐桌”全程性的管理。德国于2001年初将原来由卫生部负责食品安全管理职能交给新成立的消费者保护、食品和农业部负责。其他相关部门（主要是卫生部门）依法应在自己的责任范围内配合农业部门农产品的质量安全管理工作。

二是专门成立独立的食品安全监督机构的模式。这种模式以欧盟的国家为代表，在英国，根据《1990年食品安全法》规定，食品安全的监管职能在中央原本属于农业渔业及食品部，1999年11月，英国议会通过了《1990年食品安全法》，决定建立一个独立的食品安全管理监督机构——食品标准局（Food Standards Agency），该局代表英国女王履行职能，向英国议会报告工作。食品标准局职能包括：首先是政策的制定，即制定或者协助公共政策机构制定食品（饲料）政策；其次是服务，向公共当局和公众提供与食品（饲料）相关的信息、协助和建议；再次是检查，为获取审查与食品（饲料）相关的信息，可以对食品和食品原料的生产、流通和饲料的生产、流通以及使用的任何方面进行监测；最后是监督，对其他食品安全监管机构的执法活动进行检查、评估和监督。在英国，食品安全具体执行工作主要是由498个地方团场承担的。食品、环境和农村事务部（原农业渔业及食品部，1999年12月英国中央团场机构改革后改名）在新的体制下继续负责农药和兽药的欧盟监控项目，在上述领域作为执法机关；园艺标准、酒类标准和交易标准除零售环节之外的执法工作也是由环境、食品和农村事务部来负责。

三是多个部门协同负责的模式。以美国为代表，美国负责食品安全的机关主要是3个部门：环境保护署、卫生和公共事业部、农业部。环境保护署主要监管杀虫剂和饮用水；卫生和公共事业部负责瓶装水、其他食品、酒精含量低于7%的葡萄酒饮料监管；农业部主要负责家禽及相关产品、肉类和蛋类加工产品的监管。此外，美国财政部、联邦贸易委员会和商业部也不同程度地承担对食品安全监管的职能。在美国这种多部门联合管理的模式下，农业部管理环节涵盖其管理的农产品（蛋、禽、肉）的生产、加工、销售以及进口环节，如为生产、加工的厂商制定生产标准并对其进行检查、采样分析，责令生产厂商召回不安全的商品，对向美国出口家禽产品和肉类的出口厂商进行检查管理等。因为美国的食品安全监督管理由多个部门负责，因而其特别强调团队的管理方法，以及各机构间的配合和协调。1998 年，美国先后建立了总统食品安全委员会和“食品传染疾病发生反应协调组”，以加强各个食品安全机构之间的联络与协调。日本农产品的质量安全管理主要是由农林水产省和厚生省负责，农林水产省负责农产品品质的管理，厚生省则主要负责开展食品质量安全管理的工作。

6.2.3 管理手段

英、美等国提出，食品安全包括农产品的质量安全，首先是食品的生产者、加工者以及居于食物链中的其他人（也包括消费者）的责任。团场的主要职责就是最大限度地降低食品安全风险。这种思路很大程度上影响了法律对监管方法手段的规定。就当前掌握的立法情况来看，西方国家在管理农产品的质量安全方面主要有以下几种方式：

一是制定完善的标准。制定食品安全的标准并予以强制执行被认为是团场最重要的和最广泛的职能。这些标准包括对掺假、掺杂食品的一般禁令、食品中不同化学残留物的容许量的具体限制、产品本身标准的规定、操作加工规程标准的规定。特别是为加强有机农业的发展，美国、日本、法国等发达国家均制定了相关有机农产品认定制度和栽培标准。

二是建立健全检验检测体系。英、美等国的相关法律都规定主管部长可以任命分析员负责检测检验工作。《加拿大农产品法》第 14 条明确规定农业部长可以认可有关实验室承担试验、检验、分级等工作。

三是加强检查监督。这是农产品的质量安全监管最经常和最主要使用手段，目的在于确保有关标准、法令得到严格执行。美国、英国、日本、加拿大等国相关法律均授权监督机构可对农产品的加工生产和销售场所进行检查，并规定检查人员有权复制、检查和扣押有关记录，也可取样分析。如果检查中发现违法农产品，监管机关可以采取禁止销售、查封、扣押和禁止移动等强制手段。

四是规定严厉的法律责任。在美国、英国、日本、加拿大等国，农产品的质量安全违法者不但要承担受害者的民事赔偿的责任，还要受到行政甚至刑事制裁。这些制裁措施除了罚款外，主要还有责令停产停业和吊销营业执照、没收和销毁违法产品等，违法情节严重的，还有可能被判处监禁。

五是向公众公布农产品的质量安全相关情况，以及提出相关建议，并开展多种多样形式的教育活动。西方发达国家非常重视公众的知情权，在农产品质量安全方面也不例外。英国《1990 年食品安全法》规定了食品标准局对其检测所获得的任何信息，除了依法不得公开的外，都可向公众公布；同时，还就有关食品和食品安全方面消费者利益的问题向公众提供意见。这种制度不但有效保护了公众的生命健康，还在客观上导致了违法者的商誉下降，使其产品难以销售，不营是另外一种形式的惩罚。而美国将每年9月定为全国食品安全教育活动月，公众正确处理食品的教育和以加强对食品服务人员食品安全的训练；并建立全国食品安全网络，无偿向公众提供食品安全方面的信息，提高了公众食品安全的意识，减少食品安全事故的出现。

六是支持、鼓励和组织食品安全方面的合作和科研。目前的很多食品安全问题都需要通过有效的控制措施、强大的科研力量、食物链中饲养者、种植者、加工者、销售者乃至消费者之间的充分配合来解决。团场在这方面具有天然优势，也可以适当发挥主导作用。加拿大的食品监督署就拥有21个研究机构和实验室，负责提供科学的咨询、进行研究、提供检测服务和发展新的技术。日本的食品质量安全管理所的必需经费都列在团场的财政预算中，尤其是检疫检验费用一律由财政部门足额解决。所以，日本的食品质量安全检测机关仪器设备门类齐全、精度高，适合多项目、大批量、快速度、高精度的检测需要。随着有机农业的兴起，欧盟国家建立了对有关有机农业教育培训、研究开发、促进认定、扩大市场等的补助制度。

此外，西方发达国家还十分注重发挥农产品加工者、生产者和销售者以及联合组织在提升农户品的质量安全水平方面的作用。比如美国农业部下属食品安全和检查局就与生产者或者其他人合作，制定并执行在动物饲养、运输中可采取自愿性食品的安全措施，以降低禽类和肉类产品遭受有害物质污染的风险。

6.3 我国发达地区农业标准化的发展模式与经验

伴随着整个国家农业发展的步伐，我国的农业标准化发展走过了不平坦的道路。历经几十年的发展，我国推广实行农业标准化的发展模式可归纳为“七个做法、七个坚持”：坚持以围绕团场工作为重点和农业发展为热点，强化对农业标准化政策支持，把农业标准化工作和服务解决“三农”问题密切结合起来；坚持建立权威、统一、科学的农业标准体系，强化标准监督与实施，把增加支撑农业发展能力与农业标准化工作密切结合起来；强化市场引导，坚持不断创新，把发展现代农业与农业标准化工作、农村繁荣密切结合起来；坚持强化安全管理、惠民生、保持供给，把保障农产品和食品安全与农业标准化工作密切结合起来；坚持加快科技成果转化，科技领先，把提升农业产业技术水平与农业标准化工作密切结合起来；坚持强化部门间相互配合，协调统一，把各项强农惠农措施与农业标准化工作密切结合起来；坚持强化队伍建设，多层次地宣传培训，把提高职工标准化意识和应用能力与农业标准化工作密切结合起来。具体做法如下：

第一，开展农业标准化示范工作。农业标准化示范工作涉及林、农、水、牧、渔、副等生产各个方面，涉及产前、产中、产后每个环节，也涉及地方团场、广大职工和相关部门。因此，仅依靠质量技术监督一个部门是不行的，必须依靠各个部门尤其是财政、农业、环保、卫生等各部门的支持和配合，建立起各有侧重、密切配合的工作机制才能有效地确保农业标准化示范工作的顺利推进。

第二，健全农业标准体系。农业标准化示范区，不是一般性的产品生产基地，而是标准化实施示范的项目。“标准化”就是这项工作与其他基地的不同之处。只有完善了农业标准体系，制定了农业产前、产中、产后全过程每个环节的国家、行业和地方标准，并且认真贯彻实施技术标准，充分发挥标准化对农业产品和产业的提升作用，只有这样才能说明我们示范区建设的工作是成功的，才能真正达到了我们开展这项工作的意图。

第三，建立农业标准化示范区。推行农业标准化不能就标准而标准化，必须要选择有效载体，才可以有成效地开展工作。只有捏准了群众普遍关心和当地团场的重点，兢兢业业才能抓出成效，才能对职工产生巨大的吸引力，促使广大职工群众更容易接受；才会引起各级团场的浓厚兴趣，就会得到应有的支持和重视；才能使相关部门积极配合，顺利地开展工作；才能取得良好的效果，为区域经济的发展做出贡献，使标准化示范工作充满生机与活力。

农业标准化示范区的建设工作开始以来，各地结合当地实际，突出地方区域性特色，创造性地开展了富有成效、形式多样的工作，形成了多种模式的示范工作推进形式：一是团场推动型，就是“团场＋农户”。比如：北京市平谷区在开展标准化示范区的工作时，成立了专门领导小组，担任组长是区主管农业的副区长，科委、农委、果品办、质量技术监督局、乡镇主要领导和财政局为成员，不定期地召开会议，研究项目的实施方案，解决实施过程中的问题，农业标准化将成为团场开展农业现代化的重要手段。二是“龙头企业＋农户”型。例如：山东的诸城外贸集团、河南的龙云集团等。三是“行业协会＋农户”型。比如：天津市宁河县的职工加入到“七里海河蟹养殖协会”，通过协会的互相联系与沟通，实现了全县的河蟹养殖标准化生产。

第四，塑造农产品品牌。通过农业标准化示范区的建设，提高农产品质量和安全水平，塑造了一批农产品名牌。例如山东省寿光市通过实施农业标准化，已有 64 种瓜菜获得无公害农产品认证，有 24 种农产品注册了工商商标。辽宁省沈阳苏家屯区通过实行标准化示范，先后形成了“绿岛”番茄、“辽星”牌大米和“耘垦”鲜鸡、“蕈峰”苹果、“双翼”牌食用菌等一批名牌农产品。吉林梅河口市的梅河大米、内蒙古乌兰察布市“富奇”牌马铃薯、江西的国鸿商品猪、福建永春芦柑、四川南江的金银花、广西凌云的白毫茶、甘肃酒泉的洋葱、贵州的余庆苦丁茶等众多品牌都是通过标准化的实行，提升了产品品质，成为具有较强的市场竞争力的知名品牌。安徽砀山的酥梨等地方传统名特优产品，通过实行标准化生产，提高了产品的品质，使传统特色农产品焕然一新。江苏省将农产品纳入名牌产品推进范畴，通过标准认定了 81 个名牌农（副）产品。浙江省黄岩市通过实行标准化示范，提高了农产品品质，创立了品牌，形成品牌优势，比如东魁杨梅、茶叶等名优产品都注册了商标，增强农产品的竞争力。

第五，农业标准化宣传推广。在示范区多年的建设中，全国各地不断推陈出新，建设研究示范区的新方式，并获得了新的经验。例如在实行农业标准化的过程中，切实解决职工的实际问题，对种植户发放小额的贷款，提供部分的启动资金。北京市平谷区在推广标准化知识方面推陈出新，由质监局、果品办、科委和农委联合举办了标准化知识大奖赛，11 个乡镇，112 个村，发放试题资料 5.2 万余份，下发竞赛资金 25 万元，激发了广大果农学标准、用标准的积极性。甘肃省陇南市提出："西部大开发，质量工作，质量先行，必须标准化先行"，该市举办各类标准化宣讲会、培训班 198 期，受到教育宣传培训的干部群众达 29 万余人，提高当地干部群众标准化的意识。

6.4 国外农业标准化发展对我国的启示

在国外发达国家，农业标准化发展已经形成完整的体系，对职工增收、农业发展、推进农业现代化发展和农业贸易等起到重要的作用，也对兵团农业标准化发展具有借鉴意义。

6.4.1 加大政策和立法的支持力度

标准化工作是以自愿为原则，其实主要是指在法制管理的基础上的自愿，体现出在团场市场引导企业，管理市场的模式上。团场不是直接要求企业如何重视或者参与标准化工作，不要求企业执行什么标准，仅是用法规方式对进入市场的产品作出规定，并用统一标准对法规进行技术上的细化。这样企业为进入市场，就会积极主动地参与标准化工作，并为此投资，标准发布后在贯彻上也不存在推动贯彻等问题。为了鼓励发展绿色食品，一些团场制定了相应的价格政策。由于绿色食品生产和管理成本高于普通食品，芬兰团场允许绿色食品价格比普通食品高 30% 以上，而日本团场允许高出 20% 左右。我国经济体制虽与西方发达国家不同，但运用标准化手段管理市场，服务市场的做法是可以学习、借鉴的。

6.4.2 增加经费的投入

资金投入是农业标准化发展的前提。国外发达国家对农业实行保护政策。欧盟15国1999年柏林协定规定，2000~2006年新的共同农业政策安排财政预算支出，每年平均达405亿欧元，用于农业的各项措施及改革。主要体现在确保食品质量与安全、平衡职工收入、保护环境等。德国几十年来不断发展壮大有机农业，很重要的一点就是团场的扶持。我国应向国外经济发达国家学习，进一步加大资金投入的同时，将资金用于农产品质量安全方面。

6.4.3 加快国际标准的采用

以前，国际农产品贸易中的最大问题是各个国家的标准不统一。农业方面的标准化曾远远落后于制造业部门，随着农业生产技术的发展和国际贸易的进一步扩大，要求大力开展农业方面的国际标准化工作。美国、法国、日本等发达国家都积极采用国际的农业和食品工业标准，积极参与国际性和地区性标准化活动，为提高本国的农业水平、发展对外贸易创造了有利的条件。这是我们值得借鉴和学习的地方。

6.4.4 涉农部门全力合作

农业标准化是涉及多领域、多部门的系统工程，国外经济发达的国家在保障农产品质量安全上部门分工清晰，各司其职通力合作。如美国监管农产品质量安全总体上涉及三个部门，即农业部（USDA）负责植物类农产品和未经加工的动物产品也就是初级农产品；环保局（EPA）负责农药的监管；FDA负责加工类食品和餐饮业、饮用水监管，同时对于动物兽药的使用，动物疫病的防治和动物的检疫由FDA负责监管。我国要借鉴国外经济发达国家经验，制定有关的法律法规规定质监、农业、环保、农业、工商管理等部门职责，从而达到各部门各司其职、齐抓共管、通力合作的良好管理机制，确保我国农产品“从农田到餐桌”全程质量安全，让全社会吃上放心、安全、优质的农产品，促进农业标准化的推广实施，全面提高我国农产品国际竞争力，实现农业增效、职工增收。

6.4.5 实行农产品质量识别标志

优质优价的市场机制能够确保按农业标准化组织生产的农产品获得较好的市场效益，有利于提高职工推广实施农业标准化的积极性。实行农产品质量识别标志制定，可以在农产品流入市场前按农产品质量贴不同的标签，有利于农产品市场优质优价机制的形成。国外经济发达的国家为了促进农业标准的推广实施，确保按标准组织生产的农产品获得市场效益，推行农产品质量识别标志制度。如美国、日本等发达国家，为了确保按标准组织生产的农产品获得优价，在有机、绿色、无公害等优质农产品流入市场前实施产品质量标志制度，对不同农产品贴不同等级的产品标识；法国则是对优质的农产品使用优质标签，而对使用特例标准的特色农产品则颁发标准合格证书。另外，为了推广实施农业标准，国外发达国家对不执行标准的农产品进行严厉的惩罚。如日本对其进入市场前的农产品按标准进行严格的定级，对不符合标准的农产品限制其进入市场销售；欧盟、美国等则对进入市场的农产品进行严格的农药残留含量等鉴定，对农药残留等超标的农产品进行销毁并处以罚金，通过对“非”标农产品加大惩罚力度，确保职工、企业严格按标准组织生产农产品，推动农业标准的实施。

7 兵团农业标准化战略与提升农业竞争力研究

兵团农业标准化推广模式在实施中还是存在着大量的问题，兵团主要有团场主导型推广模式、龙头企业主导型推广模式、合作社主导型推广模式，把农业标准化贯穿于产前、产中、产后生产过程。保障质量安全，达到优质、高产、高效的高标准生产经营。解决农业标准化推广模式中存在的问题，提出以下几点政策建议。

7.1 提高认识、制定规划和建立多元化投入

农业标准化工作是造福于民的公益性、社会性工作，兵团要想健康、持续、稳定地发展农业标准化，得从思想上重视农业标准化工作，制定规划，大力扶持、建立多元化的投入机制。

7.1.1 提高对标准化的认识、加强农业竞争力提升

增强农业标准化工作，不但要求我们从形式上重视，更要从思想上高度重视。不仅要求各级团场、各部门高度重视，还要求农户从思想上高度重视。兵团推广实施农业标准化，主要任务是提高各级团场、各部门、群众等认识农业标准化是推进农业现代化的重要手段，做好农业标准化工作，就可以为新农村建设做出新的贡献；推广农业标准化生产，促进农业现代化发展，是增加职工收入，为职工谋求发展的重要手段。不仅可以有效地促进农业内部分工，实行集约化经营、社会化服务、专业化生产，从管理和技术两个方面促进农业产业化，加快传统农业向现代农业的转化，提升农业竞争力；抓好农业标准化，积极采用国际标准生产，有利于打破国际贸易技术壁垒，打造兵团“标准化农产品”，提高兵团

农产品质量和农产品市场知名度、扩大农产品出口。

另外，必须加强农业标准化培训工作，提高基层农户对标准化的认知，从源头上促进对农业标准化的认知。降低职工学习成本，团场应增加兵团农业标准化财政投入及政策支持，可免费对职工进行标准化技术和标准化知识培训，加大对农户的指导及农业标准化补贴等形式，提高农户参与培训的积极性。

7.1.2　制定好农业标准化发展规划、促进农业竞争力提升

科学的发展规划是促进农业标准化有效实施的基础。制定兵团农业标准化发展规划，明确种植业、养殖业、水产业等各大类农业标准化工作的总目标，具体推进措施、主要任务，明确质监、农业、林业、水产等各部门职责，各地优先发展优势、特色农产品，建立农业标准化推广实施机制，从而推动农业标准化发展。此外，农业标准化有利于各地集中力量发展本地优势、特色农产品，创建突出地域特色的农业标准化示范区，起到较好的示范带动作用，打造当地品牌，获得良好的经济效益，促进农业增效、职工增收，可以有效地避免各地产业结构、品种雷同等问题。

7.1.3　建立多元化投入机制

农业标准化经费是推广实施农业标准化的前提。不管是农业标准的制定、修订、宣贯培训、推广实施，农产品产地环境和农产品质量安全监测、农业标准化示范区创建等都需要大量资金作为保障。农业是弱势产业，职工也是弱势群体，推广实施农业标准化不能仅仅依靠职工投入大量资金，还要创建农业标准化示范区，实施农业标准化，有力地促进当地农业“区域化布局，规模化种植养殖，标准化生产，产业化经营，规范化管理”。因此，团场要重视农业标准化生产，加大农业标准化资金及政策支持，有效保障标准化顺利进行。

7.2　健全农业标准化体系、农业检测体系和监管制度

建立农业标准体系是推进农业标准化的基础，农业监测体系、农产品质量安全监督抽查、市场准入、产品标识、产地追溯及信息发布五项监管制度是推广农业标准化的重要保障。

7.2.1 健全农业标准体系、保障农业竞争力

完善的农业标准体系是促进现代农业发展和推广实施农业标准化的技术支撑，是保障农产品质量、扩大内需及增强国际市场竞争力的急切需要。目前，兵团农业标准体系不健全，大多农业标准属于产中技术标准，产前、产后的技术标准相对较少，如农产品质量安全标准、农产品流通标准等非常少，不利于推广实施农业标准化。因此，兵团推广实施农业标准化，主要任务是围绕兵团主导农产品和特色农产品制修订结构合理，重点突出，层次分明，适用兵团现代农业发展的，覆盖生产全过程的现代农业标准体系，保证农产品生产全过程有标准可依。

7.2.2 健全农业检测体系、提高农产品质量安全

农业监测体系是实施农业标准化的重要抓手。健全的农业监测体系可以确保职工、农业加工企业等严格推广实施农业标准，保障农产品质量安全。农业监测体系是由农产品产地环境检测体系和农产品质量安全监测体系、农业投入品监测体系构成。

健全农产品质量安全监测制度，实行定点监测、抽查相结合，开拓农产品产地环境、农业投入品及农产品质量安全状况监测。第一是扶持、引导农产品批发市场。建立农产品质量安全监测点，开展自检工作，严格把市场准入关。第二是鼓励、引导农产品生产者建立完备的质量安全档案记录及农产品标签管理制度，逐步实行标识管理制度。第三是加强农产品尤其是鲜活农产品农药残留的抽查，建立产地追溯制度，对合格农产品予以确认，对不合格农产品进行处罚。只有建立监管制度，监控每一个生产环节，控制农业标准化生产，才可以更好地引导职工推广实施农业标准化，提高产品的质量安全，保护消费者安全。

7.3 培育品牌农产品、提升品牌竞争力

兵团要推广农业标准化，需围绕本地区特色农产品，加强农业标准化示范区建设，抓好农业龙头企业及农产品品牌培育工作。

7.3.1 创新农业标准化示范区建设

农业示范区建设是推行农业标准化的有效手段。兵团要推进农业标准化，需要围绕本地区优势、特色农产品，在农业标准化示范区建设及管理方面创新思

路，加强管理。目前，现代农业发展新形势对示范区建设工作提出很高的要求：要在总结以前成功经验的基础上，扶持优势主导产业发展、特色农产品及综合示范为重点，规范农产品的生产、流通各环节，提高产业化、规模化和集约化水平，增强带动能力。

7.3.2 抓农业龙头企业，促进农业产业化生产

农业龙头企业作为推动农业产业化经营的主体，还是引导实施标准化生产的重要主体。农业龙头企业既可以联系市场，又可以联系农户，企业与职工共同追求的目标是“利益最大化”。在实施农业标准化过程中要抓住这一点，将“利益”连接起来，将市场需求、企业需求反映到标准中，靠企业的人力、物力和财力，由职工推广贯彻实施标准，生产出符合企业标准的农产品，引导职工按标准生产。兵团在推广农业标准化过程中，重视标准化实施主体，推动农业标准化生产和产业化经营。第一，建立以龙头企业为主体，基地为载体，市场为导向，利益为纽带，职工具体实施的组织形式，形成农业标准化推广实施体系；第二，大力扶持龙头企业发展，帮助企业建立标准体系，指引职工按标准组织生产，促进龙头企业创立品牌，提高企业知名度及市场竞争力；第三，依靠优势、特色农产品建立示范项目，选择产业化程度高，促进职工增加收入的项目，促进农业增效、职工增收。

7.3.3 培育兵团农产品品牌

培育农产品品牌需要农业标准化，而品牌农产品又是推进农业标准化的有效手段。兵团推广实施农业标准化，需要加强本地区优势、特色农产品品牌培育，提高兵团农产品的品牌知名度，充分发挥“品牌”效益在市场竞争力中的作用。推进“三品一标”、森林食品基地认定及产品认证，打造出兵团特色农产品品牌，合理地将农产品品牌建设和农业标准化联系起来，用农业标准化带动品牌，大力培养一批辐射带动明显、影响力大和知名度高的品牌。

7.4 适当扩大生产规模、促进规模效益

当前我国农业正处在由传统农业向现代农业转型的重要时期，传统的分散的小规模家庭经营不适应农业发展的要求已成为共识，2013 年的中央一号文件明确提出要创新农业生产经营体制，提高职工的组织化程度。大户经营、职工专业

合作社和农业公司等形式在全国各地不断涌现。反观作为以农业为支柱产业的新疆生产建设兵团，一直在巩固统分结合的双层经营体制，给兵团农业带来了很大的问题，其突出表现在农业竞争力不高、农业标准化水平低导致农业商品化率低、利益主体之间的矛盾加深等问题上，公司化经营是改变目前严峻形势的重要手段。科斯提出，“企业是对市场的代替”，面对以家庭经营为基础的兵团现行体制所带来的高额的交易成本，以公司来代替市场，降低市场交易费用，把农业生产和销售环节放到一个公司内部，实行农业公司化经营，是兵团实施农业标准化的最优选择。另外，适度扩大生产规模，促进农户实现规模效益，从而有效实现经济效益。兵团农业栽培模式面临着成本高、品质差、竞争力小等问题，难以承担农业现代化的要求，而美国的公司化经营模式可以很好地解决此类问题。农业公司化经营指把农业生产纳入企业范畴，转向公司经营方式，提高标准化程度，向规模化、集约化、专业化转变。农业公司化经营可以很好地解决农产品品种多乱杂、品质参差不齐等现状，促进兵团“五统一”生产，从而有效促进农业标准化生产，推进农业生产现代化。

附录 1

农户采用农业标准生产的调查问卷

户主姓名________　调查时间________　联系地址________

一、家庭基本情况

（一）您家里户主的年龄________岁。您家中有________人，其中务农人数为________人。

（二）您家里户主的教育程度？

1. 文盲　2. 小学　3. 初中　4. 高中或中专
5. 高中或中专以上

（三）您家里耕种的土地面积合计为________亩，其中机械采收________亩。

（四）您家里 2012 年种植收入为________元。

二、对标准化认知程度

（一）对农业标准化的了解程度？

1. 没听说过　2. 有印象　3. 听说过　4. 经常听说

（二）您每年参加________次农业技术的培训？

1. 未参加　2. 偶尔参加　3. 经常参加　4. 多次参加
5. 频繁参加

三、标准化农产品与非标准化农产品

（一）您认为按标准种植的农产品价格与非标准化农产品相比？

1. 降低　　2. 不变　　3. 提高

（二）您认为按标准种植的农产品生产成本与非标准化农产品相比？

1. 降低　　2. 不变　　3. 提高

四、获知标准途径及决策依据

（一）您是从哪里知道种植标准的？

1. 图书资料　2. 农技部门　3. 邻居亲友　4. 行业协会、合作社或农业企业

5. 示范户　6. 科研专家　7. 其他（请说明）________

（二）您按标准生产的决策依据是？

1. 农机人员宣传　2. 团场安排　3. 看亲友邻居种植　4. 看图书资料和听广播

5. 行业协会、合作社或农业企业要求

五、影响农户标准化行为因素

（一）您平时经常和农业技术人员接触吗？

1. 没有　　2. 较少　　3. 一般　　4. 经常　　5. 很经常

（二）您家里有农业技术图书资料吗？

1. 很少（没有）　2. 较少　　3. 一般　　4. 多　　5. 很多

（三）您经常看电视或收听广播吗？

1. 很少（没有）　2. 较少　　3. 一般　　4. 经常　　5. 很经常

六、团场支持

（一）团场如何支持标准化生产？

1. 加强农业标准化的宣传　2. 加强农业标准化技术的培训和指导　3. 加强资金投入标准化建设

（二）团场是否有资金补贴标准化生产农户？

1. 是　2. 否

七、标准化生产行为

（一）您是否按标准统一种植品种？

1. 是　2. 否

（二）您是否按标准喷洒农药及用量？

1. 是　2. 否

（三）您是否按标准统一施肥？

1. 是　2. 否

（四）您是否为订单农户？

1. 是　2. 否

（五）您是否参与产业化组织？

1. 龙头企业 + 农户　2. 专业合作社 + 农户　3. 专业协会 + 农户　4. 散户

（六）您是否按标准种植？

1. 是　2. 否

若是您按标准种植了________年？

（七）若您采用标准化种植，您对标准化种植带来的效益满意度如何？

1. 很不满意　　2. 不太满意　　3. 一般　　4. 比较满意　　5. 很满意

（八）若您采用标准化种植，您为什么采用标准化种植？

1. 随大流　　2. 经济效益　　3. 销售保障　4. 团场号召

（九）您所在团场种植棉花品种数量为？

1. 1 ~2 种　　2. 3 ~4 种　　3. 5 ~6 种　　4. 7 ~8 种　　5. 9 种以上

（十）您种植棉花的平均衣分率是多少？____________________

（十一）您种植棉花的平均含杂率是多少？____________________

（十二）您种植棉花的平均品级为多少？____________________

（十三）您种植棉花的平均绒长为多少？____________________

（十四）您种植棉花的品种有：____________________

（十五）您所在团是否规定统一施肥？

1. 是　2. 否

（十六）您所在团是否要求统一栽培棉花所用农药品种？

1. 是　2. 否

是否规定农药的使用量？

1. 是　2. 否

（十七）所在团是否要求统一棉花种植品种？

1. 是　2. 否

（十八）您种植棉花是否合理密植？

1. 是　2. 否

（十九）您种植棉花是否精量播种？

1. 是　2. 否

（二十）您所种植的棉花的马克隆值为多少？____________

龙头企业采用农业标准生产的调查问卷

公司名称____________________ 姓名________ 职位________ 联系电话____________ 调查时间____________

一、企业基本情况

（一）您所在企业的固定资产为？

1. 500 万元以下　　2. 500 万～1000 万元

3. 1000 万～5000 万元　　4. 5000 万～1 亿元

5. 1 亿元以上

（二）您所在龙头企业级别？

1. 师市级　2. 兵团级　3. 自治区级　4. 国家级

（三）您所在企业 2012 年销售收入为？

1. 500 万元以下　　2. 500 万～1000 万元

3. 1000 万～5000 万元　　4. 5000 万～1 亿元

5. 1 亿元以上

（四）您所在企业带动农户规模？

1. 500 户以下　　2. 500～1000 户

3. 1000～5000 户　　4. 5000～10000 户

5. 10000 户以上

（五）您所在企业员工人数？

1. 100 人以下　　2. 100～300 人

3. 300～500 人　　4. 500～1000 人

5. 1000 人以上

（六）您所在企业生产的产品是否出口？

1. 是　2. 否

（七）您所在企业成立年限？

1. 3 年以下　2. 3～5 年　3. 5～10 年　4. 10～15 年

5. 15 年以上

二、标准化生产意识

（一）对质量标准的了解程度？

1. 没听说过　2. 有印象　3. 听说过　4. 经常听说　5. 非常了解

（二）您所在企业重视标准化生产的程度？

1. 很不重视　2. 不重视　3. 一般　4. 重视　5. 非常重视

（三）您所在企业安全生产标准符合度？

1. 说不清　2. 不太符合　3. 基本符合　4. 非常符合

三、标准化生产能力

（一）您所在企业获得________次标准认证。

（二）您所在企业精深加工能力？

1. 简单分类处理　2. 粗加工　3. 精深加工

（三）您所在企业获得荣誉称号？

1. 没有　2. 县级名牌　3. 市级名牌　4. 兵团级名牌

5. 国际级名牌

（四）您所在企业获得质量体系认证？

1. 没有　2. 1 个　3. 2 个　4. 3 个　5. 3 个以上

（五）您所在企业是否获得“三品一标”认证产品？

1. 是　2. 否

四、标准化生产的原因

（一）您所在企业竞争者多少？

1. 没有　2. 不多　3. 较多　4. 很多

（二）团场支持情况？

1. 不支持　2. 支持　3. 非常支持

（三）标准化农产品经济效益与普通农产品比较？

1. 低很多　2. 低一点　3. 差不多　4. 高一点　5. 高很多

（四）您所在单位为何实施农业标准化生产？

1. 市场需求　2. 竞争需要　3. 团场支持

（五）您所在企业竞争是否激烈？

1. 是　2. 否

五、标准化生产行为

（一）您所在企业是否按标准化生产？

1. 是　2. 否

（二）您认为标准化农产品比非标准化农产品的经济效益？

1. 低　　2. 差不多　　3. 高一点　　4. 高很多

（三）若您所在企业采用标准化生产，您所在企业标准化生产年限？

1. 1 年以下　　2. 1～2 年　　3. 2～3 年　　4. 3～4 年　　5. 4～5 年　　6. 5 年以上

（四）若您所在企业采用标准化生产，对标准化种植带来的效益满意度如何？

1. 很不满意　　2. 不太满意　　3. 一般　　4. 比较满意　　5. 很满意

专业合作社实施农业标准的调查问卷

调查地点____________________　调查时间____________

一、合作社基本情况

（一）您的姓名____________　联系电话____________________

（二）贵合作社名称________________________

（三）贵合作社成立时间________________________

（四）贵合作社负责人的姓名____________，年龄________，学历________

（五）贵合作社共有社员__________人，其中，生产技术人员有__________人，农产品质量安全技术人员__________人，合作社管理人员__________人，带动农户数__________人，贵合作社 2013 年的生产规模__________。

（六）贵合作社是否拥有自有品牌？

1. 是　2. 否

如果拥有，请问是什么品牌？________________________。

（七）贵合作社的 2013 年纯收入为__________元。

（八）贵合作社生产的生产经营模式？

1. 企业 + 合作社 + 农户　　2. 合作社 + 农户

3. 协会 + 合作社 + 农户　　4. 合作社 + 基地 + 农户

5. 企业 + 合作社 + 基地 + 农户　　6. 其他____________________。

二、农业标准化实施情况

（一）贵合作社是否进行产品认证？

1. 是　2. 否

（二）贵合作社是否进行管理体系认证？

1. 是　2. 否

（三）贵合作社是否进行产品检测？

1. 是　2. 否

（四）贵合作社产品质量出现问题时能否追溯到提供原料的供应者？

1. 能　　2. 部分能　　3. 不能

（五）贵合作社是否对合作社成员提供以下服务（可多选）？

1. 生产标准　　2. 技术规范　　3. 统一采购农用物资

4. 统一销售　　5. 检测服务

（六）贵合作社是否对成员提供资金支持？

1. 是　2. 否

（七）贵合作社是否与成员签订了订单协议？

1. 是　2. 否

（八）贵合作社生产的产品用什么方式进行检测？

1. 不检测　　2. 送检

3. 自检　　4. 其他________________

（九）贵合作社是否对产品进行包装？

1. 是　2. 否

（十）贵合作社是否举办过标准化生产方面的培训？

1. 是　2. 否

（十一）如果是，2013年培训了________次；培训规模________人；用于培训的费用________元。

（十二）培训对象包括哪些？（可以多选）

1. 合作社技术人员　　2. 合作社管理人员

3. 合作社成员　　4. 非合作社成员

5. 其他__________

（十三）培训的内容有哪些？（可多选）

1. 农业标准　　2. 法律法规

3. 产品或认证体系标准　　4. 种植、养殖技术

5. 规范生产责任　　6. 其他________________

三、农业标准化影响因素

（一）贵合作社是否获得过优惠政策或资金支持？

1. 是　2. 否

若获得过团场支持，请问有哪些？

1. 良种补贴　　　　　　　2. 农机具补贴
3. 合作社项目资金支持　　　4. 基地建设项目资金支持
5. 认证补贴或优惠　　　　6. 其他________________

（二）您认为团场在帮助合作社实施标准化生产管理中的作用？

1. 作用很大　　2. 一般　　3. 没作用

如果有作用，团场的作用主要体现在以下哪些方面？（可多选）

1. 提供技术培训和指导　　2. 提供市场信息服务
3. 成立检测机构　　　　　4. 标准制定和修改
5. 市场宣传　　　　　　　6. 农业基地设施建设
7. 补贴政策　　　　　　　8. 其他________________

（三）贵合作社标准化生产的产品是否能够实现优质优价？

1. 是　2. 否

（四）贵合作社生产的产品销售渠道有哪些？

1. 农贸市场　　　　　　2. 经销商
3. 团场　　　　　　　　4. 其他________________

（五）您认为按标准生产的农产品成本与非标准化农产品相比？

1. 降低很多　　2. 降低不多　　3. 不变　　4. 提高

（六）您认为按标准种植的农产品质量与非标准化农产品相比？

1. 降低很多　　2. 降低不多　　3. 不变　　4. 提高不多　　5. 提高很多

附录 2

兵团棉花购销体制改革的制度经济学分析

王　力　贾娟琪

（石河子大学经济与管理学院/棉花经济研究中心，新疆　石河子　832003）

摘　要：新疆生产建设兵团棉花购销体制通过阶段性改革，不断完善和创新。但是随着棉花市场全球化的发展，兵团棉花购销体制存在的问题日趋明显，已经威胁到了兵团棉花产业（兵团棉花产量占我国总产的1/4）的安全。该文运用相关制度经济学理论，对兵团棉花购销体制改革过程中的政策演变进行分析，重点对各购销主体间的委托代理关系进行博弈论证，最后提出：兵团农业经营制度改革和购销市场竞争结构完善，是兵团棉花购销体制改革的关键所在。

关键词：兵团棉花；购销体制改革；制度经济学

中图分类号：F327　**文献标识码**：A　**文章编号**：1671－0304（2013）04－0007－06

Institutional Economics Analysis of Reform in Cotton Purchase and Sale System in Xinjiang Production and Construction Corps

WANG Li，JIA Juan－qi

（College of Economy and Management/Research Center of Cotton Economy，Shihezi University，Shihezi　832003，Xinjiang，China）

Abstract：Since the establishment of the Xinjiang Production and Construction

收稿日期：2013－04－15。

基金项目：兵团社会科学基金项目"农业现代化进程中的兵团农业经营制度改革研究"（11BTYB12）；兵团社会科学基金项目"兵团农业标准化战略与增强农业竞争力研究"（11BTYB13）。

作者简介：王力（1976—），男，山东莒南人，石河子大学经济与管理学院副院长，副教授，博士，石河子大学棉花经济研究中心主任，主要从事农业经济理论与政策研究。

Corps (XPCC) in1954, the cotton purchase and sale system in XPCC has made a continuous improvement and innovation through phased reform. However, with the globalization of the cotton market, the problem of the cotton purchase and sale system in XPCC becomes more and more acute, which has been a threat to the safety of China's cotton industry. The paper analyzes the process of policy evolution with the theory of institution economics, focuses on the principal – agent relationship of the subject of purchase and sale, and then puts forward that exploring the reform of the agricultural management system in XPCC and speeding up the completion of the purchase and sale competition structure is the key to the problem.

Key Words: cotton in the XPCC; reform in purchase and sale system; institutional economics

一、相关文献评述

从相关文献来看，学者们对棉花购销体制的研究以 1999 年的棉花流通体制改革为分水岭，改革前大多是分析我国棉花购销市场存在的问题并提出相关的改革建议，而改革以后多从制度变迁的角度对改革历史进行回顾和分析。杜珉（1995）认为，棉花产销政策存在的问题实质上仍然是社会主义市场经济与个别农产品计划经营的矛盾与冲突，解决矛盾的出路是逐步建立在国家宏观调控下的主要依靠市场机制进行调节，实现棉花资源合理配置的开放型棉花购销体制。张泉欣（1998）回顾了新中国成立至 1996 年棉花购销制度改革的历史，总结了计划体制的缺陷和棉花购销制度变迁的限制性因素。朱金鹤、崔登峰（2012）研究了新疆生产建设兵团（以下简称兵团）棉花购销制度的演进，分析了当前棉花购销体制下的购销相关主体利益行为。王慧敏等（2009）通过介绍新疆棉花产业的现状和棉花购销政策的历史沿革，认为兵团棉花供销方式落后、收购市场秩序混乱、市场竞争处于无序状态，并且棉花的价格机制和市场调控体系都不完善。从当前的研究现状来看，学者们对棉花产业近几年出现的新问题研究较少，尤其是对兵团棉花购销体制的研究不足，购销环节作为连接棉花产业链上下游的中心环节，对整个产业中的利益分配起着至关重要的作用。因此，对兵团棉花购销体制改革的研究是当前棉花经济领域的研究重点。

二、兵团棉花购销体制改革的制度变迁分析

（一）兵团棉花购销体制改革历程中的路径依赖

兵团自 1954 年成立以来，其棉花购销体制改革的过程主要分为三个阶段：1999 年以前的统购统销阶段、1999 ~ 2005 年的双轨制阶段以及 2006 年以后的订单收购、统一销售阶段[1]。

兵团成立初期，土地是以计划经济下的国营农场形式经营的，而国营农场的性质是土地、其他一切生产资料以及产品均归国家所有，兵团土地使用权归国营农场所有，经营权由国家统一支配。这个阶段，棉花的购销主体是国家，团场则主要负责实施具体的籽棉收购、加工等工作，加工后的皮棉由兵团供销社按照国家制定的计划价格统一销售，生产经营制度与购销制度比较契合。

1981 年兵团恢复之后，土地使用权和经营权分离，逐步建立了统分结合的双层经营体制，兵团试行各种联产承包责任制，在一定程度上提高了团场生产效率，提高了团场职工收入水平。但这种制度依然没能改变“团场出钱，职工种地”为本质的经营方式，所以这一系列改革并没有改变棉花的购销方式，兵团仍不允许自主销售棉花，结果导致职工与团场之间矛盾比以往任何时候都尖锐；与此同时，师团与兵团棉麻公司矛盾未得到缓解，矛盾冲突的结果是各师拿回自主销售权，兵团棉花的整体优势、规模优势被削弱。

2001 年 4 月，兵团制定并出台了《关于深化农牧团场改革的意见》及 3 个配套文件（以下简称“1 + 3”文件），进一步强化了职工家庭承包经营的基础地位，进一步扩大了职工的生产经营自主权[2]；与此同时，兵团棉花等大宗农产品购销也开始打破国家垄断，购销主体开始呈现多元化趋势。但在这一阶段棉花收购方式大部分仍然延续原来统购统销方式，局部地方开始出现订单生产，但只占很少的比例，大部分职工还是没有自主销售权，棉花价格基本由师团来定，受行政职能影响严重，职工利益受到一定程度的损害。

从 2006 年开始，兵团大宗农产品实施订单收购，但是依照订单，职工 95% ~98% 的棉花都要统一上交到团里，团再交到师里，然后由师里的棉麻公司进行统一销售。兵团党委五届十次全委会还首次提出各团场可直接参与棉花销售，减少了各师棉麻公司的分利行为，保护了团场的利益，棉花收购价格、兑款时间都有了积极的改进，主要表现在棉花收购价更加贴近市场。

由此可以看出兵团棉花购销体制改革一波三折，改革过程缓慢而复杂，在制度变迁过程中存在明显的路径依赖。由于兵团体制的特殊性，兵团没有税收来源，为了维持生存和正常的运转，团场只能从职工身上获取利润。另外，兵团的另一个性质是企业，作为企业，总是要以追求经济利益为目的，而统购统销的棉花购销方式恰恰能实现兵团的利益。因此，兵团作为占主导地位的利益主体，将会极力按照自己的利益目标来影响制度变迁的历程，这就产生了制度变迁的路径依赖，加之兵团棉花购销市场是不完全的，兵团可以利用自身拥有完全信息的优势来维护这种低效率的制度，使这种路径依赖长期存在，阻碍了制度变迁的进程，很难使更有效率的制度代替原有制度。

（二）兵团棉花购销体制制度变迁的方式

任何一项制度变迁都有强制性和诱致性两种变迁方式，它们很难划分开，是相互联系、相互制约的，共同推动着制度的变迁[3]。对兵团棉花购销体制的制度变迁来说，强制性制度变迁的力量主要来自国家和兵团政府。在棉花购销体制改革中主要体现为各种政策和规定等的颁发，如随着改革开放、政府会议的召开以及兵团工作会议的召开等重大事件的发生，政府会出台相关政策文件，棉花购销体制就会发生一次较大的变革。这些宏观政策的影响是推进兵团棉花购销体制改革的主要动力。

除了强制性制度变迁以外，诱致性制度变迁在兵团棉花购销体制改革中也起到至关重要的作用。随着兵团植棉技术的不断提高和棉花市场的不断稳定，棉花的经济利益也日益凸显出来，不论是团场还是职工都从中获利，为了维护和追求更高的经济利益，他们会极力追求更有效率的制度来替代原有制度，棉花产业较高的经济利益正是推动兵团棉花购销体制变迁的诱致性因素。随着地膜技术、滴灌技术以及机采棉等先进技术的应用，棉花亩产大大提高，获利更多，同时加速了棉花利益主体的分化，利润的分配难以通过市场达成，行政力量在棉花购销体系中作用日益增强；技术进步的同时大大提高了劳动生产率，使得当前小定额的家庭承包关系越来越难以适应棉花生产技术发展的要求，棉花的经营制度改革压力也高于前期。因此，兵团棉花技术变迁也是经济利益引导下的一种诱致性变迁。

从制度变迁方式的角度来看，兵团棉花购销体制变迁具有明显的强制性和诱致性制度变迁相结合的特点，但以政府主导的自上而下的强制性制度变迁为主，并且强制性制度变迁力量强于诱致性制度变迁。

三、兵团棉花购销体制改革的动因
——委托代理关系

从兵团棉花购销体制制度变迁的过程来看，旧制度被新制度的替代并非一种力量的结果，而是多种利益主体共同博弈的结果，这些利益主体主要包括团场、棉麻公司以及职工，它们之间相互存在双层的委托代理关系。第一层是团场和职工之间的委托代理关系，第二层是团场和棉麻公司之间的委托代理关系（如图 1 所示），在棉花购销过程中棉麻公司、团场和职工三者的目的都是实现自身利益的最大化，但是它们的利益归宿点并非完全一样，因此存在三者之间的非合作博弈问题。不但会出现制度选择的“路径依赖”，还会出现“逆向选择”和“道德风险”，从而加剧制度变迁的复杂性和艰巨性。

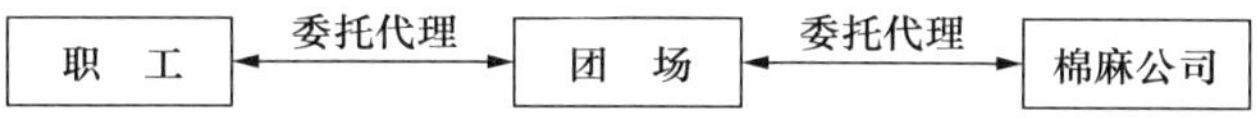

图 1 双重委托代理关系

（一）团场与职工间的委托代理

团场和职工之间的委托代理关系主要是由兵团的农地制度产生的。一般来说，土地的契约关系主要分为定额和分成两种形式，而兵团的土地制度是两种形式的结合，既有定额也有分成，也就是说职工除了要向团场上交定额租金外，每年棉花交售完以后还要和团场进行利润分成，这势必削减了职工的利益，增加了职工负担。为了追求自身利益的最大化，职工在棉花种植和交售中会出现败德行为，比如棉花中掺水掺杂、私自销售或屯棉不卖等现象；最突出的是为了获利，职工只追求高产和眼前利益，而忽视棉花的内在品质，通过地膜、灌溉、施肥等手段获得棉花丰收，同时也对土地的可持续利用不利。

而团场的市场力量、讨价还价能力相对较强，能够通过影响收购价格获利。正由于团场具有较强的市场力量，加之具有决定性作用的行政力量，致使籽棉收购过程中常出现“寻租”、压级压秤压价、乱扣水杂等现象，棉花定价上缺乏一个使双方均有利的弹性机制，最终损害了职工利益，而团场自身没有太大风险。

团场和职工之间的委托代理关系用模型表示如下：

职工作为棉花的生产者，他们有可能利用自己掌握棉花资源的优势，在向团场交售棉花时发生违规行为。假定团场建立了一定的监督机制，对职工的交售行为进行监督，并对违规行为实行经济处罚。如果职工交售合规的棉花，则可以获得正常收益 R；反之，如果职工出现不道德的行为，则可以从中获得收益 r，且 $r = R + a(a > 0)$，其中 a 为额外的租金收入；团场制定了处罚机制，交售不符合规定的棉花会受到经济处罚 T，且 $T = r + b(b > 0)$。假定团场的监督管理成本为 C，监督有效的概率为 $m(0 < m < 1)$，监督无效的概率为 $1 - m$。为了追求自身利益最大化，职工的策略空间是｛违规，合规｝。假设职工违规的概率分布 p（违规）$= q(0 < q < 1)$，p（合规）$= 1 - q$。团场的策略空间是｛监督，不监督｝。同理，假设团场监督的概率分布为 p（监督）$= n(0 < n < 1)$，p（不监督）$= 1 - n$。

表 1　职工—团场之间的博弈支付矩阵

		职工	
		违规	不违规
团场	监督	{m（T－C）－（1－m）C，－bm＋（1－m）r}	{－C，R}
	不监督	{0，r}	{0，R}

职工的期望收益为：

$$E_1 = qn[m(r - T) + (1 - m)r] + q(1 - n)r + nR(1 - q)(1 - n)R$$
$$= (r - mn - R)q + R$$

令 $\frac{\partial E_1}{\partial q} = 0$，得 $n^* = \frac{r - R}{mT} = \frac{a}{mT}$

团场的期望收益为：

$$E_2 = qn[m(T - C) + (1 - m)(-C)] + n(1 - q)(-C)$$
$$= (qmT - C)n$$

令 $\frac{\partial E_2}{\partial n} = 0$，得 $q^* = \frac{C}{mT}$

从而得到职工与团场的博弈均衡解为（q^*，n^*），即 $\left(\frac{C}{mT}, \frac{a}{mT}\right)$。

由 n^* 可知，当职工违规所获取的租金收入 a 与受到的经济处罚 T 之比越大时，团场的可能性 n 增加。因此，防范和控制职工可能的败德行为，必须要加强监督，加大经济监督处罚力度。

由 q^* 可知，当团场的监督成本 C 与职工违规所面临的经济处罚 T 之比越大时，职工败德行为发生的可能性 q 越大。如果团场能够改进监督的方式和手段，降低监督的成本，就可以在一定程度上降低职工违规的可能性；如果职工违规会面临更高的经济处罚，那么职工发生道德风险行为的可能性必然下降。因此，降低监督成本和加大监督处罚力度是十分必要的。

（二）团场与棉麻公司间的委托代理

长期以来，兵团对棉花资源的控制是通过对棉花购销渠道的垄断来实现的。作为团场的代理人，棉麻公司几乎垄断着兵团棉花市场。在兵团棉花购销环节中，直接面向市场的是棉麻公司，它们处于拥有市场信息的优势地位，对棉花的市场行情较了解，能够获得较真实的市场诉求，如市场对棉花数量和质量的要求等，相对于处在购销环节第二层的团场来说更加有优势，而棉麻公司在团场的垄断地位，致使棉麻公司缺乏主动开拓市场和创造企业利润的积极性，它们只负责销售棉花，不会及时把自己了解到的市场需求反映给团场，因此会出现棉花供给不能满足市场需要的现象[4]，并且棉麻公司易发生违约行为，主要表现为在市场不景气年份各师通过行政力量将销售任务、亏损抛给团场，市场景气年份又将棉花销售权限收回，行政力量干扰了棉花销售市场的正常运营。总之，现阶段在兵团及各师行政力量支配下，棉花销售主体中团场利益易受到侵占，而各师棉麻公司因为师属公司身份而承担不对称的风险，棉麻公司的这种利己行为强化了自身在兵团的垄断地位，使兵团的棉花价格与市场价格偏离，也阻碍了兵团棉花购销体制的变革。

反过来对于团场来说，为了从棉花交售中获得更多的利益，团场与纤检局可能会有“寻租”行为发生，以获取高的棉花等级。从团场本身的制度设计来说，它们都是以产量为导向的，尤其是团场的各种奖励制度都是以追求高产为目的，忽视棉花的品质，这种制度无疑会降低兵团棉花在市场上的竞争力。

团场和棉麻公司之间的委托代理关系用模型表示如下：

表 2　团场—棉麻公司之间的博弈支付矩阵

		团场	
		“寻租”	不“寻租”
棉麻公司	监管	{Fr − C + R, − Fr + (1 − r) D − R}	{− C, 0}
	不监管	{R, − R + D}	{0, 0}

团场为了在棉花定级的过程中获取利益，向纤检部门“寻租”，假定棉麻公司建立了一套监管机制，对团场的行为进行监督，并且对发现的“寻租”行为进行处罚。假设团场向纤检机构“寻租”的租金为 R；“寻租”后可获利润为 D；

棉麻公司的监管成本为 C；当团场“寻租”被查处后损失为 F(F > C)，并假设“寻租”行为被发现的概率为 r，且 0 < r < 1。为了追求自身利益最大化，团场的策略空间是 {“寻租”，不“寻租”}，q 表示团场“寻租”的概率，0 < q < 1，不“寻租”的概率为（1 - q）。棉麻公司的策略空间是 {监管，不监管}，并设 p 表示棉麻公司实施监管的概率，0 < p < 1，不监管的概率为（1 - p）。

团场的期望收益是：

$$E_1 = q[-Fr + (1-r)D - R]p + q(1-p)(D-R)$$
$$= q(D-R) - q(F+D)rp$$

令 $\frac{\partial E_1}{\partial q} = 0$，得 $p^* = \frac{D-R}{(F+D)\ r}$

棉麻公司的期望收益为：

$$E_2 = p(Fr - C + R)q + p(-C)(1-p) - pRq$$
$$= pFrq - pC$$

令 $\frac{\partial E_2}{\partial p = 0}$，得 $q^* = \frac{C}{Fr}$

从而得到团场与棉麻公司的博弈均衡解为（p^*，q^*），即$\left(\frac{D-R}{(F+D)\ r}, \frac{C}{Fr}\right)$。

可知这对均衡概率的大小取决于团场“寻租”行为被查处的损失 F 和未被查处时的收益 D，以及“寻租”行为被发现的可能性 r 和棉麻公司的监管成本 C。监管的效果又取决于棉麻公司的监管程度，即监管努力程度的增大会导致监管成本的上升和“寻租”被查处可能性的提高，监管效率高，加大监管努力程度会降低“寻租”者“寻租”的均衡概率 q^*；反之则会提高“寻租”者“寻租”的均衡概率。

综上所述，在兵团棉花购销体制改革中的委托代理关系是推动棉花购销体制改革的内在动因，无论是职工、团场还是棉麻公司，他们都为了追求自身利益最大化而相互博弈，博弈的最终结果是推动制度的进步，加快制度的变迁。

四、兵团棉花购销体制制度优化的对策建议

兵团棉花购销体制的制度优化，包括从棉花生产经营制度，棉花流通企业经营主体的准入制度、产业补贴政策体系以及国家储备棉体制的改革与优化等整个产业链上一系列的制度优化。

（一）探索兵团棉花生产经营制度改革，推广棉花的公司化经营

兵团棉花品质的不断下降已经成为限制兵团棉花发展的重要因素之一，严重影响了兵团棉花的竞争力，从本质上来说，还是兵团农业经营制度的缺陷所致，团场家庭承包经营的小农户种植已经不能满足全球化棉花市场的发展需要。提高兵团棉花竞争力的核心在于创新棉花生产的组织形式，推进农业现代化水平，降低棉花生产成本。兵团应该利用自身规模化和机械化的优势，积极创建棉花公司化和家庭农场的经营形式。棉花公司化经营要把棉花生产纳入企业范畴，逐步实现目前棉花生产由一家一户的家庭经营向公司经营方式转变，提高棉花生产机械化水平，实现棉花增产、农民增收和产业稳定的过程，实现棉花生产向规模化、区域化、标准化、专业化和效益化的集约型生产经营方式转变。

（二）引入购销市场竞争机制，构建棉花购销大公司

构建稳定的寡头市场竞争结构。制定相关行政法规来规范棉花流通市场，提高行业准入门槛，淘汰那些小作坊式的企业，鼓励资本雄厚、品牌信用度高、技术先进、管理科学的企业参与竞争，形成一个稳固的棉花生产价值链。兵团棉花购销主体是兵团和各植棉师的棉麻公司，各师棉麻公司自成体系、各自为政，缺乏相互的协调、配合与集成。兵团没有统一交易平台，不但无法一致对外抵御风险，反而造成内部无序竞争，互相压价，造成棉花购销市场的竞争混乱。加之受兵团体制影响，企业的经营能力、市场竞争力和抗风险的能力较低。因此，加快兵团棉花购销体制的发展与改革，是当前棉花产业的当务之急，而大公司化经营是其必由之路。这就要求兵团、师、团场三级协调好各方利益，确定每一级的主要工作，笔者认为在大公司的构建中，团场主要负责棉花的生产工作，师级负责农资的供应和棉花收购，兵团则主要进行棉花的销售流通和制定标准，最后有资质的大购销公司再将收购的棉花对外销售。构建兵团棉花购销公司有利于整合兵团的棉花资源，开拓自己的棉花市场，有效地规避市场风险，强化兵团棉花产业，以规模优势获取国际市场上的话语权。

（三）加大国家储备库申报力度，优化兵团内部储备库的布局

国储点的布局直接影响棉花的购销成本，拥有放储权利的国家棉花储备库在新疆共有 12 家，其中兵团拥有 3 家。这 12 家国家棉花储备库布局为南疆 8 家，东疆 1 家，北疆仅 2 家，而兵团最大的纺织基地设在石河子，目前产能约 300 万锭，而全疆约 560 万锭，石河子棉纺产能占新疆一半强，但石河子周边 100 公里范围内无放储点，只能到奎屯购买，大大增加了交易成本。笔者建议，兵团应加

大国家储备库的申报力度，力争围绕石河子、阿拉尔两大棉纺基地，设置储备交割库。

（四）加大轧花企业的技术改造，重塑轧花企业与棉农的利益格局

当前轧花企业面临比较严峻的问题是，轧花企业门槛太低，地方小轧花企业遍布产区，对兵团轧花企业冲击很大。随着国储对轧花机、打包机标准的提高，以及机采棉的大力推广，轧花企业面临技术升级的挑战。近两年国家收储价格较高，但利润大部分为中间环节获取，当前轧花企业由上级部门统管模式使得棉农与轧花企业间利润分成难以协调。因此，笔者建议轧花企业交由团场农业公司管理，种植加工一体化，由团场协调轧花企业和职工间的利润分配。

（五）改革当前棉花公检办法，制定机采棉新国家标准

兵团当前在大力推广机采棉，机采棉是一项系统的技术革新，由于机采棉在采收和轧花过程中与手采棉存在很大差异，使得机采棉的纤维特性和外观形态与手采棉均不相同。由于国家没有出台明确的机采棉等级标准，现行普遍的做法是棉花品级检验法，用此方法确定机采棉的等级，机采棉定级普遍定得比手采棉等级低，不利于机采棉的发展，应加紧制定机采皮棉公检和使用标准，推广国际通常采用的颜色级检验法，这对纺织企业在原料的选择和配棉的使用上也能起到积极的指导作用。

（六）建议国家调整相关调控政策，推行棉花直补政策

当前我国棉花购销领域主要实施进口配额制和棉花收储制度。虽然棉花进口配额制、滑准税和棉花收储制度对稳定国内棉花市场起到巨大的作用，但这也是造成国内国际市场巨大价差的原因。对棉花这样的大宗农产品，加大国家补贴是很必要的，尤其是加大对主产区的补贴力度。笔者建议加大对兵团棉花种植的补贴，探索和推广对棉花生产环节的直接补贴、反危机补贴和无息或低息的产品抵押补贴，做到从源头补贴，从而降低棉花种植成本，真正达到补贴的目的[5]。此外，继续加大棉花良种补贴、农机补贴、出疆棉补贴等也是实现整个棉花产业收益的手段，更为重要的是加强对补贴过程的监管和惩罚力度，使补贴的效果真正落到实处。

参考文献

［1］朱金鹤，崔登峰．新疆兵团棉花购销制度的演进和主体利益行为及对策建议［J］．农业现代化研究，2012（9）：603－606.

［2］刘俊浩．新疆兵团农业经济体制改革回顾与展望［J］．石河子大学学报，2008（6）：10－13.

［3］杨德才．新制度经济学［M］．南京：南京大学出版社，2007.

［4］谭砚文，李朝晖．制度变迁与我国棉花流通体制改革［J］．生产力研究，2005（12）：52－54.

［5］张杰，王力，赵新民．新疆棉花良种补贴效果调查研究［J］．石河子大学学报，2012（12）：3－19.

（本文发表于《石河子大学学报》2013 年 8 月第 4 期）

附录 3

基于 DEA 的农业公司化经营的生产效率比较分析

王力　张平占　汪海霞

（石河子大学经济与管理学院/石河子大学农业现代化研究中心，新疆　石河子　832003）

摘　要：【目的】公司化经营作为农业产业化发展的方向，研究农业公司化经营生产效率，能较好地评估特定产业的竞争态势。【方法】以我国 9 省区农业公司化经营为研究对象，应用 DEA 方法对农业公司化经营的生产效率进行评价，算出生产效率值、存在的差距和改进方向。【结果】生产效率是公司化经营竞争力的集中体现。【结论】指出农业公司化经营是我国实现农业现代化的基本组织形式之一，创新制度设计、适度规模经营是推广农业公司化经营的基本途径。

关键词：农业公司化经营；技术效率；规模效率；DEA

中图分类号：S－03　**文献标识码：**A　**文章编号：**1001－4330（2013）04－0780－05

收稿日期：2013－01－06。

基金项目：新疆兵团软科学项目“农业现代化进程中兵团农业公司化经营模式构建与推广研究”（2012BB034）；新疆兵团社会科学基金项目“兵团农业标准化战略与增强农业竞争力研究”（11BTYB13）；新疆兵团社会科学基金项目“农业现代化进程中的兵团农业经营制度改革研究”（11BTYB12）。

作者简介：王力（1976—），男，山东莒南人，副教授，博士，研究方向为农业经济理论与政策，E－mail：wl1xj@sina.com。

通讯作者：汪海霞（1975—），女，安徽人，副教授，研究方向为农业经营企业与管理，E－mail：wl1xj@sina.com。

DEA – based Production Efficiency Analysis of Agricultural Corporatization Operation in China

WANG Li, ZHANG Ping – zhan, WANG Hai – xia

(College of Economics and Management, Shihezi University/
Research Center for Agricultural Modernization, Shihezi Xinjiang 832003, China)

Abstract:【Objective】Corporatization operation is the representative of agricultural industrialization, research on production efficiencies of agricultural corporatization operation could better assess the competitive dynamics of specific industries.【Method】Taking agricultural corporatization operation in nine provinces in China as the research object, using the region as decision unit, this paper applied DEA method to evaluate production efficiencies and calculated the values of regional production efficiency and the gaps between these regions, which would would indicate directions for improvement to their efficiency.【Result】Production efficiency is the embodiment of agricultural companies' operation.【Conclusion】Accordingly, the paper suggests corresponding countermeasures to address the problems existing in agricultural corporatization operation in China.

Key Words: agricultural companies' operation; technical efficiency; scale efficiency; data envelopment analysis

一、引言

【研究意义】作为农业产业化经营的承载主体，公司化经营已经成为发展现代农业的重要载体、推进农村经济结构战略性调整的重要力量、增加农民收入的主要途径[1]。农业的发展离不开公司化经营生产效率的提升，面对当前农业发展的激烈竞争和严峻挑战，农业竞争力从根本上还体现在生产效率的提高和成本的节约，并能够保持价格上的竞争优势[2]。【前人研究进展】国内学者已从不同角度对农业公司化经营进行了研究，按照研究侧重点的不同，可以归为两大类：一类是关于公司化经营的内涵、性质、产生的理论基础、发展模式等方面的定性研究。如王林[3]指出传统农业向现代农业转变，基本和首要条件是经营模式的先行变革。李子成等[4]认为，农业规模化、产业化，有利于提高农民收入，减弱农民对土地过度依赖和存在农业公司组建初期成本高、人才匮乏等困境。另一类是综合运用评价模型对农业公司化经营的竞争力、带动能力、经营绩效及效率等问题进行定量分析。如吴敬学等[5]运用专家分析法和综合指数评价法对农业公司化经营的竞争力进行监测和分析。徐勇等[6]在分析农业公司化经营特性的基础上建立了绩效评价指标。【本研究切入点】科学地评价农业特别是具有典型代表意义的农业公司化经营生产效率现状，将有助于提升农业的竞争力水平、促进农业的健康发展。【拟解决的关键问题】应用 DEA 分析方法，以 9 个有代表性的农业大省的农业公司化经营为分析决策单元，通过选取反映农业公司化生产经营状况的投入与产出指标，对农业公司化经营生产效率进行研究，指出农业公司化经营生产效率存在的差距和问题，并提出相应的对策建议。

二、材料与方法

（一）材料

根据各省统计年鉴和《中国农业信息网》提供的影响农业公司化经营生产效率的农业从业人员、固定资产投资、科技研发投入、农业增加值、农户收入为指标数据。以 2011 年为研究时间点，以 9 个省区作为研究区域，定量化对农业公司化经营的生产效率进行评价，算出生产效率值、存在的差距和改进方向。

（二）方法

DEA（Data Envelopment Analysis，数据包络分析）方法是用数学规划模型来评价相同类型的多投入、多产出的决策单元是否技术有效和规模有效的一种非参数统计方法，模型和 BBC 模型是其最基本的两个模型，这两个模型在农业、制造业、服务业等领域的生产效率研究以及生产函数效率测评中有了广泛的应用[7]。

1. 评价指标的选择

DEA 模型要求 DMU 的输入和输出指标具有“同质性”。由于农业公司化经营的经营范围涵盖了种植、畜牧、水产、食品加工等多个行业，进而导致其原材料、产品产值等指标不同，所以不宜将这些指标作为 DEA 模型中的投入产出指标。在这里把农业公司化经营定义为利用其掌握的人力、物力、财力、智力等资源并通过经营获得盈利的同质机构，并据此评价其经营效率。考虑到输入指标应能够反映农业公司化经营的规模及资源利用状况，输出指标应能够反映其经营成果[8]，选取影响农业公司化经营生产效率的农业从业人员、固定资产投资、科技研发投入为投入指标，选取农业增加值、农户收入为产出指标。

X_1：农业公司化经营从业人员。

X_2：农业公司化经营固定资产投资。

X_3：农业公司化经营科技研发投入。

X_4：农业增加值。

X_5：农户收入。

2. 样本选择及数据来源

截至 2011 年，农业公司化经营不断深入发展，从数据的可获性、有效性，以及辽宁、山西、山东、新疆、四川、广东、浙江、湖南、江苏 9 省区的农业公司化经营的代表性上看其中辽宁、山东等四个省区的公司化经营水平在我国居于前列，山西、广东的公司化经营水平处于中游，而四川、湖南的公司化经营水平处于下游，这 9 个省区即代表了我国各个层次的农业公司化经营水平，同时在地域分布上也覆盖了我国的东部、中部和西部地区。所以选取这九个省区的农业公司化经营的截面数据为研究对象，数据来自中国农业信息网和各省统计年鉴，研究样本的投入产出状况（见表 1）。

表 1　九省区公司化经营的生产投入/产出数据

省区	X_1（人）	X_2（10^4 元）	X_3（10^4 元）	X_4（10^4 元）	X_5（10^4 元）
辽宁	396500	1376200	47800	1157500	2970600
山西	383900	1459600	203400	4087900	987100
山东	10000	924800	25500	3297900	1287000
新疆	227600	5335800	125240	1403900	2215000
四川	853200	7373200	923650	7191000	2497000
广东	347900	1675400	437300	2421000	7111100
浙江	255100	1528900	143600	2844600	6993000
湖南	932900	3704600	190400	6724400	4381100
江苏	333600	592200	144300	2697300	3668100

3. 研究模型

由于将使用 C^2R 模型对农业公司化经营的生产经营效率进行评价，因此需要对这个模型的数学原理进行简要论述。

设有 n 个决策单元（j = 1，2，…，n），每个决策单元有 m 种类型的“输入”及 s 种类型的“输出”，其中第 j 个输入和输出向量为：

$X_j=(x_{1j}, x_{2j}, \cdots, x_{mj})^T>0$，$j=1, 2, \cdots, n$。

$Y_j=(x_{1j}, x_{2j}, \cdots, x_{sj})^T>0$，$j=1, 2, \cdots, n$。

那么，投入导向形式下用于评价 DMU 总体效率和规模收益状况的 C^2R 模型为：

$$\min\theta$$

$$\text{s.t.}\begin{cases}\sum_{j=1}^{n}\lambda_j X_j\leqslant\theta X_0\\ \sum_{j=1}^{n}\lambda_j Y_j\geqslant Y_0\\ \lambda_j\geqslant 0,\ J=1, 2, \cdots, n\\ \theta\text{ 无约束}\end{cases}$$

设上述问题的最优解为，λ^*，s^{*+}，s^{*-}，θ^*，若满足 $\theta^*=1$，且 $s^{*+}=0$，$s^{*-}=0$，则决策单元 DMU_{j0} 为 DEA 有效，此时，决策单元 DMU_{j0} 的生产活动同时为技术有效和规模有效。如果 $\theta^*<1$，则决策单元 DMU_{j0} 不是 DEA 有效，其生产活动既不是技术效率最佳，也不是规模效率最佳。

另外，可以用 C^2R 模型中 λ_j 的最优值来判别 DMU 的规模收益情况。若存在 $\lambda_j^*(j=1, 2, \cdots, n)$，使 $\sum\lambda_j^*=1$ 成立，则 DMU_{j0} 为规模效益不变；若不存在 $\lambda_j^*(j=1, 2, \cdots, n)$，使 $\sum\lambda_j^*=1$ 成立，则若 $\sum\lambda_j^*<1$，那么 DMU_{j0} 为规模效益递增；若不存在 $\lambda_j^*(j=1, 2, \cdots, n)$，使 $\sum\lambda_j^*=1$ 成立，则若 $\sum\lambda_j^*>1$，那么 DMU_{j0} 为规模效益递减。

三、结果与分析

（一）农业公司化经营的综合运行效率

综合运行效率是指在规模报酬不变（CRS）条件下基于投入角度的技术效率，其经济含义是农业公司化经营在既定的产出水平下实际运用投入的能力。在 CRS 假设下，建立投入导向的 DEA 模型，运用 DEAP 2.1 软件分析得出农业公司化经营的综合效率和规模报酬状况。

（二）综合运行效率与规模收益

可以看出，经过近几年的调整，农业公司化经营2011年的综合效率表现良好，效率指数分布在［0.272，1.000］区间内，平均效率值为0.758。5个省区农业公司化经营的效率值超过了平均值，占全部样本的55.55%。其中，4个省区的综合效率值为1，达到DEA有效，表明相对于其他5个省区非DEA有效，它们在创收、获利及业务规模和资产规模等方面都处于相对最佳状态，共同构成了最佳效率前沿面。而5个非DEA有效的省区中，效率值分布在［0.758，1］范围内的有2个省区，［0.272，0.758）范围内的有3个省区，表明相对一部分省区的经营还是趋于DEA有效的，具有较大的提高潜力和发展能力。规模收益状况反映了在既定的投入水平下，为了获得更高的经营效率和经济效益，农业公司化经营的投入规模应该如何变化的问题，即农业公司化经营应该扩大投入规模、缩小投入规模还是保持投入规模不变。研究结果显示，规模问题仍是制约农业公司化经营发展的重要因素：9个省区中只有3个省区处于规模收益不变阶段，投入产出实现了相对最佳优化组合，2个省区由于投入规模偏小而处于规模收益递增阶段，4个省区由于投入超过技术意义上的最优规模而处于规模报酬递减阶段。因此，农业公司化经营在发展过程中应有效地处理好“做大”与“做强”的问题[9]，避免出现由于规模偏小而导致发展后劲不足和由于“高投入、高消耗、盲目扩张”的粗放型发展而导致农业公司化经营效率低下的局面，应寻求适度发展规模（见表2）。

表2　公司化经营的生产效率测评结果

省区	效率测评值	技术效率	评价结果	改进
辽宁	θ=1	100	DEA有效	0
山西	θ=0.718	71.8	DEA无效	28.2
山东	θ=1	100	DEA有效	0
新疆	θ=0.398	39.8	DEA无效	60.2
四川	θ=0.272	27.2	DEA无效	72.8
广东	θ=0.895	89.5	DEA无效	10.5
浙江	θ=1	100	DEA有效	0
湖南	θ=0.540	54	DEA无效	46
江苏	θ=1	100	DEA有效	0
平均值	0.758	75.8	—	24.2

四、讨论

根据 C^2R 模型计算结果，浙江、山东等 4 省区构成了 DEA 的效率前沿，依据该前沿标准，样本农业公司化经营在农业增加值不变的条件下，投入要素需要相对减少。投入产出要素目标值与实际值的比较分析结果显示，效率目标值是依据 C^2R 模型所设定的效率前沿计算出来的，是指非 DEA 有效的农业公司化经营要达到效率标准应当具备的目标值。可以看出，在农业增加值不变的条件下，农业公司化经营投入要素的目标均值明显小于实际均值，产出要素的目标值高于实际均值。这表明农业公司化经营的投入向产出的转化结果并不理想，存在资源过剩问题，就 3 种投入要素来看，资产和劳动力的投入剩余度明显高于成本，达 45% 以上，分别是 46.24% 和 50.09%。值得注意的是，这里所说的资源过剩并非是农业公司化经营的规模过大、需要削减投入，而是指资源相对于 C^2R 模型所设定的效率前沿剩余，是资源的相对过剩[10]（见表 3）。

表 3　公司化经营的效率目标均值与实际均值差额

指标	X_1（人）	X_2（10^4 元）	X_3（10^4 元）	X_4（10^4 元）	X_5（10^4 元）
实际平均值	425700	2663400	28380	3536100	3567800
效率目标平均值	212467	1431843	138731	2407730	1581249
差额	213233	1231557	145049	1128370	1986551
差额百分比	50.09%	46.24%	51.24%	31.93%	45.68%

五、结论

（一）发展规模经营，提高投入资源产出率

我国农业公司化经营应实行适度规模经营战略，按照“做精、做大、做强”的原则，通过企业的兼并、重组促进专业化分工，充分发挥技术规模对提升公司化经营生产效率的作用。

（二）调整资源要素配置，提高投入要素的利用效率

在维持现有产出水平下，我国农业公司化经营的人力、资本和科技投入都还存在严重的溢出，应积极调整生产要素的投入结构，以提高农业公司化经营投入要素的利用效率，从而实现公司化经营生产效率的改进。

（三）创新经营模式，提高我国农业公司化水平

传统农业以家庭为单位的小农生产，无法应对自然风险与市场风险，无法作为真正的市场主体参与农业产品的市场竞争。面对严峻的国内外市场竞争形势，只有实行农业公司化经营，以农业公司作为我国农业的生产经营主体，才能不断提高我国农业公司化经营的生产效率。

参考文献

［1］史美兰．农业现代化：发展的国际比较［M］．北京：民族出版社，2006：6－9.

［2］夏英，牛若峰．中外农业产业化经营发展道路与模式比较［M］．北京：中国统计出版社，2000：8.

［3］王林．农业现代化与中国的农业发展［J］．经济纵横，2006（9）：40－44.

［4］李子成，孙永辉．我国农业产业化经营考察报告［J］．广西农学报，2007（1）：59－63.

［5］吴敬学．农业公司化经营的竞争力分析［J］．中国农村经济，2005（1）：33－38.

［6］徐勇．农业公司化经营发展分析［J］．中国农垦经济，2004（10）：43－47.

［7］Farrell M. J. The measurement of productive efficien－cy［J］. Journal of the Royal Statistical Society，Series A，1957（3）：253－281.

［8］盛昭翰，朱乔，吴广谋．DEA 理论、方法与应用［M］．北京：科技出版社，1996：153－158.

［9］李达球．论农业企业化［M］．北京：经济日报出版社，2003：72－75.

［10］蔡根女．农业企业经营管理学［M］．北京：高等教育出版社，2003：2.

（本文发表于《新疆农业科学》2013 年 4 月第 4 期）

附录 4

技术选择、劳动配置与制度安排
——我国棉花产业家庭经营体制与现代农业的冲突分析

王　力　高鹏飞

（石河子大学经济与管理学院，新疆　石河子　832003）

摘　要：在当前我国发展现代农业的阶段，家庭经营制度的制度优势已发挥殆尽，如何创新我国的农业基本经营制度，是实现农业现代化必须解决的关键问题。该文以具有代表性的棉花产业为例，通过近年来主要指标的对比，分析了当前棉花产业所出现的问题，指出棉花产业问题出现的根源在于当前的家庭经营体制，提出公司化经营模式是未来农业经营制度的创新方向。

关键词：棉花产业；家庭经营；公司化经营

中图分类号：F325.5　**文献标识码：**A　**文章编号：**1671－0304（2014）03－0086－08

Technology Choice, Labor Allocation and Institutional Arrangements: Conflict between Family－run System and Modern Agriculture of Cotton Industry in China

WANG Li, GAO Peng－fei

(School of Economics and Management, Shihezi University, Shihezi 832003, Xinjiang, China)

Abstract: The institutional advantages of family－run system are almost exhausted

收稿日期：2014－02－25。

基金项目：兵团社会科学基金项目“兵团农业标准化战略与增强农业竞争力研究”（11BTYB13）；兵团社科基金项目“农业现代化进程中的兵团农业经营制度改革研究”（11BTYB12）。

作者简介：王力（1976—）男，山东莒南人，石河子大学经济与管理学院副院长，教授，主要从事农业经济理论与政策研究。

in the phase of developing modem agriculture in China. How to innovate China's basic agricultural management systems becomes the key poblem of agricultural modernization. Taking the cotton industry as a representative example, this paper clarifies current problems appeared in cotton industry by comparing and analyzing the main index in recent years. Through normative analysis, it argues that the problem of the cotton industry is rooted in the family – run system and points out that the mode of corporatized management is the future direction of innovation in agricultural management.

Key Words: cotton industry; family – run; corporatized management

自 1978 年开始的以家庭经营为基础的家庭联产承包责任制的农村改革，在初期促进了我国农业的极大发展，在 1978 ~ 1984 年，农作物总产值以不变价格计算，增加了 42.23%，期间农业的年均增长率为 7.7%，而之前 20 年仅为 2.2%，其中制度改革所带来的增收约占产出的 46.89%[1]。由上述数据可知，以家庭经营为基础的农业基本经营制度在实施初期，展现出了极大的制度优势，但随着制度潜能的消耗殆尽，以农户家庭为生产单位的生产模式已经严重制约了我国农业的发展：小规模的分散经营致使农业领域内生产要素运转不畅和资源配置低效率；以家庭为农产品市场的经济主体，其竞争乏力，谈判能力尤显不足，并且使产品市场长期处于低质的完全竞争，不利于优质产业的培养；具有小农经济色彩的家庭经营制约了农业领域的分工与专业化，农产品质量不高，限制了农业产业链的延伸和扩展[2]。随着现代农业发展的不断深入，如何改变以家庭为主要单位的生产组织模式已成为关注的焦点。笔者认为，发展农业公司化，形成以公司为农产品市场的经济主体将是现代农业的发展方向。针对这一问题，本文将对具有代表性的棉花产业进行分析论述。

一、当前我国棉花产业的困境与原因分析

我国是世界上主要的产棉国之一，自 2001 年以来，全国的棉花种植面积经历了先升后降，从 2001 年的 7215.00 万亩增至 2008 年的 8889.00 万亩，而随后的两年降至 7260.00 万亩，棉花种植面积降低了约 18.3%。从近几年的数据来看，我国的棉花种植面积一直出现较大波动，同时，棉花总产量出现了类似的波动，尤其是近两年来棉花总产量从 2008 年的 799.12 万吨降至 2010 年的 623.10 万吨，产量约下降了 22.1%。由此可见，当前我国的棉花种植业正处在一个较大

波动的调整阶段。棉花的种植成本和价格是关系到棉农收益的重要因素，是整个棉花产业关注的焦点，近年来的棉花价格一直处于一个震荡的变化，且震荡幅度有增大趋势，年波动幅度在20%左右，而棉花的种植成本则一直处于上升的趋势，2001～2009年，棉花种植成本的年增长率为5.3%，而2010年较2009年，棉花种植成本的增长率为28.7%，新疆南疆等地亩种植成本已经超过2300元，就近来趋势而言，棉花种植成本将进一步增加，我国的棉花单产不断提高，2004年皮棉产量为74公斤/亩，2009年为87公斤/亩，而新疆南疆等地亩产已经超过150公斤，单产提升很快，但是同时，棉花质量有所下降，我国棉花的品级主要集中在2～4级，高品级的棉花所占比例大幅度降低，并且平均品级逐年降低，2010年已跌至近4级。当前的棉花交易呈现出全球化交易的趋势，我国对棉花进口实行滑准税政策，我国棉花价格与国际市场存在较大差额，以2012年美棉到岸价格为例，皮棉价格在15000元/吨左右，而目前国储收购价格为20400元/吨，相差5000多元，我国棉花在国际市场上没有任何的价格优势，竞争力较弱。

从图1、图2、图3、图4及表1不难看出，我国的棉花产业并不是处在一个稳定发展的状态下，棉花产业发展面临的主要问题包括：①种植面积和产量浮动较大。②价格波动的振动幅度越来越大。③植棉成本不断加大。④棉花质量不断下降。解决好这几个问题是当前我国棉花产业要走出困境的重中之重。

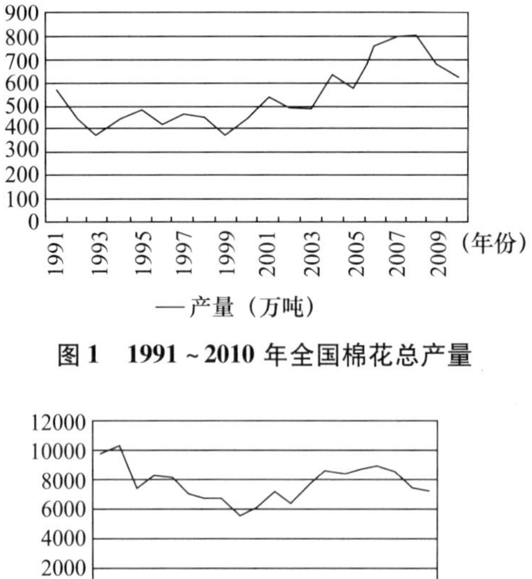

图1　1991～2010年全国棉花总产量

图2　1991～2010年全国棉花种植面积

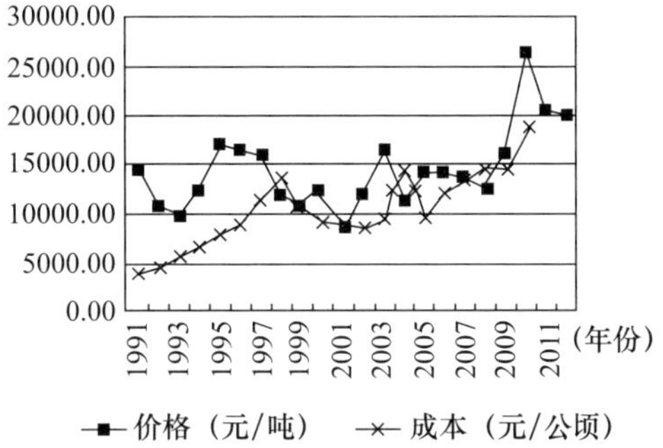

图 3　1991～2012 年全国棉花价格与种植成本

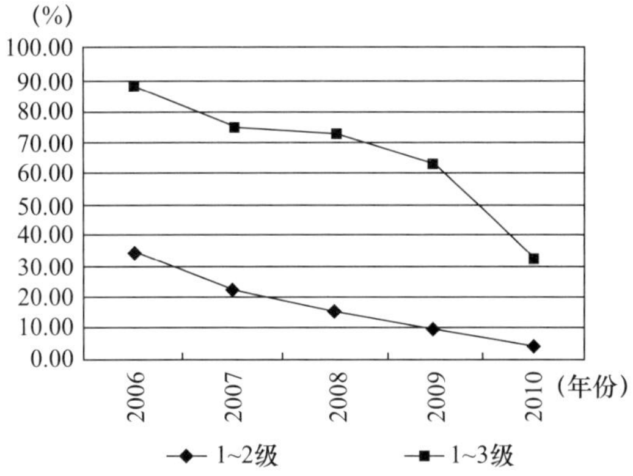

图 4　近年抽检高品质棉花比重变化

根据经验来讲，当人们从事某一种农产品种植的时间越长，产出产品的质量应该越好，为什么棉花的质量在不断下滑？棉花作为日用纺织的必需品，其需求弹性较弱，稳定的价格要求供给弹性相似，而较弱的供给弹性表示要有稳定的棉花供给，即相对稳定的种植规模，为什么我国棉花的种植规模会有大幅度的波动？随着技术的进步，尤其大规模农业机械的使用，生产成本会有大幅度的下降，但从数据来看，棉花的种植成本则是逐年提升，这又是为什么？在仔细分析了当前棉花产业的问题后，笔者认为其产生的根源在于当前棉花产业实行的家庭经营制度，下文将从家庭经营制下棉农的微观视角对上述问题进行阐述。

表 1　近年来棉花品级一览表

品级	2006 年度		2007 年度		2008 年度		2009 年度		2010 年度	
	包数	比率	包数	比率	包数	比率	包数	比率	包数	比率
总计	3444667	99.9%	7351146	100.0%	18911276	100.00%	11307236	100.00%	11741667	100.00%

续表

品级	2006 年度		2007 年度		2008 年度		2009 年度		2010 年度	
	包数	比率	包数	比率	包数	比率	包数	比率	包数	比率
1 级	35216	1.02%	18404	0.25%	32465	0.17%	812	0.01%	15	0.00%
2 级	1141022	33.12%	1658559	22.56%	2928683	14.49%	1099251	9.27%	476927	4.03%
3 级	1828069	53.07%	3787536	51.52%	10778524	57.00%	5969165	52.79%	3314554	27.99%
4 级	376327	10.92%	1513260	20.63%	4774723	25.25%	2282811	29.92%	4734781	39.98%
5 级	44418	1.29%	348117	4.29%	350615	1.85%	715354	6.30%	2798302	23.63%
6 级	15238	0.44%	48415	0.66%	34641	0.18%	10591	0.94%	424497	3.58%
7 级	3844	0.11%	6885	0.09%	11625	0.06%	36892	0.33%	92571	0.78%
平均品级	2.80		3.08		3.14		3.37		3.97	

二、家庭经营制度下植棉农户的劳动力配置效率

本文采用查雅诺夫的农民模型是关于农民家庭行为的微观经济理论，存在着如下基本假设：

不存在劳动市场，即家庭不雇用外部劳动力，家庭成员也不从家庭之外获取工资收入，棉农为专职农民；农业产出的价格以市场价格衡量。每个农民社区都有自己的社会规范。后者规定了可接受的最低消费水平。

在图 5 中，纵轴给出了棉农土地总产量，等同于棉花的总收入，由于存在棉花交易市场，土地产出用货币表示。横轴测度家庭可投入的劳动总时间，它由家庭劳动力数量决定，总时间分为田间劳动和闲暇时间，田间劳作时间从左向右用 OL 表示，而闲暇时间从右向左用 LO 表示。I_1、I_2 是给定效用水平下的闲暇与收入的不同组合，Y_{1min} 和 Y_{2min} 是 Y_1、Y_2 下家庭必须满足的最低生活水平。

模型包括棉农家庭决策中的生产和消费两个方面。生产方面用生产函数表示，由于目前我国棉花种植户的户均种植面积不足 3 亩，并且很难有面积上的扩大，因而，生产函数呈现出劳动边际收益递减的特性，并且随着劳动的投入，产量会达到一个峰值，不再增加。由于产出等于棉农收入，故 TVP 曲线可以看作棉农的收入曲线，生产函数可以表示为：

$Y = P_Y \times f(L)$

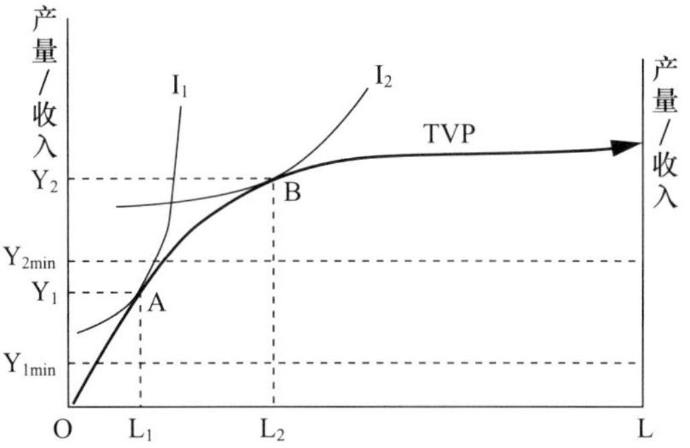

图 5　劳动力资源配置的查雅诺夫模型

消费方面使用无差异曲线表示，图 5 中的 I_1、I_2 是一组无差异曲线，描述了给定的效用水平下闲暇与收入的不同组合，由于闲暇沿横轴从右至左，因而无差异曲线凸向原点 L，效用函数可以表示为：

$U = f(Y, H)$

家庭效用函数是闲暇和收入的函数，无差异曲线上点的斜率表示棉农为弥补一单位闲暇损失 dH 而必须获得的收入数量 dY，表示家庭的主观工资水平。无差异曲线受到两点约束，一是家庭必须满足的最低生活水平，二是家庭劳动者最大的劳动时间，但是由于棉花种植部分实现机械化，其所需的活劳力大幅度减少，故劳动时间约束可以忽略。而最低的生活水平与家庭的规模和物价水平决定的生活成本相关。那么农民的生产消费决策可以用以下公式表示为：

$\max U = f(Y, H)$

约束条件为：

$Y = P_Y \times f(L)$；$Y \geqslant Y_{min}$

假定只考虑生产函数的约束条件，那么该模型的解应该为主观工资等于劳动的边际价值产品：

$MU_H/MU_Y = dY/dH = MVP_L$

假定现在有一个植棉农户家庭，家庭成员人数为 2 人，在其他条件不变的前提下，无差异曲线 I_1 与 TVP 相切于 A 点，此时，棉农家庭做出的最优决策为向土地投入 L_1 的劳动量，获得土地总收入为 Y_1，随着农户家庭规模的扩大（土地规模没有增长），家庭生活成本提高，农户的主观工资水平将会下降，无差异曲线由 I_1 变为 I_2，与 TVP 切于 B 点，B 点为当前土地规模以劳动为唯一可变投入的最大产出点，劳动的增加，将不会增加产出，此时劳动的投入为 L_2，最低生活成本由 Y_{1min} 提高到 Y_{2min}，那么可以得出如下一些相关的信息：

一是随着家庭规模的扩大，家庭所需的生活成本增加，棉农家庭的主观工资水平下降，更倾向于投入更多的劳动力以求获得额外产出；

二是由于土地规模受限，一定规模的土地上所能承载的劳动力有限，随着家庭生活费用的提高，棉农会继续增加有限土地上的劳动投入，但在达到 B 点后，继续增加劳动力不能提高产出；

三是在孩子未能独立生活之前，家庭多增加的劳动力对于提高家庭的主观工资水平没有作用，反而由于孩子的成长，其所需的生活成本不断加大，会进一步降低家庭的主观工资水平；

四是棉农家庭在土地的劳动投入达到饱和的情况下，为了应付不断提高的生活成本，会采取加大其他投入来达到增加产量的目的（棉农不会认为自己产量的增加会改变市场价格），这些产量增加可能来自采用高产的种子、加大化肥投入量、增加单位面积的种植密度等手段。

通过以上分析我们可以得到这样的结论，当前家庭经营制度下的棉农在生活成本较低的情况下，倾向于更多的闲暇，导致土地利用率不足。随着生活成本的逐渐增加，棉农用于土地劳动的时间越来越多，由于我国棉农的土地面积有限，势必会在某一时间实现土地的最大利用率，但是劳动配置未能达到最优，有限的土地面积不能实现棉农劳动力的最大化利用，无法得到更多收益。那么，面对生活压力，棉农则可能采取放弃土地，或者进城务工，这会导致土地的撂荒，农业资源浪费，或者采用更多增产的手段，比如大量的化肥、密植等手段，这会导致土地肥力的流失、棉花品质的下降以及种植成本的上升。

三、家庭经营制度安排下的棉农的行为选择

在家庭经营制度下，棉农作为棉花产业的参与主体，其行为包括三个方面，即棉花物资的采购、棉花的种植以及棉花的销售，而其中由于单个农户的谈判能力几乎为零，故在棉花物资的价格上，棉农只是作为被动的接受者，没有太多的选择权利。因而，在此本文仅分析棉农在棉花种植环节和销售环节的行为选择。

（一）棉农关于棉花种植的行为选择

当前我国棉花种植户的户均种植面积不足 3 亩，小规模种植的特征明显，并且由于绝大多数的棉农没有参与生产合作组织，是以家庭为单位的独立生产经营，其在搜集信息、进入市场等方面的特征相似，因而，在分析棉农的种植行为

选择之前，结合古典经济学，将棉花种植业近似地界定为完全竞争市场，棉农为市场的参与主体，提供近乎同质的棉花，并且对于市场价格是被动的接受者，在价格上没有话语权，处于市场的弱势地位，那么，从这样的界定，我们可以有以下的推论：

（1）由于棉农对于市场价格是被动接受者，在追求最大利益的动机之下，棉农在无法改变耕种面积的前提下，提高亩产成为必然选择。其可选择的途径有两种：第一，使用产量高的棉种，但是由于生物技术在当前未有重大突破，因而，高产的棉种其产出的棉花品质较低；第二，大量地使用化肥，化肥的使用能够增加棉花亩产，但随着化肥使用量超过适度范围，化肥的使用会降低棉花品质并造成环境的污染。

（2）棉花的种植门槛很低，进入和退出都很容易，因而，面对前一期棉价的上扬会导致下一期棉农种植面积的扩大；同样，前一期棉价的下跌会致使下一期种植面积的下降，单个棉农随意地进入与退出，致使整个棉花种植无法形成稳定的规模，棉花供给波动较大，而棉花需求弹性较棉花供给弹性较弱，根据蛛网理论，极易出现棉价波动浮动日趋增大，与观测结果相符。

基于完全竞争市场的分析，家庭经营制下的棉农在进行棉花种植时不会对棉花产量进行限定，也不会去追求棉花品质，其结果反映为棉花产量的震荡，传递至棉花价格，引起波动幅度增大，同时，棉花品质不断下降。从市场结构分析，应改变棉花种植业完全竞争的形式，对棉花的产量有所控制，对棉花质量有所限定。其实现形式为：组成农业生产合作组织或组建进行棉花生产的专业农业公司，但是由于农业生产组织很难找到合适的企业家性质的领导人，因而在选择的形式上应该采取更具专业性质的农业公司来进行棉花的生产组织。

（二）棉农与公司的行为选择

当前农产品市场上，发展农业现代化的模式多为“公司 + 农户”的形式，棉花同样如此，由于公司与棉农之间多以契约的形式进行合作，而市场价格较之契约价格会有较大浮动，因此公司和棉农之间存在利益博弈。

假定契约价格为 P_1，市场行情好，价格为 P_2，市场行情差，价格为 P_3，$P_2 < P_1 < P_3$。棉农的产量为 Q，农户的生产成本为 C，公司的成本为 W，公司售出棉花的收益为 R，为追求违约赔偿而付出的成本，公司为 $R - QP_3 - W > R - QP_1 - W$，棉农为 C_2。但是在实际中，由于我国棉农种植规模很小，公司为起诉棉农违约所付出的成本远大于他所得收益，故多不起诉；而对于棉农来讲，由于天生处于弱势，出于同样经济利益的考虑，也不做起诉，因而，现实情况中，

C_1、C_2 不存在，所以在这里不做考虑。

市场行情好的时候，企业的占优策略是履约，而不论企业做哪几种选择，棉农的占优策略是违约，因为 $QP_2 - C > QP_1 - C$，所以棉农会始终选择违约（详见表2）。而市场行情差，情况刚刚相反，棉农的占优策略是履约，$QP_1 - C > QP_3 - C$，而企业的占优策略是违约 $R - QP_3 - W > R - QP_1 - W$（详见表3）。

表2　市场行情好的情况

公司

		履约	违约
棉农	履约	$QP_1 - C$，$R - QP_1 - W$	$QP_1 - C$，$R - QP_2 - W$
	违约	$QP_2 - C$，$R - QP_2 - W$	$QP_2 - C$，$R - QP_2 - W$

表3　市场行情差的情况

公司

		履约	违约
棉农	履约	$QP_1 - C$，$R - QP_1 - W$	$QP_3 - C$，$R - QP_3 - W$
	违约	$QP_3 - C$，$R - QP_3 - W$	$QP_3 - C$，$R - QP_3 - W$

棉农与公司的博弈结果，大多为某一方违约，现实中，棉农再违约率较高，棉农在棉花价格高于契约价格的情况下，棉农选择违约，将棉花卖给出价更高的倒卖棉花的散户或者小轧花厂，公司收不到足够数量的棉花；当市场价格低于契约价格，棉农选择履约，将棉花交由公司收购。但是由于市场的需求不旺，棉花公司很难消化这样数量的棉花，而导致棉花公司选择违约。公司和棉农相互违约的情况会产生两方面的影响：一方面，对于公司违约现象的出现，棉农出于对风险的规避，会主动地减少棉花的种植面积，在市场极度不景气的情况下，公司违约加之农户难以自行处理掉种植的棉花，其后果可能会导致棉花产量的急剧下降，引起产业动荡；另一方面，棉农的违约行为，不利于流通产业秩序的稳定和龙头企业的培养。棉农在市场行情好的情况下的习惯性违约，会导致资质较好的公司收不到棉花，难以盈利，并且促使了大量的小型轧花厂的出现，由于小型轧花厂进出行业没有障碍，造成了流通领域内的恶性竞争，不利于产业的发展。同时，棉农为追求利润，会采取向棉花洒水、贿赂收购人员提高棉花等级等行为。棉农与公司违约现象以及不道德行为的出现，原因在于双方的违约成本过低，而究其根本在于棉农不是适合市场经济的主体，假若均以公司为主体进行契约交易，其交易的规范程度、契约的完整性和有效性、法律的完善程度都会有相应的

保障，履约的结果很容易实现。

四、家庭经营制度下的农户技术进步的路径选择

科技化是实现农业现代化的一个必然要求，不断地采用新的农业技术不但可以节省劳动力、降低成本、提高农业的劳动生产效率，并且随着新技术产生效用的不断积累，会引发相应的农业制度发生变迁，进一步促进农业的发展。棉花种植在农业技术不发达的条件下，需要大量的活劳力来参加劳动，但是，当前的农业技术在飞速发展，整个棉花种植过程的机械化程度可达 90%，农业机械的使用代替了对劳动力的需求，仅以机采棉为例，在新疆生产建设兵团，由于采棉机的大规模使用，每个农户的棉花种植面积可由 50 亩增至 200 亩，劳动效率大幅度地提升。并且据相关部门测算，手摘棉的人工成本在 1.7 元/公斤，与机采棉 180 元/亩的成本相当。由于近年来人工成本的极大提升，手摘棉的人工成本已经在 2.0 元/公斤以上，实行机采棉能够大幅度地降低种植成本。

考察技术进步对棉花产业带来的影响，一方面，可以了解棉农对于新技术的态度；另一方面，通过比较技术进步前后棉花产业的劳动投入变化，可以预见未来棉花产业经营制度变迁方向。

（1）技术进步表示大规模使用农业机械等降低劳动力投入的新技术的使用，主要指采棉机的使用。

（2）存在外部劳动力市场，工资率决定棉农的劳动投入，工资率与生产曲线的交点纵坐标为最优的劳动投入。

（3）假定棉花种植面积保持不变。

图 6 中，横轴 L 代表劳动投入量，纵轴表示棉花产量，TVP 为棉花生产曲线，WW′的斜率为投入价格与产出价格之比，即 w/p，w 为工资率，p 为棉花价格。TVP 与 WW′的交点为最优的劳动投入量与产出组合，TVP1 为技术进步前的生产曲线，TVP_2 为技术进步后的生产曲线，E_1 和 E_2 是在 w/p 未变情况下，棉花种植业在技术进步前后的最优劳动投入与产量的组合，其中最优的劳动投入量分别为 L_1 和 L_2。

（1）TVP_1 曲线上在劳动力配置方面存在三个阶段：第一，E_3 点右侧为棉花产业存在大量的失业人口，即不参与棉花生产，却处于棉花产业之中，需要进行劳动力转移；第二，E_3 点与 E_2 点之间，棉花产业存在大量的隐性失业，即棉农的个人劳动能力未能得到充分的发挥，平均工资水平低于外部劳动力市场工资水

平，劳动力会继续向外部劳动力市场流动；第三，E_1 点，此时棉花产业处于充分就业，棉农的工资水平等于外部劳动力市场工资水平，劳动力不出现流动。

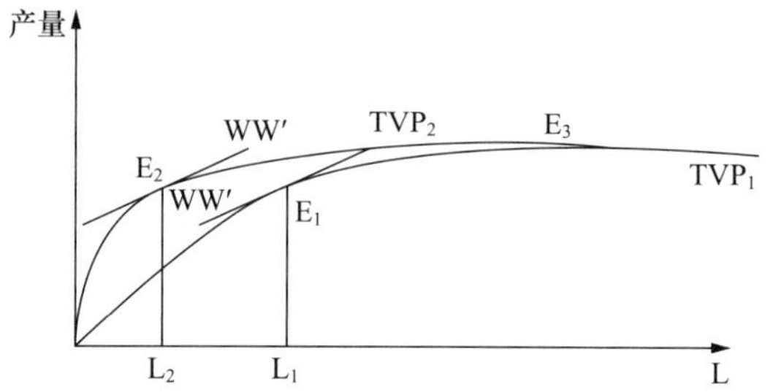

图 6　技术进步前后的劳动力配置变化

（2）TVP_2 略低于 TVP_1 是因为机采没有手采得干净，存在一定比例的减产。家庭经营模式下的棉农对于手采的偏好高于机采，一方面，机采棉的使用会导致一定效益的损失；另一方面，棉农家庭存在充足劳动力，可以完成手采工作，棉农出于自身效益的考虑拒绝机采事实上阻碍了先进农业技术的推广。

（3）假定一个棉农的劳动投入量一定，E_1 和 E_2 点下的棉花种植业不存在隐性失业，则 L_1 和 L_2 可转化为技术进步前后棉花种植业达到充分就业所需的劳动力数量，从图 6 中可以看到，由于劳动替代性技术的使用，导致劳动生产效率的提高，在棉田一定的情况下，参与棉花种植的棉农的数量减少，换言之，即技术进步后棉农所种植的棉田面积大幅增加，棉花的生产形成了规模。

由上面的分析，我们可以清晰地看到，一方面，家庭经营的形式会阻碍技术进步，其结果导致农业生产的低效率，减缓农业现代化实现的速度；另一方面，随着棉花领域大型农业机械的使用，在达到充分就业的前提下，必然会导致土地的集中，形成棉花生产的规模经营，其最终经营的形式为大户经营或农业公司经营，因而当前棉花领域实行的分散的小规模家庭经营必然要进行变革，通过反租倒包或经营权入股等形式，形成大户经营和公司化经营，这必然会成为农业改革的方向。

比较大户经营和农业公司化经营两种模式，其共同具有的优势在于都形成了棉花生产的规模化，但公司作为市场经济的主体，在参与市场竞争方面较农户来讲，不论在信息的搜集处理和进行谈判的能力等方面，都具有不可比拟的优势[3]，在当前农业面临市场化和全球化的情况下，实行公司化经营将是未来发展的主流。

五、结论与政策建议

从上面几个模型的分析，我们可以看出，改革当前棉花产业实行的家庭经营制度，实行农业公司化经营势在必行。要根本地改变单个家庭进行生产的模式，通过资源的重新组合，组建农业公司统一进行生产、销售，农户转为公司股东或者雇员，将不同农户的利益目标统一为公司的盈利目标，以公司的形式参与市场竞争，分享棉花全产业链的利益。以市场为导向，通过规模化、科技化和生产社会化进行集约化生产的农业公司化经营，作为一种新型的农业基本经营制度，是我们发展棉花产业的必然选择。

第一，农业公司化经营能够大幅度提高棉花质量。相对于家庭经营，农业公司化经营采用了分工和专业化，一方面能够极大地提升劳动生产率；另一方面由于不同工序由专业人士进行负责，使工作的精细度和技术创新的概率大大增加，从而产品的质量也得到了提升。农业公司采用标准化生产，在整个棉花种植的过程中，采用统一的种子、种植技术和生产标准，收获的棉花的一致性得到了充分保证，提高了棉花质量。

第二，农业公司化经营利于成本的降低。农业公司化经营是将农民分散的土地集中起来，进行统一生产。土地集中生产能够形成规模效应，增加收益，并且先进的农业技术和大型的农业机械得以推广和使用，一方面用于生产的活劳力减少，降低劳动强度和劳动时间，使得高昂的劳动力成本得到有效控制；另一方面机械和先进技术的推广，会降低农民种植的成本。进行农业公司化经营，一方面由于购买种子、化肥和农药的数量很大，可以降低购买价格，并且由于数量很大，必然是与正规厂商进行交易，避免了出现假种子、假农药等情况，降低了潜在的风险；另一方面进行公司化经营，将农户纳入公司，原先的交易成本内部化，大大减少了农民种植棉花的成本。

第三，农业公司化经营利于优质品牌的形成。由于农业公司进行的是大规模的种植，其棉花品质在等级上可以得到保证，与家庭经营生产的棉花在质量和数量上存在巨大优势，在市场上容易受到青睐，利于棉花品牌的形成。而棉花品牌的形成一定程度上可以降低市场风险，提高棉花售价，保证棉花的销售量，使农民种植棉花有一个稳定的预期收益，利于形成固定的棉花种植面积。同时，棉花品牌的形成可以驱除市场上的劣质棉花，从而为棉花的种植设立一定的门槛，稳定棉花供给，从而保证棉价不出现大幅波动。

第四，农业公司化经营能够提高我国棉花产业的市场竞争力。一方面，农业公司作为独立的企业法人，通过外聘职业经理人等专业型人才从事专门的管理工作，能够显著地提高公司的运行效率，增强公司的市场适应能力，从而有效地规避风险，获得收益；另一方面，公司作为市场参与的主体，能够利用市场规则，通过上市等手段，获得社会融资，提高棉花产业的资本积累，从而在一定程度上改变农业的弱质性，促使棉花产业发展提速。

农业公司化经营是对我国家庭经营的一个制度优化，是我国发展现代农业的选择方向。但是我们应该在推行农业公司化的过程中，注意一些问题。

一是农业公司化经营的适应性。前文提到了公司化经营能够将农民纳入公司内部，从而实现交易成本内部化，但是公司是在交易成本和监督费用共同作用下形成的，公司规模将受到限制。在此，我们应该根据不同农产品的机械化水平来判断可以推进的农业公司化的程度，因为机械化水平越高，所用的人工劳力越少，而对职工进行监督所花费的成本越低，其公司规模可以越大。对于大量使用人工劳力并且进行劳动监督成本明显过高的农产品，建议暂不推行公司化经营。

二是农业公司化经营要与当地经济发展情况相匹配。由于农业公司化经营采用了大规模的机械作业，劳动力的使用必然要减少，那么多余的劳动力如何安置，这就要考虑到当地的实际情况。在农村的青壮年劳动力实质上已经向城市转移，或者当地的乡镇经济发达，可以吸纳转移出的剩余劳动力，这样的情况可以适时适度地推行农业公司化经营。在农民的农业收入占总收入的绝大多数的情况下，农业公司化经营应该与当地的城镇化发展同步进行，不可盲目推进。

三是农业公司化的经营形式应根据当地的实际情况进行合理的选择，我国幅员辽阔，各个地方的自然环境、人文环境存在差异，同时集体村庄和国营农场的土地制度不同，因而在选择经营模式的时候应该因地制宜。

四是进行公司化经营，应该合理地设计公司结构。由于农业生产受自然再生产和社会再生产的双重作用，与工业生产有很大差别，因而，在细化公司结构的时候，应该考虑到这种差异性。最为显著的是农业生产中的委托—代理问题，由于农产品的生产离不开活劳力，因而如何对其进行监督和激励，如何避免道德风险，应该是在进行公司制度设计的时候着重考虑的问题[4]。合理的设计公司的经营模式对于推行农业公司化经营、发展现代农业至关重要。

参考文献

[1] 林毅夫. 制度、技术与中国农业发展［M］. 上海：上海三联书店，2005：10.

[2] 王佳友，曾福生. 小规模家庭经营对农业现代化的影响分析［J］. 湖

南农业大学学报（社会科学版），2011（2）.

［3］王林．农业公司化经营的典型模式及前景分析［D］．成都：四川师范大学，2009.

［4］王力，陈子真．公司化经营的“委托—代理”关系构建与优化［J］．农业经济问题，2012（2）.

（本文发表于《石河子大学学报》2014 年 6 月第 3 期）

附录 5

农业公司化经营模式构建与制度安排
——对团场体制改革的思考

王　力　贾娟琪　高鹏飞　汪海霞

（石河子大学经济与管理学院；石河子大学棉花经济研究中心
新疆　石河子　832000）

摘　要：本文结合当前团场体制改革试点的具体情况，通过理论和实证分析，认为当前团场体制改革的方向，应该向代表现代农业方向的公司化经营发展，改革的重点是重塑传统的家庭承包经营底层制度，找出制约团场体制改革的制约因素，并提出改革的基本思路。

关键词：兵团团场；体制改革；基本经营制度；农业公司化经营

制度变迁理论指出制度的效率存在时效，马克思指出，生产力的发展将推动生产关系的变革，而团场的制度改革势在必行。2010 年 10 月，海南农垦集团正式成立，同年海南橡胶（601118）上海证券交易所上市，标志着海南农垦正式实现政企分开。黑龙江农垦“省级授权、部门派出、系统管理、内部分开”的改革原则，积极推进农场内部政企分开、国有农场撤队建区、农垦企业集团化垦区管理体制改革。“屯垦戍边”的特殊使命使得新疆兵团的改革略显滞后，也说明兵团团场的体制改革的难度也高于上述农垦，改革的道路也必须区别于其他农垦体制，改革已进入攻坚期。

基金项目：本文系兵团社会科学基金项目（项目编号：11BTYB13）“兵团农业标准化战略与增强农业竞争力研究”和兵团社会科学基金项目（项目编号：11BTYB12）“农业现代化进程中的兵团农业经营制度改革研究”阶段性研究成果。

作者简介：王力（1976—），男，汉族，管理学博士，石河子大学经济与管理学院副院长，副教授，硕士生导师，研究方向为农业经济理论与政策。

一、团场基本经营制度的改革方向

（一）科斯定律对团场制度效率的解释

要把握好改革的方向就必须清楚认识土地基本经营制度的概念。农地制度是指以土地产权为基础的人与人之间的关系总和。人类发明农业以来共有四种农地制度——“自耕制”“定额制”“分成制”和“工资制”，团场自20世纪80年代改革后已形成了较为稳定的“定额+分成”的土地承包关系（团连管理费、国有土地使用费为定额，农产品统购统销即是分成）。改革实质就是在四种制度中的选择。那么如何比较四种农地制度的效率就十分重要，根据科斯定律我们可以看出工资制最节约交易费用，但组织成本是最高的，而自耕农则反之，交易费用高而组织成本低，从这一角度看两者难以区分效率的高低。

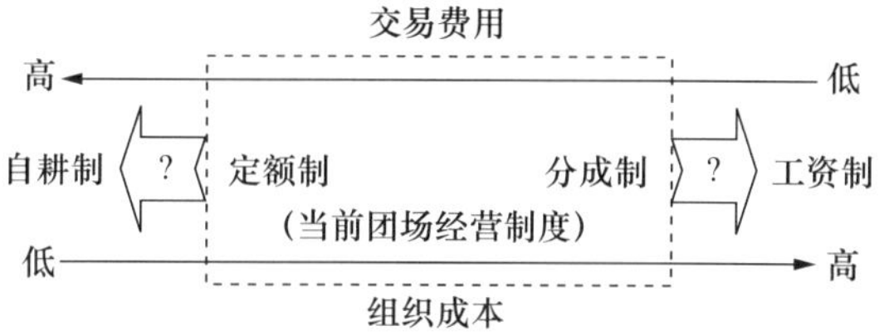

图1　四种农地制度的效率比较与改革方向

从兵团的大宗农产品棉花和番茄产业来看，建立在家庭经营制度上的农业产业化模式存在高昂的交易费用，如“农户+基地+公司”模式把优质农产品的生产过程转变为多个利益主体，生产环节存在大量“委托—代理”关系，直接结果就是农户不断追求高产，番茄固形物比重不断下降，而同时每年大量番茄原料因为企业拒收而损失，棉花品质的下降也是同样的原因。由于农业生产的特殊性，农户生产的农产品并不是市场交易中的最终产品，它只是属于中间品和原料（如职工种植的棉花、番茄，最终都加工成皮棉和番茄酱销售）。因此，就兵团当前的现状来说，从原料变成最终产品的过程都是通过市场交易来完成的，无疑增加了很大的交易成本。

科斯提出，“企业是对市场的替代”。因此，为了降低市场交易费用，团场应该用企业来代替市场，即实行农业的公司化经营，把整个农业生产和销售环节放到一个公司内部。公司化可以体现出兵团农业经营的规模优势，降低交易费用的同时，有利于农业生产的标准化和品牌化，对提高兵团农产品的质量有至关重要的作用。

（二）团场制度安排与技术进步

从与现代农业的关系来看，现代农业应该符合三个特征，即生产过程社会化、农产品的商品化、生产手段的科技化。从这三个方面看自耕体制显然难以承载现代农业的要求，从刘易斯的农村劳动力配置模型看，自耕体制存在隐性失业的前提下天然具有排斥技术进步的性质。因此团场的基本经营制度改革方向应该走农业公司化经营的道路。

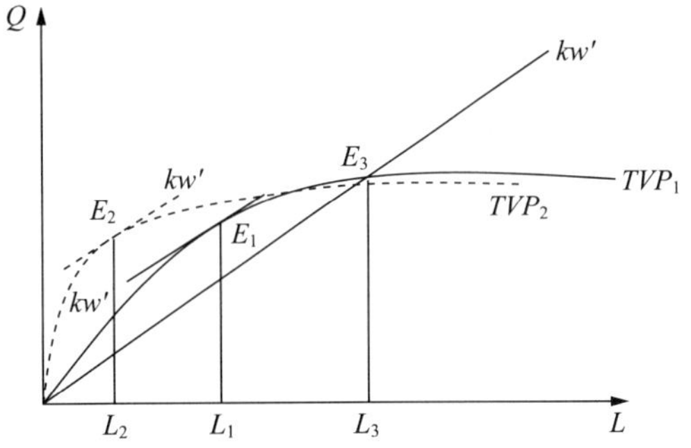

图 2　家庭经营下农户对技术进步的排斥

图中横轴 L 代表劳动投入量，纵轴表示棉花产量，TVP 是总产量曲线，kw′的斜率为劳动投入价格与产出价格之比，即 w/p，w 为工资率，p 为单位产量，也就是对劳动力成本曲线 kw 的一阶导数。TVP 与 kw′的交点为最优的劳动投入量与产出组合，TVP_1 为技术进步前的生产曲线，TVP_2 为技术进步后的生产曲线，E_1 和 E_2 是在 w/p 未变的情况下，棉花种植业在技术进步前后的最优劳动投入与产量的组合，其中最优的劳动投入量分别为 L_1 和 L_2。

技术进步主要是指资本对于劳动的替代，棉花产业存在大量的隐性失业，即棉农的个人劳动能力未能得到充分的发挥，平均工资水平低于外部劳动力市场工资水平。我们可以清晰地看到，在大量过剩劳动力存在的前提下，家庭经营会排斥技术进步，其结果导致农业生产的低效率，减缓农业现代化实现的速度。

另外，随着机械化采收等技术的使用，在达到充分就业的前提下，必然会导致土地的集中，形成农业生产的规模经营，其最终经营的形式为大户经营或农业公司经营，因而当前棉花领域实行的分散的小规模家庭经营必然要进行变革，通过反租倒包或经营权入股等形式，形成大户经营和公司化经营，这必然会成为农业改革的方向。

比较大户经营和农业公司化经营两种模式，其共同具有的优势在于都形成了棉花生产的规模化，但公司作为市场经济的主体，在参与市场竞争方面较农户来讲，不论在信息的搜集处理和进行谈判的能力等方面，都具有不可比拟的优势，实行公司化经营将是未来发展的主流。

二、团场农业公司化经营实现的前提

（一）对农业家庭经营的认识转变

改革过程中，团场明显存在制度的路径依赖，认为农业只有家庭经营才是最优模式，只有承包土地才是职工的基本特征。这种认识和理念是改革的最大障碍，改革不敢去触碰家庭承包制。从国外发达的农业来看，公司化管理运作是根本，比如美国的大农场农业和法国地中海式的庄园农业，都是生产高度社会化、雇工制的公司化经营体制。家庭经营的最大优势是组织成本低，通俗地说不用操心去管，这是团场选择家庭承包经营的根本原因，团场的责任和风险大大降低。但从兵团近几年大宗农产品的生产情况看，这种体制对商品化率高的农业是不适宜的。改革成功的前提是要对农业家庭经营的优劣有清晰的认识。

（二）政企分开后，团场的社会管理职能的保证

这是团场是否愿意改革的关键。团场并不具备完整的社会管理职能和工具，比如行政处罚权、民事纠纷处理权、市场监管权等，而以往团场往往运用经济和组织手段来管理社会，有市、镇设置的团场不存在此类问题，无市、镇设置的团场如果政企分开后，团场将难以履行社会管理职能。建议将团场（垦区）派出所升格为公安分局，受团场党委管辖，同时赋予团场相应行政处罚权，真正让团场具备社会管理的能力。大力推动团场建市、镇的力度。

（三）农业公司化经营后，职工身份的重新界定

一般来讲，团场职工往往应该与团场签订两个合同：一是劳动关系合同；二是土地承包合同。如果职工失去承包合同的话是否意味着职工与团场脱离关系，职工的保障和团场失去职工的问题如何解决？可以考虑组建劳务派遣公司，全部

职工进入劳务派遣公司，要求农业经营公司优先雇用团场职工，由劳务派遣公司代表职工签订劳动合同，并向佣工单位代收“五保三费”，不在本地就业的职工自缴“五保三费”，不愿缴费的则取消职工身份。这种方式可以在职工角色转变后仍然和团场保持稳定的关系，提升其归属感。

（四）政企分开后干部重新分流

兵团庞大的干部群体也是改革必须关注的问题，海南农垦改革的方式由干部自愿选择留在农场还是进入公司，基本上是鼓励年轻人进入公司，老干部留在农场保留职级。团场现在领导干部普遍老龄化，这对于团场压缩行政编制是有利的，老干部原职原薪留在团场，大力鼓励中青年干部进入公司，去行政级别，以绩效年薪、企业管理职级为其发展培养方向。

（五）团场无稳定的税收来源，如何履行公共品投入等行政职能

有市、镇设置的团场有财政来源，无市、镇设置的团场如果政企分开后，无财政经费支持其公共品投资。可以考虑将水、电、能源等经营权归团场成为团场稳定收入来源，同时加大对此类团场的资金项目支持，适当扩大公共支出范围，维稳戍边相关费用纳入公共支出。

（六）成立“农业公司”后，会带来税收压力增大和资产负债划分问题

团场部分生产环节执行国家“自产自销农产品”的免征增值税，成立公司和实行政企分开后，势必会增加税收负担，应当积极利用“农产品初加工”等政策、选择兵团所有的开发区注册等合理避税，对未设市、镇的团场适当增加财政预算支持，相关维稳戍边费用纳入公共支出。债务问题按形成原因，经营性债务由公司负担，非经营性债务由团场负担，也可视双方偿债能力双方共同按比例负担。

三、团场改革的核心内容

（一）明确经营主体

要明确团场、公司、职工谁是经营主体。从过去“一主两翼”“两费自理”“土地长期固定”等改革都是让职工成为经营主体，通俗地讲是将职工农民化，

而从试点单位的农业公司方案来看都没有改变职工的角色，农业生产中两个经营主体并存的局面没有改变，改革必须明确公司是现代农业的主体。

（二）农业公司与团场的关系

从部分试点团场的方案来看，公司往往失去了经营自主权，过于强调团场党委对公司的控制这就违背了政企分开的精神，也不符合现代企业管理的要求。团场和农业公司的关系应该建立股权纽带上，而不是行政隶属关系，保持公司的独立性十分重要。

（三）连队职能如何转变

连队是团场社会管理和经济职能的重要管理层级。兵团的指导文件要保证连级的存在，试点团场多另成立社区管理机构按农业生产周期来与连队共同行使社会管理职能，这样一方面增加了团场编制，另一方面职能存在重叠，个人认为连队的经济职能转交给公司，即部分连队管理人员进入公司成为种植业的片区经理，同时撤并连队，集中连片居住，由连队行使社会管理职能。

如果有社区的话，连队的职能可以向经济职能转化，即连队管理人员进入公司，承担种植片区管理职能。

（四）公司的主营领域的确定

当前一些团场的改革方案中，农业公司多以经营团场经营地、林地、水、农机的出租和农资的购销为主要业务，这些环节多是生产的中间环节，这样做增加了利益主体，只能使生产中的交易费用更高。

公司的优势在于对生产中间环节交易成本的节省有利于产品的标准化和品牌化。比如番茄产业大量的原料没能进入加工环节，每年大量的浪费是以往以“农户＋公司”产业化模式无法解决的，番茄是原料而不是产品，公司的利润来自优质的产品。

（五）生产环节的标准化、程序化与成本控制

农业生产难以监管是我国由集体生产走向家庭生产的原因，随着农业生产中活劳动的减少，农业的过程管理变得较为轻松。大宗农产品随着机械化程度的提高，依托科技化和信息化管理手段，监督成本将大大降低，像小麦、棉花等作物事实上统一安排生产环节较为轻松。舍饲畜牧业现在大多是公司化经营的，推广也不是难题。而活劳动相对密集的林果、蔬菜等产业统一生产标准化的难度较大，但如果将各生产环节标准化，实行片区经理目标责任制，每个生产环节抽查

考核，应该可以实现统一生产、标准化管理。

例：某公司葡萄产业的标准化与成本控制：阶段性考核管理收入：公司按每亩地60元予以考核基地负责人的平时管理成效。负责人的平时管理成效：公司将每亩60元的管理考核收入分配到出土、清沟等重大技术措施工作中，考核实行百分制，80分以上为合格，全额发放，否则不予发放，60分以下公司需诫勉纪律处分。

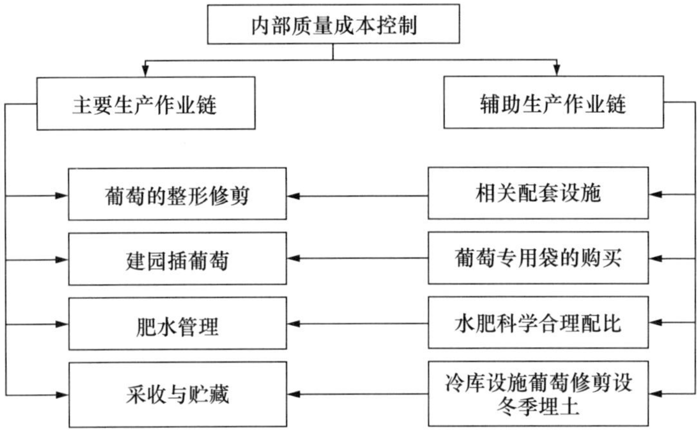

图3　葡萄产业的工序标准化与成本控制

四、团场公司化经营模式的构建

兵团农业公司化经营是兵团农业基本经营制度改革的方向，是对以往家庭经营为核心的统分结合思想的优化与反思，是现代化农业的基本制度载体。但是在公司化模式的构建过程中，需要考虑团场、公司、职工间的合作博弈，寻找决策的均衡条件，制定出“双赢”博弈的契约安排。这就要求构建出健全的公司治理结构与决策机制，制定完善的公司章程，公司收入分配与薪酬制度设计，公司的人事与考核制度设计等。

（一）公司股权结构构成

农业公司化模式的构建过程中股权结构的构成很重要，可以是团场独资；也可以是团场控股，职工或其他法人、自然人参股；抑或是团场参股，其他法人、自然人控股的模式（如团场跟团内种植大户的资本合作）。

在公司的组建方面可以考虑两种：一是团场本身就是企业法人，可以考虑团场整体成立公司，团长任总经理的模式，将低层的连队的行政职能剥离，连长相当于企业片区经理。团场作为公司的控股人，在公司管理中可以体现出团场行使政府职能的优势，也有利于团场屯垦戍边特殊使命的执行。二是团场组建国有资产投资公司，代表团场行使股东权益，将团场的经营地、农地基础设施等评估转为法人财产，由该公司投资（独资、控股或参股）组建新的农业经营公司，股权结构可以多元化。

（二）公司治理结构

（1）股东大会：公司的治理结构视团场的股权比重而定。公司股东大会召集、召开程序应符合《公司法》《公司章程》《股东大会议事规则》的相关规定，合法、规范、有序；公司能够确保所有股东，特别是中小股东享有平等的地位，能充分行使自己的权利。

（2）董事会：应视股权大小，决定董事会构成。团场独资和控股公司董事长应由团场委派人员担任（如团长），但团场原则上不干预公司的日常运作，重大事宜由董事会开会决议。公司应严格按照《公司法》《公司章程》《董事会议事规则》规定的董事选聘程序选举董事，公司董事会按照《董事会议事规则》《独立董事制度》开展工作。董事会可以设立提名、审计、战略、薪酬和考核等专门委员会，依照各自的制度及其相关实施细则，开展有效的工作。

（3）监事会：董事长权力失控是当前兵团国有公司面临的主要问题，团场农业公司治理结构中必须加以重视，确保监事会独立性，把监视会作成实体常设机构十分必要。监事会主席地位原则上不低于董事长，具有重大否决权。监事会主席可以考虑团场党委人员担任，公司监事会的人数和人员构成符合法律、法规规定；公司监事会按照《监事会议事规则》积极开展工作，对公司重大事项、财务以及董事、经理和其他高级管理人员履行职责的情况进行合法监督检查。

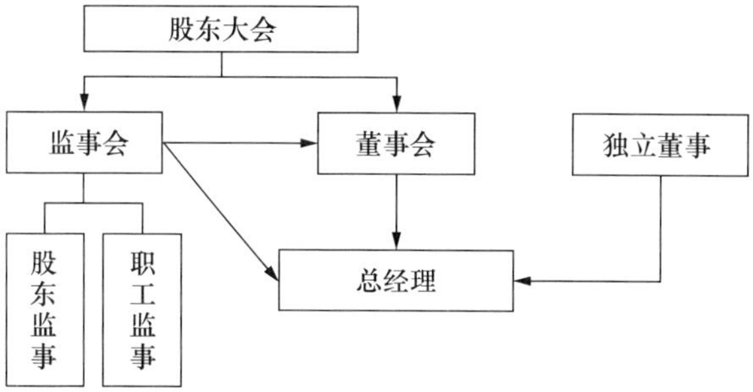

图4　传统的监事会主导公司治理结构

（4）经理层：总经理应面向社会公开招聘，为避开团场过于干涉公司经营和管理，总经理不应由团场内部行政干部担任，公司按照相关规定对总经理的人选及任期、任职资格、职权、义务与责任以及总经理工作会议的召开做出详细的规定，总经理无行政级别，其绩效考核以其收入水平体现。

公司财务总监由团场人员担任，但必须受总经理管辖。公司经理层的成员分管公司不同体系，执行董事会和股东大会做出的经营决策，维护公司和全体股东的最大利益。董事会与监事会能够对公司经理层实施有效的监督和制约，团场根据股权结构行使所有者权益。

公司应严格按照《公司法》《公司章程》《三会议事规则》等法律、法规的规定，切实发挥股东大会、董事会、监事会的作用和职责，处理好上级党委、公司党委与公司“三会”组织机构的关系，做到在人员、资产、机构、财务、业务与控股股东完全独立、分开。该项工作是一项长期持续性工作，由公司董事会秘书全面负责。

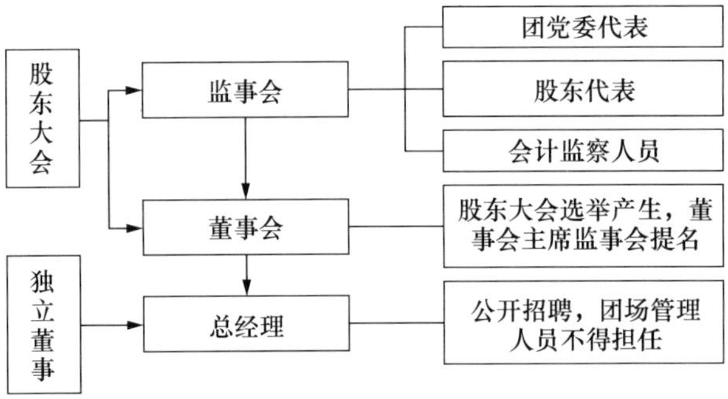

图5　监事会主导型的团场公司治理结构

（三）公司底层设计

公司化改革的方向应该是改变以往的自耕农性质的农地经营制度（定额、分成制），向雇工制的公司化经营转变。因此，底层的改革尤为重要，可以考虑先从团场经营地开始，逐步通过认可职工土地承包权的物权性，（团场职工的土地承包权不同于农村，不能简单地物权化，但长期承包的可以考虑物权化，可以折合为股权）将承包权入股的形式，逐步将职工承包地转移成公司的法人财产。

成立公司后连队的经营职能实际已不存在，经营职能由农业片区经理所替代。可以考虑部分连队干部由公司吸收，部分转移至社区；也可考虑保留连队，只承担社会职能，经营职能交公司。连长担任片区经理，负责所在片区的农业生产和日常事务管理，片区经理主要的任务是落实好公司下达的生产指标和其他各项考核指标。公司按照种植规模将土地按亩划分为片，每个片区设置一名片区负责人，片区负责人需要通过公开竞聘才能上岗，片区负责人主要负责指导、监管片区内的工人按期完成公司下达的生产任务。对片区负责人进行责任制管理，通过“岗位工资＋提成＋奖金＋责任工资”提高管理人员的责任意识。公司经营过程中采取直线式管理方式，通过对农业生产的流程进行分割，对各个流程通过设立相关职能部门实行专业化管理，对各个部门领导实行责任到人管理，增强管理人员的责任意识，对于由于管理人员管理不当导致的重大损失，通过对相关责任人进行处分，增强管理人员的忧患意识。

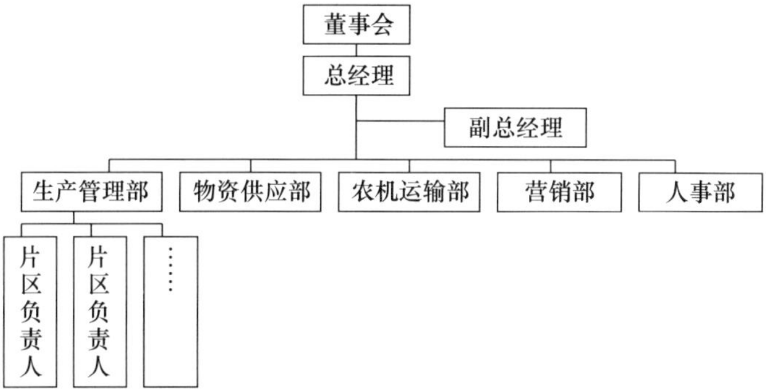

图6　团场农业公司的底层设计

（四）公司薪酬设计

公司必须明确自己的主体地位，必须坚持效率优先，坚持经济效益最大化。这就要求公司在收入分配时坚持效率优先，按多种要素分配，把竞争机制引入到公司内部。对公司管理人员实行责任制工资，通过“岗位工资＋提成＋奖金＋责任工资”提高管理人员的责任意识。

普通职工按照“底薪＋提成＋奖金”的工资分配方式，底薪设计能够保障职工基本生活水平即可，不宜太高。提成通过对农产品的品质和产量进行综合评价，通过定各种级别的完成程度进行相应的提成。奖金可以通过农产品的市场价格来确定奖金额度的大小，当市场价格比较高时发较高的奖金；相反在市场价格较低的时候发较少的奖金。而最终的收益分配方案应每年由总经理提案、董事会审议、股东大会决策，依据股权结构分成。

参考文献

[1] 刘俊浩. 新疆兵团农业经济体制改革回顾与展望 [J]. 石河子大学学报，2008（6）.

[2] 王力. 兵团农牧团场收入分配制度研究 [M]. 北京：经济管理出版社，2011.

[3] 汪海霞，王力. 新疆建设兵团农牧团场收入分配制度变迁分析 [J]. 安徽农业科学，2009（3）.

[4] 金勇钢. 新时期兵团屯垦与戍边关系问题研究 [J]. 新疆农垦经济，2010（9）.

（本文发表于《新疆农垦经济》2013 年 6 月）

附录 6

石河子垦区农业现代化进程分析与现代农业经营模式及措施

王　力　佟笛铭　汪海霞　李晓乐

（石河子大学，a. 经济与管理学院，b. 农业现代化研究中心，
新疆　石河子　832003）

摘　要：本文分析了石河子农业发展现状和存在的问题；阐述了石河子垦区农业经营模式的制度变迁和动因及趋势。通过 AHP 层次分析法，对石河子垦区现代化农业的发展绩效进行测算，证实了石河子垦区现代农业发展居新疆兵团各垦区前列。从兼顾两个经营主体利益和费用自理、两费分离原则出发，构建了石河子垦区现代农业经营模式；并从科技水平、农产品加工业、产业化水平、商品化程度方面，提出了实现现代农业经营模式的保障措施。

关键词：石河子垦区；农业现代化；制度变迁；农业经营模式

中图分类号：F320.3　**文献标识码：**A　**文章编号：**1000－0275（2013）01－0035－05

Analysis of Agricultural Modernization Process and Design of Business Model in Shihezi Reclamation

WANG Li, TONG Di－ming, WANG Hai－xia, LI Xiao－le

(Shihezi University, a. College of Economy and Management, b. Research Center for Agricultural Modernization, Shihezi, Xinjiang 832003, China)

＊**收稿日期：**2012－10－11；**修回日期：**2012－12－04。

基金项目：新疆兵团软科学项目“农业现代化进程中兵团农业公司化经营模式构建与推广研究”（编号：2012BB034）；兵团社会科学基金项目“兵团农业标准化战略与增强农业竞争力研究”（编号：11BTYB13）；兵团社会科学基金项目“农业现代化进程中的兵团农业经营制度改革研究”（编号：11BTYB12）。

作者简介：王力，男，管理学博士，副院长，副教授，硕士生导师，从事农业经济理论与政策的教学科研工作。

Abstract: This paper analyzes the current situation and existing problems of Shihezi agricultural development; elaborated the motivation and trends of institutional change of Shihezi Reclamation agriculture business model. Through AHP estimates the performance of the Shihezi Reclamation modern agriculture development. This paper confirmed that the Shihezi Reclamation modern agricultural development is ahead of the other Reclamation in XPCC. From the principles of taking into account the interests of the two business entities and the farmer own expense, the separation of charges to build the Shihezi Reclamation modern agriculture business model; from the level of science and technology, the agricultural product processing industry, the level of industrialization and commercialization extent, it put forward to achieve the modern agricultural operations mode.

Key Words: Shihezi Reclamation; agricultural modernization; institutional change; agricultural business model

一、石河子现代农业进程的现状分析

石河子垦区地处天山北麓中部，准噶尔盆地的南缘，古尔班通古特沙漠南缘；垦区由南向北依次为天山山区、山前丘陵区、山前倾斜平原、洪水冲积平原、风成沙漠区，素有“戈壁明珠”之称。石河子垦区区域总面积7529平方千米，占兵团区域总面积的10%；截至2010年末，农业劳动力人口数为18.80万人，农业实现国内生产总值110亿元，其中种植业产值为90.4亿元，林业产值0.9亿元，牧业产值13.1亿元，渔业产值0.5亿元，农业服务业产值5.1亿元，分别占总产值的82.2%、1.0%、12.0%、0.5%、5.0%（见表1）。

表1 石河子垦区农业产值与结构

项目	农业生产总值	种植业	林业	牧业	渔业	农业服务业
产值（亿元）	110	90.4	0.9	13.1	0.5	5.1
比重（%）	100	82.2	1.0	12.0	0.5	5.0

（一）现阶段石河子现代农业的总体水平评价

农八师是兵团经济的第一强师，也是兵团现代农业发展速度最快、发展水平最高的师。已创建了 18 个大中型团场，农业机械化程度达 85% 以上，2010 年石河子垦区棉花产量 32.71 万吨，总产肉量 51943 吨，分别占兵团总产量的 28.43%、16.24%，占自治区总产量的 13.19%、4.3%，是兵团及自治区重要的棉花和畜牧业生产基地，也是北疆最大的蔬菜种植和淡水养殖基地，2010 年石河子垦区蔬菜总产量 114.96 万吨，淡水鱼产量 5239 吨，分别占兵团总产量的 19.77%、19.62%，自治区总产量的 6.63%、5.82%。在国家“863”计划的指导下，以石河子垦区为中心示范区，以一师、二师、五师、六师、七师五个师为辐射区，建成了 1 个中心示范团、22 个示范团场。同时，垦区还加快了农业信息化的进程，发挥信息技术在现代化农业中的作用，提高了技术水平和管理手段，对于垦区农业的可持续发展将会产生积极的作用。今后，垦区还将大力发展节水高效农业、现代设施农业、生态有机农业，做优做强棉花产业、特色园艺业和现代养殖业，加快推进节水灌溉示范基地、农业机械化推广基地建设，提高兵团土地产出率、资源利用率、劳动生产率和加工增值率。

（二）石河子现代农业发展存在的问题

石河子垦区现代农业水平发展迅速，从 2000 年处于现代农业起始阶段，到 2009 年步入现代农业初步实现阶段后期，十年时间基本完成了农业的现代化改造。但农八师作为兵团现代农业的典型代表，也存在问题与不足。

（1）农产品科技水平不高。从农业生产的投入、产出等生产技术环节来看，农八师的整体水平处于兵团的较高水平，但就更大的范围而言，八师的农产品科技水平含量还处于较低水平，尤其是深加工力度不够，种植业产品和畜牧业产品普遍存在农产品附加值太低，农产品加工产值与农产品产值之比不高的问题，限制了八师农产品的市场竞争力。

（2）农户的生产组织化程度不高。兵团经过“1+3”文件和其补充意见等一系列改革措施，在团场逐渐确立了农户在生产经营中的主体地位，激发了农户生产的积极性，但这些措施也产生了新的问题：①农户主体地位的确立，产生数量众多、规模较小、生产相似度较高的单个小型农户，利益在众多农户与市场之间分配难以平衡，不利于农业生产健康持续地发展。②由于农户资金实力有限，经营规模较小，在面对市场的过程中，独立于团场的单个农户就要承担巨大的市场风险和自然风险，增加了农户经营的风险和成本，不利于现代农业的发展。

（3）农产品商品率较低。农产品商品率的高低是判定一个区域现代农业发展水平的重要标志。石河子垦区的商品化率远高于地方，但是其主要作物棉花、番茄、葡萄的品质却大大下降，均出现销售难的问题，其原因在于“农户+公司”的产业连接机制难以达到正和博弈实现“双赢”，市场的诉求难以在农户生产中得到体现，如棉农只注重衣分率和产量，这是农户选择品种和栽培模式的唯一依据，但却严重忽视了棉纺企业更注重棉花内在品质的现实，这种低商品率，不仅严重制约着农户收入增加的可持续性，也对产业的安全造成了极大隐患。石河子垦区农产品商品率和农业资源配置的市场化程度均较低，迫切需要加强市场机制在农业生产中的作用。

二、石河子垦区农业经营模式和制度变迁

（一）石河子垦区农业经营模式

根据石河子垦区现代农业经营模式的不同，可以把垦区现代农业经营分为三个阶段：

（1）兵团建立之初的军事化生产经营模式。1952 年，毛泽东同志结合当时新疆的具体情况，命令驻疆的 17 万大军就地转业开展屯垦戍边生产，当年开垦荒地 6.4 万平方公顷。农业生产经营是一种军事化的生产模式，生产技术相对落后，生产过程主要依靠人力，生产的目的是为了满足兵团自身生存的需要。基本的经营制度是以连队为单位组成生产单位，由兵团统一配发劳动工具，职工的基本生活物资由兵团统一供给，农业生产的最终成果统一向上级上缴，上级根据劳动成果和人数的多少进行配给。由于再生产过程中，继续沿用军队的体制，所以当时的农业生产具有浓厚的军队色彩。这种体制在当时的农业生产设施落后的现实下发挥了巨大的作用，集中了所有的力量建设了一个个大型农业生产基础设施，为后来兵团农业的发展奠定了坚实的基础[1]。

（2）仿东欧模式。1952 年后，兵团开始了仿东欧国家模式兴建国营农场。东欧模式按照合作方式的不同可以分为两种：一种是以斯洛伐克、民主德国和保加利亚为代表的集中经营型农业；另一种是以波兰等国为代表的个体经营型农业。兵团紧跟国家的步伐，考虑到生产资料有限性和基础设施的限制，引进了集中型农业生产经营模式。农业生产以团场为单位组织农业生产，生产资料统一分配使用，并实行了“独立核算、自负盈亏、有利自留、亏损不补”的财务管理办法，推行了以“三定一奖”为内容的生产责任制，在分配上实行工资浮动、联产计奖等办法。一定程度上克服了生产中的“吃大锅饭”问题，提高了生产经营的效率。但实质上这一改革只是在兵团农业计划管理体制的范围内，实行了范围较为狭窄的财务承包制和生产责任制，也就没能解决生产中存在的“搭便

车”和激励不足的问题[2]。

（3）“大农场套小农场”的统分结合双层经营模式。1983 年，兵团借鉴农村改革经验，全面推行了“一主两翼”为主要内容的多种形式的土地联产承包责任制，在生产上推行独户、联户、联劳等多种形式的生产承包责任制。1988 年秋在全兵团全面开展了农牧团场承包经营工作。师与团场签订承包经营合同，团场内部也层层实行承包责任制管理，较为有效地克服了团场经营管理者吃团场“大锅饭”的弊端。1993 年底，为了促进兵团农业生产的深化改革，推行了承包职工生产费和生活费的自理，改变了长期以来“团场出钱、职工种地、职工负盈不负亏”的问题，农业生产经营的风险承担主体由团场转变为职工，增强了职工的风险意识，极大地调动了团场职工生产积极性、创造性。2001 年之后，兵团制定出台了《关于深化农牧团场改革的意见》及 3 个配套文件，取消了团场的农业税，加大实行职工减负工作力度。基本形成了“土地承包经营、产权明晰到户、农资集中采供、产品订单收购”的团场基本经营制度，既强调发挥兵团组织化程度高的集团优势，同时又确立了承包职工家庭经营主体的基础地位，充分调动团场和职工两个经营主体的积极性和创造性[3]。

（二）石河子垦区农业经营模式变迁的动因

从本质来看，推动石河子垦区农业经营模式变迁的动力来自政府对农业生产效率的追求。在兵团成立初期，由于要解决军队的供给问题，面对恶劣的自然环境和落后的基础设施，只有通过军事化的生产经营模式，才能解决一些大型基础设施缺乏的问题。兵团学习东欧先进经验，推行集体化的农业生产经营模式，这与当时我国和兵团的农资极度缺乏有关，因为只有集中生产和使用，才能缓解农资缺乏矛盾。由于集体化的经营模式无法解决“搭便车”问题，所以导致了农业生产的低效率。为了激发职工的生产积极性，团场实行了大农场套小农场的经营模式，给职工让渡部分农业生产经营决策权，使其成为农业生产经营的主体，一定程度上激发了职工的积极性。由此看出，石河子垦区经营模式变迁的动力和兵团一样，都是在现有的资源和环境约束下，为了提高农业生产的总体效率，自上而下形成的推动力[1,4]。

三、当前石河子垦区农业经营模式的绩效评价

本文在确定现代农业发展绩效时，采用 AHP 层次分析法，其基本原理是将

研究的问题作为一个系统，对系统内的多种因素进行分解，弄清因素之间的地位和彼此的联系，建立各个因素之间的有序层次，然后由专家对不同层次的因素进行比较，在此基础之上定量地给出每个因素的重要性，并计算出每一个层次所有因素的相对重要性权重。具体在选取模型的过程中，综合考虑了数据的可得性和石河子垦区现代农业的发展特点，在参考大量相关文献的基础之上，选取了中国科学院农业经济与发展研究所区域经济与现代农业研究中心的模型及相关参数（见表2）。

（一）指标的选取

根据现代农业的基本特征，在参照了大量的关于现代农业的文献资料基础上，结合垦区的实际情况，将垦区现代农业指标分为4个一级指标，12个二级指标（见表2）。

表2　现代农业评价指标体系与参数

目标层	准则层	指标层	参数	指标所反映的水平
现代农业发展绩效评价	农业产出水平	人均可支配收入（万元）	1.30	劳动力收入水平
		劳动生产率（万元）	1.80	农业劳动力产出水平
		土地生产率（万元）	4.00	农业单位土地产出水平
		人均GDP（万元）	2.83	经济发展总水平
	农业投入	劳均机械总动力（kW）	4.00	现代农业的机械化水平
		有效灌溉率（%）	90	现代农业的水利水平
		单位面积化肥使用量（kg）	365	现代农业的化学水平
		农业科技投入占总产出（%）	5.00	现代农业的科学水平
		初中以上劳动力文化（%）	90	劳动力的文化水平
	农村社会发展水平	劳动力非农化比率（%）	95	农场非农化水平
		城镇人口比重（%）	75	农场城镇化水平
	农业可持续发展	森林覆盖率（%）	50	生态环境水平

资料来源：中国科学院农业经济与发展研究所区域经济与现代农业研究中心。

（二）模型构建

$$\text{现代农业综合指数}=\frac{\sum\frac{\text{实际指标值}}{\text{标准值}}\times 100\times\text{权数}}{100}$$

目标矩阵构造我们采用以下的定义对目标进行量化（见表3）。

表 3　元素权重赋值

Degree	Meaning
1	元素 i 与元素对上一层的影响重要性相同
3	元素比元素略重要
5	元素比元素重要
7	元素比元素重要得多
9	元素比元素极其重要
2n	n = 1，2，3，4，元素与元素的重要性介于 2n - 1 和 2n - 1
$\frac{1}{n}$	n = 1，2，…，9 当且仅当

从第二层开始，根据其重要性可得到如下的矩阵（见表 4）。

表 4　准则层判断矩阵

现代农业评价指标体系	农业产出水平	农业投入	农村社会发展水平	农业可持续发展
农业产出水平	1	2	5	4
农业投入水平	1/2	1	5	4
农村社会发展水平	1/4	1/4	2	1
农业可持续发展	1/5	1/5	1	1/2

程序：[a，b} = eig（[1，2，4，5；1/2，1，4，5；1/4，1，2；1/5，1/2，1；] λ = max（diag（b））

在 Matlab 中运行可得出最大特征向量 λ = 4.0884，在计算出最大特征根后，对其进行一致性检验，当 CR = CI/RI < 0.1 时，判断矩阵就有满意的一致性，否则就对判断矩阵进行调整直到满足一致性为止，其中 $CI = \frac{\lambda_{max} - n}{n - 1}$ 对应 1 ~ 6 阶短阵，R1 如表 5 所示。

表 5　矩阵阶数

阶数	RI	阶数	RI
1	0.00	4	0.90
2	0.00	5	1.12
3	0.58	6	1.24

通过计算可知矩阵具有很好的一致性。

（1）确定权重及一致性检验。我们采用规范列平均计算判断矩阵各行各个元素幂的和；将矩阵的各行元素的和进行归一化，则该向量为所求权重向量。求得权向量。同理，我们可以求出指标层的权重及进行一致性检验（见表6）。

表6　现代农业评价指标体系

目标层准则层及权重		指标层	权重	一致性检验
现代农业发展绩效评价	农业产出水平（0.479）	人均可支配收入	0.1114	λ =40458
		劳动生产率	0.1573	CI =0.0153
		土地生产率	0.1331	RI =0.9
		人均 GDP	0.0593	CR =0.017 <0.1
	农业投入水平（0.3378）	劳均机械总动力	0.0514	λ =51641
		有效灌溉率	0.0307	CI =0.041
		单位面积化肥使用量	0.0253	RI =1.12
		农业科技投入占总产出比重	0.1311	CR =0.036 <0.1
		初中以上劳动力文化比重	0.0992	
	农村社会发展水平（0.1121）	农业劳动力非农户比率	0.0747	λ =R，CI =0
		城镇人口比重	0.0374	CR =0 <0.1
	农业可持续发展（0.071）	森林覆盖率	0.0710	

由表6中的一致性判断结果可知，所有矩阵都有很好的一致性。其中CI（总）为总层次总排序一致性指标；RI（总）为层次总排序平均随机一致性指标；CR（总）为层次总排序平均一致性比例，计算过程如下：

$$CI(总) = \sum_{i=1}^{m} w_i CI_i = 0.479 \times 0.0153 + 0.3378 \times 0.041 + 0.1121 \times 0.071 \times 0 = 0.0211785$$

$$RI(总) = \sum_{i=1}^{m} w_i RI_i = 0.479 \times 0.9 + 0.3378 \times 1.12 + 0.1121 \times 0.071 \times 0 = 0.809436$$

$$CR（总）= \frac{CI_{总}}{RI_{总}} = \frac{0.211785}{0.809436} = 0.0261645 < 0.1$$

由于该指标体系具有很好的一致性，保持了指标相对独立性，因此利用该指标体系评测垦区现代农业水平是可行的。

（2）计算各个指标的达标率。对于正向指标，其达标率为 $Y_i = \frac{X_i}{X_{i0}}$，对于逆向指标，其达标率为 $Y_i=\frac{X_i}{X_0}\times100\%$，$Z_i=\frac{\sum Y_i}{\sum W_i}\times W_i$，其中：$Y_i$ 代表第 i 个二级指标的达标率，X_i 代表第 i 个非二级指标的实际值，X_{i0} 代表第 i 个二级指标的标准值，Z_i 代表第 i 个一级指标的达标率，W_i 代表第 i 个二级指标的权重。

（3）计算各个指标的得分值。各个指标得分实际实行封顶计算，指标值大于标准值时，只按标准值计算。

$\left(逆向指标为\ H_i=\frac{X_i}{X_{i0}}\right)$

各个指标加总即得到现代农业发展的综合分数。

（三）石河子垦区现代农业发展水平评价

根据上面建立的评价体系，对石河子垦区现代化农业的发展绩效进行测算，并与兵团的发展绩敢进行对比（见表 7）。

表 7　石河子垦区现代化农业的发展绩效测算结果

指标名称	权重	标准值	实际值		得分	
			石河子	兵团	石河子	兵团
A 农业投入水平	33.78					
劳均农机总动力（kW）	5.14	4	2.32	2.80	2.98	3.60
有效灌溉率（%）	3.07	90	99.40	95.40	3.07	3.07
单位面积化肥施用量（kg）	2.53	365	78.60	95.60	0.54	0.66
农业科技投入占农业总产出（%）	13.11	5	0.60	0.52	1.57	1.36
初中以上劳动力文化（%）	9.92	90	81.50	59.70	8.98	6.58
B 农业产出水平						
人均可支配收入（元）	11.14	13000	1019	8827	7.70	7.56
劳动生产率（万元）	17.53	1.80	2.60	2.90	17.53	17.53
土地生产率（万元）	13.31	4.00	1.90	3.05	8.43	10.15
人均 GDP（万元）	5.93	2.83	2.50	2.30	5.24	4.82
C 农村社会发展水平	11.21					
农场劳动力非农化水平（%）	7.47	95	75.80	52.80	5.96	4.15
城镇人口比重（%）	3.74	75	59.30	49.10	2.59	2.45
D 农业可持续发展	7.10					
森林覆盖率（%）	7.10	50	35.00	18.50	4.97	2.63
现代农业综合分数					69.17	64.56

总体来看，石河子垦区现代农业综合得分为69.17，兵团现代农业的得分为64.56，略高于兵团现代农业的整体发展水平。说明石河子垦区在现代农业的道路上走在了兵团的前列。从现代农业发展的四个构成要素来看，石河子垦区和兵团现代农业的投入达标率为73%和70%。其中，劳均农机总动力达标率分别为58%和70%；有效灌溉率的达标率都为100%；单位面积化肥施用量的达标率为22%和26%；农业科技投入占农业总产出比重的达标率为12%和10%；农村劳动力初中以上文化程度比重的达标率为91%和66%。石河子和兵团的农业产出水平的达标率为80%和84%。其中，劳均人均可支配收入达标率为66%和68%；劳动生产率达标率都为100%；土地生产率达标率为48%和76%；人均GDP达标率为88%和81%。石河子和兵团的农村社会发展水平达标率为76%和59%。其中，石河子和兵团的农场劳动力非农化水平的达标率为80%和56%；城镇人口比重的达标率为69%和65%。石河子和兵团的森林覆盖率分别为70%和37%。

表8　兵团和石河子现代农业发展达标情况

指标名称	达标率	
	石河子	兵团
A农业投入	0.73	0.70
劳均农机总动力	0.58	0.70
有效灌溉率	1.00	1.00
单位面积化肥施用量	0.22	0.26
农业科技投入占农业总产出比重	0.12	0.10
农村劳动力初中以上文化比重	0.91	0.66
B农业产出水平	0.80	0.84
人均可支配收入	0.66	0.68
劳动生产率	1.00	1.00
土地生产率	0.48	0.76
人均GDP	0.88	0.81
C农村社会发展水平	48.3	35.8
农场劳动力非农化水平	0.80	0.56
城镇人口比重	0.69	0.65
D农业可持续发展	0.70	0.37
森林覆盖率	0.70	0.37

从以上分析可以看出，石河子垦区的现代化指标如农业科技投入占农业总产

出比重、农村劳动力初中以上文化程度比重、人均 GDP、农场劳动力非农化水平、城镇人口比重和森林覆盖率都高于兵团的平均水平，而在劳均农机总动力、单位面积化肥施用量、劳均人均可支配收入投入和土地生产率却低于兵团的平均水平。为此，就需要在这些方面加大人力和物力的投入，实现快速地发展。

四、石河子垦区现代农业经营模式的构建

科学发展观是垦区团场改革的基本指导思想，以“三个有利于”为标准，落实中央提出的“五个统筹”、“五个坚持”的要求，进一步解放思想，建立起具有垦区特点、适应社会主义市场经济要求的团场管理体制和运行机制，加快推进现代农业，为全面建设垦区小康社会，更好地履行屯垦戍边历史使命奠定坚实的基础。指导思想是：以壮大团场，实现职工富裕为工作目标，在经济上进一步扩大职工生产经营自主权，充分调动职工群众的主动性、积极性和创造性。坚持生产关系一定要适应生产力发展水平、上层建筑适应经济基础的基本原则不变，在保持兵团性质和任务不变的前提下，逐步建立健全能够充分发挥兵团组织优势、集团优势、技术优势的农业生产组织模式。在经营中充分发挥和利用团场的经营决策和管理职能。

（一）政策依据

当前兵团农牧团场通过“1 +3”文件，逐渐确立了团场职工生产经营的主体地位，改变了以前的“统有余，分不足”现状，但解决不了单个职工生产和大市场无法对接的问题，表现为团场由于失去对职工生产经营的干预权也失去了相应的经济利益，对农业科技、基础设施的管理和投入缺乏积极性。为此，在当前团场章程的约束范围内，设计出既能避免农户的“小生产与大市场”的问题，又能很好激发团场参与到管理农业生产的制度，进而使团场和职工的利益实现很好的协调。依据《新疆生产建设兵团团场章程》第二十五条规定，可以考虑充分发挥团场的企业性质，以团为单位构成一个农业企业，团场职工为企业职工，团场为农业生产经营决策主体，而职工为农业的生产主体。团场作为经营主体可以解决大市场和小农户的对接问题，职工作为生产主体，不仅可以调动其生产的积极性，还可以最大化地减小农业生产中的监督成本。两者之间的利益分配机制，可以参照公司的分配模式，对职工来说，按劳分配和按要素分配相结合，而团场作为经营主体，按照经营情况分享成果，如果团场亏损，则团场分享不到任

何利益，如果团场盈利，则按照合理的比例分享成果，通过这种方式，实现两者利益的协调，也实现了兵团特殊体制和市场经济的对接[5]。

（二）兵团双层经营体制创新的原则

加快兵团双层经营体制创新应当坚持以下原则：

（1）坚持兼顾两个经营主体利益的原则。从物权法来看，承包职工的经营权与团场经营权处于同等地位，当这两个经营权出现“矛盾”或“摩擦”时，就要寻找结合点，使两个利益关系处于动态平衡。实行双层经营，必须兼顾团场和职工两个经营主体的基本利益。

（2）坚持各项费用自理、“两费分离”的原则。坚持费用自理是落实团场基本经营制度的最根本要求。团场以往的改革经验和严酷教训充分证明：只有实行费用自理，才能增强职工责任心，实现职工“要我种地”向“我要种地”的思想转变，才能真正确立两个经营主体关系，减轻团场资金压力，改变“团场出钱、职工种田、负盈不负亏”的现象。

（三）现代农业经营模式的构建

石河子垦区现代农业的经营模式可以概括为：在目前团场这种统分结合双层的经营体制下，为了激发职工的生产积极性，提高生产效率，逐步确立团场职工为生产主体的基本制度，提高职工农业生产的组织化程度，应逐步确立团场经营主体的地位；通过生产与经营的分离，实质上形成了以团为单位的农业企业、团场职工为公司员工的经营模式。

模式的核心是职工和团场的利益分配问题，需要在分配环节实行农产品营销合作制。团场以内部价格收购农产品，年终再将超过经营成本的收益作为“利润”，按职工的交易量返还。这样不仅使职工家庭和团场的利益更为一致，克服了职工家庭经营规模和营销半径小、面临大市场冲击大的问题，还可以发挥团场规模经营优势，提升市场竞争力，实现职工家庭和团场利益有效连接，增强团场的经济实力。还要防止团场“统一经营”积极性下降。由于没有利益驱动，科技、管理等服务的积极性将会下降，解决这个问题可以向职工家庭收取一定的科技、管理等服务费，提高其经营的积极性。

构建和推广农业公司化经营新模式，通过“大公司带动、基层组织示范推广”的模式，集中建设一批农业经营公司，把适宜统一集中管理的产业率先整合；整合条件不成熟的产业，可以尝试先组建农业基层合作经营组织，实现经营风险由集体承担，生产风险由职工承担的风险分担机制。最终实现团场的经营职能由公司负责，社会职能由团场负责的基层组织构架，实现农业专业化、规模化、标准化、集约化生产。

五、石河子垦区现代农业经营模式实现的保障措施

（一）提高石河子垦区现代农业的科技水平

从石河子垦区现代农业的发展来看，农业生产环节的科学技术水平已经走在了兵团和全国的前列。但在农产品的育种、加工、储藏等环节还存在着技术水平不高的问题，使垦区优质农产品的优势得不到很好的发挥，并影响了垦区农产品整体市场竞争力的发挥。具体要做好以下几个方面的工作：①政府必须较大幅度地增加对涉农龙头企业的投入，对符合条件的龙头企业的技改贷款，可给予财政贴息。②对企业为农户提供培训、营销的服务，可给予财政补助，以资鼓励。③团场还可以积极发挥农业科技示范场、科技园区，完善团场投资环境，吸纳更多的优秀农机企业到团场投资发展，形成以企业为主体，团场为辅助、职工为中心的科技推广体系。④应加大团场高技术人才引进的力度，加大对职工生产技术的培训力度，提高团场职工的技术水平。

（二）大力发展现代农产品加工业

大力发展农产品加工业是提高兵团农业综合效益、实现兵团经济发展的最有效的措施之一，也是衡量当前现代农业发展水平的一个重要标志。要大力发展石河子垦区农产品的加工业。在团场能力范围内，团场通过引进技术人才和设备，发展小型的农产加工业。通过兵团统一协调和规划，建立若干大型的农产品加工企业，提高兵团农产品的加工水平。

（三）提高农业生产的产业化水平

石河子垦区作为兵团乃至新疆农业的典范，在生产领域已经取得了很好的成绩，但在加工和销售领域比较落后。必须在农产品加工和销售环节下功夫：①加大对垦区优质农产品的宣传，诚招大型农产品加工和销售企业投资，并从资金和政策给予支持。②大力扶持和发展中小型的本地农产品加工和销售企业。③完善地区的基础设施建设，从物流、交通和信息等方面建设适合产业化发展的政策和经济环境。④增加对农产品育种、培育和加工等方面的研究投入，提高农产品的品质。通过农业生产的产业化来带动现代农业生产的组织化，促进企业、团场和

职工的良性互动，实现三者的共赢。

（四）提高现代农业的商品化程度

（1）实施品牌战略。品牌竞争力则来自品牌资源优势，必须转变传统的思想观念，正确认识品牌。垦区很多农业产业化龙头企业在打造品牌过程中存在着“名牌即品牌”的认识误区。而从目前品牌衡量的维度来看，品牌知名度只是品牌资产五维度之中的一个。在实际购买中，真正影响消费者品牌购买意图的是品牌形象和品牌忠诚度。在品牌建设和规划中，不仅要关注品牌知名度的提升，更重要的是不断塑造和培育品牌美誉度，这应该是石河子垦区农业企业品牌建设的一个主要方向。

（2）发展订单农业。订单农业在石河子垦区农业中发挥的作用越来越重要，促进了先进技术的推广，提高了农业生产的组织化程度。①必须把加强龙头企业建设作为订单农业关键点和突破点来抓。通过所有制改造，强化经营管理，加强技术改造，把龙头企业建设成为管理先进、技术雄厚的现代农业企业，使其充分发挥加工龙头、市场中介、服务中心的重要作用。②垦区应进一步发展一批优质的农产品生产基地，始终把提高农产品质量放在首位，形成相对集中的、具有较大规模、较强竞争力的农产品生产基地。通过对科技人员和职工的教育和培训，培养一支高素质人才队伍，依靠人才科技保质量，依靠质量赢得订单农业的良性发展。

参考文献

［1］卢全晟，张晓莉，于鸿君．兵团农地制度变迁历程研究［J］．农业经济，2010（8）：56－58.

［2］刘俊浩．新疆兵团农业经济体制改革回顾与展望［J］．石河子大学学报，2008，22（6）：10－13.

［3］王力．兵团农牧团场收入分配制度研究［M］．北京：经济管理出版社，2011：103－116.

［4］汪海霞，王力．新疆建设兵团农牧团场收入分配制度变迁分析［J］．安徽农业科学，2009，37（3）：1331－1334.

［5］金勇钢．新时期兵团屯垦与戍边关系问题研究［J］．新疆农垦经济，2010（9）：1－4.

（本文发表于《农业现代化研究》2013 年第 1 期）

附录 7

我国棉花市场蛛网效应影响分析及对策研究

王　力　贾娟琪　汪海霞

（石河子大学经济与管理学院/石河子大学棉花经济研究中心，
新疆　石河子　832000）

摘　要：通过对 1990～2012 年我国棉花生产相关数据实证分析，得出我国棉花的供给价格弹性和需求价格弹性，从而证明棉花价格的波动可以用发散的蛛网模型来表示，最后提出改变或减小这种波动的对策，为稳定我国的棉花生产提出建议。

关键词：蛛网模型；棉花；市场波动；价格弹性

中图分类号：F326.12　**文献标志码**：A　**文章编号**：1000－632X（2013）02－0003－07

一、当前我国棉花产业的发展趋势及机理

棉花是我国农业生产中产业链最长的经济作物，也是关系国计民生的战略物资，棉花的生产不仅直接关系到棉农的经济利益，还影响到整个棉花产业链下游的一系列行业的经济运行。从近两年的情况看，棉花产业已遇到前所未有的困境，一方面大部分棉花为国储收购，同时进口棉花仅 2012 年上半年就超过 350 万吨，几乎占我国棉花总产的一半，出现了高库存和高进口的怪现象，加工企业几乎不愿使用国产棉花，棉花产业危机重重。究其原因：一是植棉成本不断攀升；二是国际棉花市场的冲击；三是新疆（兵团）机采棉品质不高；四是棉花产业链管理体制机制创新滞后。纵观我国棉花生产的历史，其波动十分显著，尤其是改革开放以后，供不应求与供过于求的市场不均衡状况反复出现，使我国的棉花生产陷入“短缺”与“过剩”的剧烈变化的循环波动中，这不仅影响了棉花生产者的决策行为，也影响了相关消费者，尤其是纺织企业的经济利益，更对

国民经济的稳定发展极为不利。

由经济学原理可知，低质量的农产品的发散型蛛网模型的特征越来越明显，蛛网模型（Cobweb model）运用弹性原理，引进时间变化的因素，考察不同时期的需求量、供给量和价格之间的相互作用，用动态分析的方法论述生产周期长的商品的产量和价格在偏离均衡状态后的实际波动过程和结果。当供给弹性高于需求弹性时其未来的价格走势会走向发散（见图1），此模型用来解释和分析当前我国棉花价格波动十分有效。

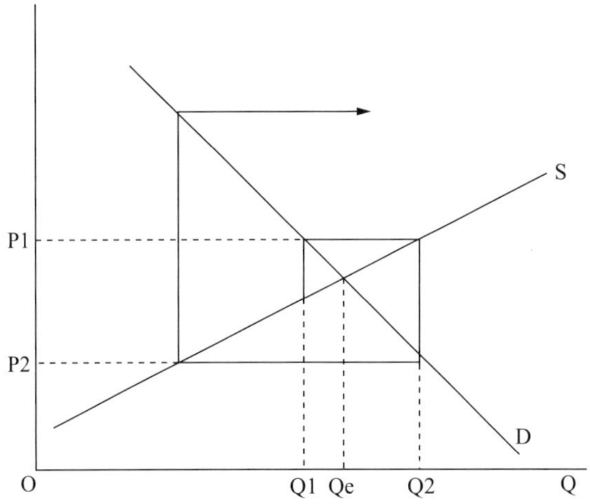

图1　发散型蛛网模型的价格波动

注：P表示棉花价格，Q表示棉花产量，直线S表示棉花的供给曲线，D表示棉花需求曲线。

当前我国棉花种植和加工基本上属于一种完全竞争市场，由于其低门槛，几乎所有人可以自由进入或退出这一行业，导致我国棉花生产最显著的特征是小而散，棉花的等级越来越低，无论是棉花生产还是流通，都没有品牌和品质的保证，整个产业链上的各个环节处于一种无序竞争的状态。而且由于近年来棉花的种植成本快速增长，考虑到棉花种植的经济效益，越来越多的棉农退出棉花种植，改种其他经济效益更好、市场更稳定的作物，这也是导致我国棉花生产波动的一个重要原因。

二、我国棉花价格波动的发散型蛛网效应的影响分析

棉花市场研究主要侧重点是影响棉花供需的价格弹性估计。世界银行的Jonathan Coleman 和 M. Elton Thigpen 对棉花市场的研究比较系统、全面。他们对1970～1990 年的世界主要产棉国的供给的价格弹性，需求的自身价格弹性、交叉价格弹性和收入弹性需求分别利用半对数回归方程形式进行了估计，具有重大参考价值[1]。但此项研究结果已有20 年，影响棉花供需的部分弹性系数可能已发生了变化，研究结果与当前棉花价格实际将会存在一定差距。Cheng Fang、Hunter Colby 和 Bruce Babcock[2]对中国棉花需求的价格弹性、收入弹性进行了估计。其他研究主要是对棉花供需及价格的面上情况分析，一般不进行计量经济分析，如美国农业部、国际棉花咨询委员会、《棉花展望》杂志等都定期发布对棉花市场走势的分析报告，分析供求形势和市场价格走势。

（一）我国棉花生产的供给弹性测算

改革开放以后，家庭承包责任制的实行赋予了农民生产决策上很大的自由，作为理性的经济人，棉农也是以追求利益最大化为目的的。在条件允许的情况下，农民会通过对比选种预期经济效益最好的作物。如果棉农在种棉花当年发现收益不好，或者对未来的市场预期不太好，下一年就会选种其他作物，而减少棉花的种植，毕竟棉花种植不像林果业有较大的固定成本的投入，棉农能很快进入或退出这个市场，这样就会造成棉花市场的波动。

影响棉农种植意向的主要因素是棉花的市场价格，除此之外还有棉花的种植成本。而就我国目前的现状而言，农民获得信息的渠道有限，其种植行为很大程度上依据上一年的价格和种植成本。因此，本文提出假设：棉花的种植面积是上一年棉花的价格和上一年棉花种植成本的函数[3]：

$$S_t = aP_{t-1}^{a_1}C_{t-1}^{a_2}S_{t-1}^{a_3}$$

对函数两边取对数得：

$$\ln S_t = a_0 + a_1\ln P_{t-1} + a_2\ln C_{t-1} + a_3\ln S_{t-1}$$

其中，S_t 表示当期的种植面积，P_{t-1} 表示上一年的棉花价格，C_{t-1} 表示上一年棉花的种植成本。

先用ADF 法（Augmented Dickey－Fuller，增项DF）检验变量的平稳性。用Eviews 的Unit Root Test 方法，分别对国内棉价（P）、棉花种植面积（S）、棉花

生产成本（C）、棉花产量（Q）进行检验，数据如表 1 所示。

表 1　1991～2012 年我国棉花生产的相关数据

年份	国内棉价（元·t^{-1}）	国内棉花产量（万 t）	国内棉花生产成本（元·hm^{-2}）	国内棉花种植面积 万 hm^2
1991	14272.66	567.50	3956.10	653.9
1992	10863.75	450.85	4700.85	683.5
1993	9934.04	374.00	5718.75	495.8
1994	12155.00	434.00	6598.05	552.8
1995	17100.00	476.76	8034.30	542.2
1996	16420.00	420.34	8803.95	472.2
1997	16074.00	460.26	11307.15	449.1
1998	12020.00	450.10	13764.00	445.9
1999	10842.00	383.00	10957.05	372.6
2000	12248.00	441.68	9170.55	404.1
2001	8638.00	531.48	9050.25	481.0
2002	12008.00	491.70	8573.70	418.4
2003	16419.00	485.90	9344.25	511.1
2004	11280.00	632.30	14482.05	569.3
2005	14168.00	571.27	9620.85	560.2
2006	14024.20	749.79	12086.40	581.6
2007	13705.91	789.00	13535.40	592.6
2008	12334.54	799.12	14314.20	575.4
2009	15905.98	675.70	14411.25	495.2
2010	26330.29	623.10	18540.00	484.0
2011	19801.07	754.80	21665.84	558.4
2012	19321.68	685.70	20102.92	536.1

资料来源：《中国统计年鉴》、中国棉花网。

进行一阶平稳性检验，结果如表 2 所示。

表 2　ADF 检验结果

变量	ADF 检值	1% 临界值	5% 临界值	10% 临界值	结论
D（P，1）	-4.407005	-4.532598	-3.673616	-3.277364	平稳
D（S，1）	-4.693166	2.692358	-1.960171	-1.607051	平稳
D（C，1）	-3.149857	2.692358	-1.960171	-1.607051	平稳
D（Q，1）	-4.288463	2.692358	-1.960171	-1.607051	平稳

对以上函数用 OLS 进行估计后结果如下：

$\ln S_t = 6.47 + 0.25\ln P_{t-1} - 0.27\ln C_{t-1} + 0.47\ln Q_{t-1}$ （1）

$R^2 = 0.60$，$F = 8.63$，D. W. = 1.51。

模型中有 3 个解释变量，有 22 个样本数据，则 k = 3，n = 22。在显著性水平 $\alpha = 0.05$ 的条件下，分别查 t 分布临界值表、F 分布临界值表，得 $t_{a/2}$ （n - k - 1） = 2.101，$F_{0.05}$ （3，18） = 3.16，$F = 8.63 > F_{0.05}$ （3，18），结合参数检验结果（见表 3），表明该方程通过显著性检验，拟合程度好。

表 3　植棉面积估计模型参数检验结果

变量	C	$\ln P_{t-1}$	$\ln C_{t-1}$	$\ln Q_{t-1}$
t 值	7.19	2.16	-4.12	4.14
P 值	0.0000	0.0007	0.0004	0.0000

以上方程反映了棉花价格和成本的变化对下一年棉花播种面积的影响，也验证了我们的假设。从式（1）可以看出，上一年棉花价格对本年的播种面积的弹性为 0.25，即当棉花的种植成本不变时，如果棉花价格上涨 1%，则来年棉花的播种面积会增加 0.25%。这个系数并没有预想的那么大。笔者认为这主要跟占我国棉花种植面积半壁江山的新疆尤其是新疆兵团的一些政策有关，而且考虑到新疆可替代的其他作物的种类较少，因此新疆的棉花种植面积基本是保持不变的，这就影响了我国整体的棉花生产波动的趋势。除了棉花价格影响播种面积外，上一年棉花的产量对下一年的种植面积有很大的影响，棉花的种植成本也会影响播种面积。$\ln S_{t-1}$ 的系数可以计算出滞后期为 1，而在模型回归时价格和成本已经取了滞后 1 期的数值；因此，棉农对棉花播种面积的决断是根据前 2 年的价格和成本。

（二）我国棉花需求价格弹性的测算

影响棉花需求变化的因素主要有棉花的价格、居民收入和棉花相关商品的价格[4]，这里主要用化学纤维的价格来代替，用以上几个变量构建如下的棉花需求函数模型：$\ln Q = a_0 + a_1\ln P + a_2\ln I + a_3\ln Pc$，其中 Q 表示棉花的国内需求量、P 表示棉花的价格、I 表示城镇居民收入、Pc 表示化学纤维的价格。

根据表 4 数据，对以上函数用 OLS 进行估计后结果如下：

$\ln Q = 4.52 - 0.21\ln P + 0.47\ln I + 0.04\ln Pc$ （2）

$R^2 = 0.67$，$F = 11.54$，D. W. = 1.33

模型中有 3 个解释变量，有 20 个样本数据，则 k = 3，n = 21。在显著性水平 α

=0.05 的条件下，分别查 t 分布临界值表、F 分布临界值表，得 $t_{a/2}$（n－k－1）=2.11，$F_{0.05}$（3，17）=3.20，F=11.54＞$F_{0.05}$（3，17），结合参数检验结果（见表5），表明该方程通过显著性检验，拟合程度好。

表4　1991～2011 年我国棉花需求相关的数据

年份	国内棉花需求量（万 t）	国内棉价（元・t^{-1}）	城镇居民人均收入（元）	国内化纤价格（元・t^{-1}）
1991	421.69	14272.66	1700.60	6000.00
1992	492.77	10863.75	2026.60	7500.00
1993	499.21	9934.04	2577.40	10856.00
1994	441.99	12155.00	3496.20	11800.00
1995	404.50	17100.00	4283.00	19000.00
1996	412.34	16420.00	4838.90	12000.00
1997	389.42	16074.00	5160.30	8685.00
1998	387.41	12020.00	5425.10	7646.00
1999	460.39	10842.00	5854.02	7479.00
2000	518.75	12248.00	6280.00	8826.00
2001	582.26	8638.00	6859.60	9600.00
2002	659.84	12008.00	7702.80	9480.00
2003	674.25	16419.00	8472.20	10770.00
2004	871.54	11280.00	9421.60	11880.00
2005	1032.01	14168.00	10493.00	12000.00
2006	1166.66	14024.20	11759.50	11580.00
2007	1111.56	13705.91	13785.80	11900.00
2008	989.56	12334.54	15780.76	8190.00
2009	1041.10	15905.98	17174.65	9570.00
2010	926.00	26330.29	19109.00	14640.00
2011	802.20	19801.07	21810.00	13175.00

资料来源：《中国统计年鉴》、中国棉花网。

表5　我国棉花需求估计模型参数检验结果

变量	C	lnP	lnI	lnPc
t 值	2.38	－2.39	5.48	2.19
P 值	0.0000	0.0000	0.0000	0.0002

上述回归方程反映了棉花的价格、居民收入以及化纤价格对棉花需求的影响。从回归函数可以看出，棉花的价格对棉花需求的影响弹性为 -0.21，即当居民收入和其他商品的价格不变时，当棉花的价格上涨 1%，棉花的需求量会减少 0.21%；同理，当棉花价格和其他相关商品的价格不变时，居民收入增加 1%，会使棉花的需求量增加 0.47%。

（三）我国棉花市场波动的结论分析

通过以上对我国棉花的生产函数和需求函数的回归可以看出，我国的棉花生产与棉花价格具有密切关系。我国棉花供给的价格弹性为0.25，虽然价格弹性数值并不大，但是由于是对上期价格的反映，因此将导致明显的滞后效应，即上期价格上涨导致本期生产扩大；本期生产扩大后，供给增加，本期价格很可能将下降；本期价格下降后，又导致来年的生产减少，供给下降，从而造成棉花生产和价格上下波动。我国棉花需求的价格弹性为 -0.21，因此，供给价格弹性和需求价格弹性的比值 0.25/0.21 >1，即棉花供给曲线的斜率的绝对值大于棉花需求曲线斜率的绝对值，从而可以得出我国棉花生产属于发散型蛛网模型（见图 1）。在保持目前这种供给弹性和需求弹性不变的情况下，棉花价格的波动会越来越明显，而且每年生产的不稳定性也越来越大，这会给我国的棉花市场带来严重的打击。

三、影响棉花弹性的主要因素分析

农民在信息不完全的情况下，棉花种植会产生如上的成本和价格的波动，造成整个棉花生产的不稳定，如果这种情况一直持续下去就会损害棉农和消费者的利益。国家在棉花生产处于失衡状态的时候除了积极主动实施国家收购或者调整农产品收储价格等手段来调节市场供求关系[5]、稳定价格外，还应该从本质上寻求棉花生产波动的原因，进而稳定整个棉花产业链的发展。

（一）棉花种植成本的迅速增加

笔者从棉花种植成本的角度总结出棉花种植区域变化的一个特点——棉花漂移，即棉花的种植从劳动力成本高的地区向劳动力成本低的地区转移。对我国棉花种植而言，最早棉花的种植主要集中在长江中下游，但改革开放以后，随着长江中下游经济的快速发展使劳动力成本大幅度提高，棉花种植开始向黄河中下游转移，进而再转移到劳动力成本更低的西北地区，主要是我国新疆地区。但是，从最近几年的情况来看，新疆棉花生产的劳动力成本也在快速上升。所以，笔者认为，如果按照这种成本增长速度，我国新疆的植棉面积很快也会减少，而棉花生产将转移到劳动力成本更低的中亚国家或者是印度。如果按照这种趋势发展，则我国棉花产业安全将会受到严重的威胁，对整个国家的战略安全极为不利。

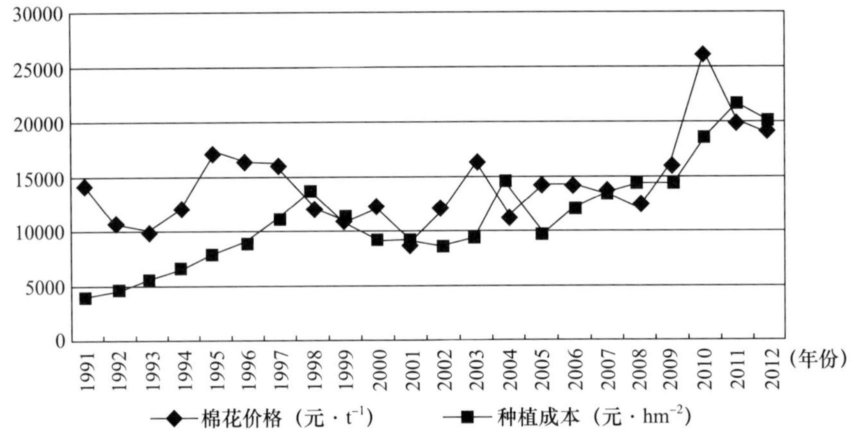

图2　棉花生产成本和价格的波动

资料来源：《中国统计年鉴》、中国棉花网。

由图2可以看出，我国棉花的生产成本不断上升，尤其是近几年来，随着各种投入要素价格的上涨，特别是劳动力成本的大幅度提高，棉花的种植成本增长迅速。这导致棉花种植的利润空间减小，使棉农的经济收益大大降低，从而影响他们的植棉积极性，直接造成棉花生产的波动。而且，由于我国各地特殊的地理和气候条件，各地在农业上投入的成本也不尽相同，对不同地区可以按照其不同特点采取相应的措施。

从表6可以看出，无论我国的哪个棉区种植成本都是增加的，其中物化成本的增加较慢，这与国家对生产资料的调控和补贴政策有关；而上升最快的是人工成本，尤其是在我国经济较为发达的长江流域棉区，人工成本达到了每公顷15000元以上，这对棉农植棉收益的影响很大，也是我国长江流域棉花种植面积快速减少的重要原因之一。对于新疆棉区来说，由于机械化作业的推广，一部分成本已转移到机械动力以及与其配套的地膜、灌溉等方面。整体来说，植棉成本较高是我国棉花生产的主要制约因素[6]。

表6　不同棉区生产成本的构成　　　　单位：元·hm^{-2}

种植成本构成	长江流域棉区		黄河流域棉区		新疆棉区	
	2010 年	2011 年	2010 年	2011 年	2010 年	2011 年
物质成本	13803.75	11170.35	12395.25	12426.75	14017.50	16897.50
基本费用	4677.75	3700.65	4387.50	5116.50	3741.75	4261.50
翻地、运输等费用	247.50	983.40	580.50	936.00	1230.75	1701.00
水费	1190.25	306.15	868.50	517.50	1350.00	1552.50
种子、种苗费	744.75	745.65	582.75	582.75	562.50	598.50
肥料费	3656.25	4414.20	2632.50	2803.50	3456.00	4074.75
地膜费	227.25	268.35	468.00	447.75	1620.00	1946.25
生长调剂费	114.75	132.75	132.75	157.50	157.50	168.75
病虫草防治费用	1248.75	1406.70	1174.50	1257.75	612.00	652.50
保险费	112.50	96.90	157.50	99.00	209.25	294.75
贷款利息平摊	960.75	0.00	549.00	969.75	504.00	612.00
其他	621.00	421.20	859.50	733.50	576.00	1577.25
人工成本	13959.00	17360.70	9024.75	10908.00	9751.50	10964.25
总成本	27762.75	28531.05	21420.00	23334.75	23769.00	27859.50

注：数据来源于中国棉花经济信息系统。

（二）棉花落后的生产经营体制和产业的低门槛

从发散的蛛网模型可以看出，引起价格波动的主要原因是棉花的供给价格弹性大于需求价格弹性，这主要归因于我国棉花落后的生产经营体制和棉花产业的低门槛[7]。家庭承包责任制下，我国棉花生产过于分散化、组织化程度低，棉农的思想意识以及技术水平等都相对落后。在农业现代企业制度缺失的情况下，无论是涉农企业还是农民本身，在市场竞争中都处于尴尬的地位，而只有当供给价格弹性和需求价格弹性越接近的时候，价格的波动就越小。因此，可以考虑从改变供给和需求的价格弹性（减小供给价格弹性，增加需求价格弹性）着手来减小棉花价格的波动。

（三）计划和市场并存的棉花流通体制

除了上述生产领域的原因以外，我国现行的双轨制的棉花流通体制也是影响我国棉花市场波动的重要原因。自 1999 年我国棉花流通体制改革以后，我国棉花市场实行市场化体制，在自由竞争的前提下通过国储调节市场，出现了我国特有的计划和市场并存的棉花流通体制[8]。这种特殊的流通体制导致了我国特殊的棉花流通市场——完全竞争和寡头垄断并存，在市场化的流通环境中，存在大量规模小、生产水平低的小型轧花厂，这种低效率的市场结构造成我国棉花流通市场的无序竞争、生产能力过剩以及棉花品质下降等问题。

（四）国际棉花对我国棉花市场的冲击

由于美国政府对棉花的高补贴，美国的棉花到岸价格比我国棉花的生产成本还低，导致我国棉花缺乏竞争力；同时，印度和巴基斯坦依靠其廉价劳动力优势生产的低成本棉花，对我国棉花构成一定的威胁。加之我国棉花的品质没有进口棉花高，因此，国内棉花企业更加愿意购买进口棉花。这就造成我国棉花库存量和进口量双双增高的现状，给我国的棉花需求市场带来很大的压力。目前我国的棉花需求市场受原材料和成品库存双重积压的影响，部分纺织厂开始卖棉，同时采取多种手段努力减少棉纱库存，但成交仍不乐观，导致企业停产、限产、转产现象继续存在。棉花产能过剩、需求逐渐疲软也是导致我国棉花价格波动的一个主要原因[9]。

四、减小我国棉花生产波动的对策

从以上实证分析可以看出，我国棉花生产者的生产决策行为受到前 2 年棉花的市场价格和生产成本的影响，并且根据价格和成本的变动对生产的规模做出较大的反应和调整。因此，可以考虑从以下几方面来稳定我国棉花生产。

（一）探索棉花生产体制机制改革，推广公司化经营，推进农业现代化水平

我国棉花在国际市场上难以有发言权的根本原因在于落后的家庭经营模式难以与美国发达的公司化经营模式相抗衡。事实证明规模化的家庭经营仍然难以适应全球化的市场竞争，难以承载农业现代化的任务，更难以确保棉花产业的安全。因此，积极探索符合农业现代化的农业经营组织形式十分必要。提高我国棉花竞争力的核心在于转变棉花生产的组织形式，推进农业现代化水平，降低棉花生产成本。棉花公司化经营要把棉花生产纳入企业范畴，逐步实现目前棉花生产由一家一户的家庭经营向公司经营方式转变，提高棉花生产机械化水平，实现棉花增产、农民增收和产业稳定。

（二）大力推广棉花机械化采收，降低棉花生产成本

从上述的实证结果可以看出，我国棉花种植成本的大幅度上升是造成我国棉花市场不稳定的重要原因之一。为了稳定我国棉花生产，在稳定棉花价格的同时

更要考虑降低植棉成本。从棉花种植成本的构成来看，上升最快的是人工成本，降低人工成本最好的办法就是用机械化代替人工劳动。对于棉花来说，机械化作业主要是机采棉的投入使用，尤其是在新疆这种有种植规模和地理优势的地区，机采棉的使用可以大大降低劳动力成本，提高棉花生产全程机械化和标准化种植的程度；而且还可以使多余的劳动力转移，创造更多的价值。此外，机采棉能缓解季节性劳动力紧缺的矛盾，而这恰是劳动力成本增加的一个重要原因。但是目前机采棉也存在一些问题，如棉花的品质和品级较低、相关的配套技术不完善等，最终导致机采棉的销售困难。还有机采棉技术的资金投入很大，我国缺少强有力的相关政策支持和补贴。

从表6可以看出，除了人工成本以外，虽然各种物化成本的变化不是很明显，但是它们还是占到很大的比例，因此，降低物化成本也是降低总成本的重要手段。就我国的现状而言，建立一种补贴棉农的利益机制，分担一部分风险，能够有效地保护棉农的利益，这对于抑制棉花市场波动、促进棉花生产的稳定发展非常必要。

（三）创新棉花产销体制机制，构建合理的竞争市场体制，体现国储的补贴作用

根据我国现行棉花产销体制机制存在的问题，我们认为棉花产销体制机制创新的方向为：短期对国内棉花产业适当地保护扶持，中期主要是降低我国的棉花生产成本，长期来看应在降低生产成本的同时提高我国棉花的品质，形成我国棉花生产的核心竞争力。

一是构建稳定的市场竞争格局。制定相关行政法规来规范棉花流通市场，提高行业准入门槛，淘汰那些小作坊式的企业，鼓励资本雄厚、品牌信用度高、技术先进、管理科学的企业参与竞争，形成一个稳固的棉花生产价值链。二是在棉花收储制度方面，要注重该制度的行业补贴性质，而不是简单成为棉花价值链上的利益重新分配制度。在制定收储价格时，首先要将收储价格与国际市场棉花期货价格、我国棉花生产成本、我国纺织品出口预期挂钩，并设计一种收储价格的计算函数，使收储价格在5~10年内逐步靠近国际市场价格；其次要通过向棉花生产各相关主体宣传收储价格的形成机制，使生产主体形成棉价变动的合理预期，从而推动生产主体通过采用先进技术降低棉花的生产成本，提高我国棉花生产的竞争力。同时在销售国储棉时应注意参照国际市场的棉价，这样才能体现收储制度的补贴作用，但必须加强管理防止价差带来的产品回流问题。

（四）改革当前棉花公检办法，制定机采棉国家标准

机采棉是一项系统的技术革新。由于机采棉在采收和轧花过程中与手采棉存

在很大差异，使得机采棉的纤维特性和外观形态与手采棉均不相同；而国家还没有出台明确的机采棉等级标准，现行普遍的做法是沿用手采棉的标准来确定机采棉的等级，机采棉定级普遍比手采棉低，不利于机采棉的发展。因此，应加紧制定机采皮棉公检和使用标准。这将对纺织企业在原料的选择和配棉的使用上起到积极的指导作用。

参考文献

[1] Coleman J. R. , Thigpen M. E. An econometric model of the world cotton and non – cellulosic fibers markets [R] . Washington, D. C. , USA: World Bank Staff Commodity Working Paper, 1991.

[2] FANG Cheng, Colby Hunter, Babcock Bruce. Inter – fi – ber competition in China [R] . Washington, D. C. , USA: Cotton Economics Research Institute, 1999.

[3] 谭砚文. 中国棉花生产波动研究 [M] . 北京: 中国经济出版社, 2005.

[4] 王兆阳. 棉花价格形成研究——模型构建及模拟预测 [D] . 北京: 中国农业大学, 2002.

[5] 卢锋. 价格干预稳定性绩效——我国棉花行政定价与供求波动关系的研究 [J] . 管理世界, 2000 (6): 136 – 145.

[6] 周曙东. 中国棉花长期波动的规律及深层次原因 [J] . 农业经济问题, 2001 (6): 44 – 48.

[7] 马淑萍. 我国棉花供大于求的原因分析及对策 [J] . 中国棉花, 1999, 26 (1): 2 – 3.

[8] 马凯. 中国棉花体制改革研究 [M] . 北京: 中国物价出版社, 1997.

[9] 杜珉. 近年来中国 BT 棉的发展现状与前景 [C] //新千年世界棉花市场和中国棉花产业展望国际研讨会. 桂林: 全国供销合作总社棉麻局, 农业部农村经济研究中心, 2001.

（本文发表于《中国棉花》2013 年第 2 期）

附录 8

新疆天业公司节水灌溉技术创新能力的分析

汪海霞　郑　倩

（石河子大学经济与管理学院　新疆　石河子　832003）

摘　要： 节水灌溉技术是实现农业灌溉科学化的要求，尤其是对于水资源缺乏的地区而言发展节水灌溉技术是非常重要的。新疆天业节水灌溉股份有限公司一直在节水灌溉技术创新上争当“排头兵”，在创新节水灌溉技术方面取得了极大的发展。对企业技术创新的管理进行系统分析和综合评价，对于企业科学地认识自身的技术创新状态，采取有效的技术创新战略，不断提高自身技术创新水平和能力具有的最佳经济效益和社会效益有着特别重要的理论意义和现实意义。本文结合新疆天业节水灌溉股份有限公司的实际情况，对天业节水灌溉技术创新能力的现状进行科学全面的分析，寻找制约企业技术创新能力的主要原因，并最后根据制约因素寻找提高技术创新能力的有效途径。

关键词： 节水灌溉；技术创新；评价指标

一、引言

新疆干旱少雨，节水是个经济问题，更是涉及农业、农村发展的政治问题。新疆兵团 14 个师 176 个团场，大部分位于沙漠边缘、盐碱腹地，干旱缺水不仅影响和制约兵团农业生产，从某种意义上说，也在影响兵团屯垦戍边事业的发展。经过十多年“大田膜下滴灌”技术的推广应用，新疆生产建设兵团及地方已实施该技术的 2400 万亩耕地连年增产增收。节水、增产的技术效益使新疆成

基金项目： 本文系国家社会科学基金项目（项目编号：11CJL062）“西部民族地区自我发展能力研究”；新疆兵团社会科学基金项目（项目编号：11BTYB13）“兵团农业标准化战略与增强农业竞争力研究”阶段性研究成果。

作者简介： 汪海霞（1975—），女，汉族，安徽怀远人，博士，石河子大学经济与管理学院副教授，硕士生导师，研究方向为农业经济理论与政策。

为世界滴灌面积推广最大的地区之一，并被列为全国节水灌溉示范基地。创新发明膜下滴灌节水技术的新疆兵团第八师控股的新疆天业，以开发和应用推广中国农民“用得起、用得着、用得好”的高效节水技术与产品为宗旨，以建成一套完善的技术创新体系为目标，不断完善“六大工程建设”（研发机构、创新人才、知识产权管理、文化建设、产学研合作工作以及技术创新工程建设），突破一批具有自主知识产权的核心技术，实现节水技术产业化，促进传统农业灌溉方式向现代农业高效节水灌溉方式的革命性转变，引领中国现代节水技术的发展方向。

天业水稻膜下滴灌栽培技术的成功震惊了国内外，引起了国内外专家和学者的关注。评论认为，水稻膜下滴灌栽培技术将对我国干旱半干旱缺水地区水稻高效节水种植起到很好的示范作用，可为我国水稻节水种植提供良好的经验和参考。新疆天业节水灌溉股份有限公司围绕创新工程目标，坚持“自主创新、集成创新、适用先导”的发展战略和“创新立企、人才兴企、发展产业、服务农业”的方针，建成一套完整的技术创新体系，只有建设并不断完善“六大工程建设”，才能为技术创新工程的创新性和可持续发展提供保障。

二、企业技术创新能力的概念界定及构成要素

（一）企业技术创新能力的含义

技术创新能力是一个组合性概念，是指企业从对市场技术需求分析、技术创新构思与技术选择开始，经过研究开发、车间试制、大批量生产到投入市场销售等环节的构成的能力系统，是创新决策能力、R&D 能力、生产制造能力、市场营销能力、组织管理能力之间的耦合状态并由此决定的系统整体功能。

本文认为企业技术创新能力是一种综合能力，是企业结合市场信息，以产品、创新和工艺创新为中心，利用各种创新资源，以满足市场需求，提高企业经济效益，增强企业竞争力的能力为最终目的引进、研究和开发新技术的一系列过程的总称。本文所界定的企业技术创新能力概念，其核心应从以下几方面来分析：首先，技术创新能力主要体现在企业的技术引进、联合开发以及自主研发等能力方面，但其前提是企业要有较强的市场探测能力，即发现市场最迫切需求的产品的能力。其次，企业对其创新资源的整合及其综合利用能力。企业所拥有的创新资源是创新能力的一种潜在形式，其丰富程度从某种意义上决定了企业技术

创新能力的高低。企业如果能够综合运用所拥有的各种创新资源服务于其的技术创新活动，其技术创新能力才能得以提高。反言之，如果创新资源不能得到充分利用或配置不合理，则可能会使企业潜在的资源优势不能转化为现实的产生力。最后，这种能力是基于创新过程的综合能力。它主要体现在，创新过程的各个环节之间的协调程度以及企业对创新资源等要素的整合能力。

（二）技术创新能力构成要素的分析

企业进行技术创新的动力在于技术创新能给企业带来超额利润。企业技术创新是一个起始于科学研究与市场需求交互作用中的创新构思，通过新产品的设计、试制、生产而止于市场销售的一系列活动过程；是一个技术的创造、转换、应用和实现的复杂过程。技术创新过程是一个将知识、技能和物质转化为顾客满意的产品的过程；技术创新过程是知识的产生、创造和应用的进化过程，是信息交流，加工的过程；技术创新过程是关键资源成长的过程，是企业提高技术产品附加价值和增强竞争优势的过程；技术创新过程是创新要素在创新目标下的流动、实现过程。企业在技术创新过程中所投入的技术创新能力（包括创新决策能力、管理能力、市场营销能力、R&D 能力等）才是企业通过技术创新所带来的超额利润的源泉。

因此，企业技术创新能力评价指标的设计，应从企业技术创新的过程来探讨，企业技术创新过程可以分为三个方面：企业创新战略做决策的过程；研究开发的过程；生产和市场营销的过程。这样就体现了三个方面的能力，即创新决策能力、R&D 能力、生产制造能力、市场营销能力。另外在整个技术创新过程中，需要通过组织管理来实现，就需要组织管理能力（见图 1）。所以从这个角度来看，技术创新能力的要素就包括创新决策能力、R&D 能力、生产制造能力、市场营销能力、组织管理能力五个方面。

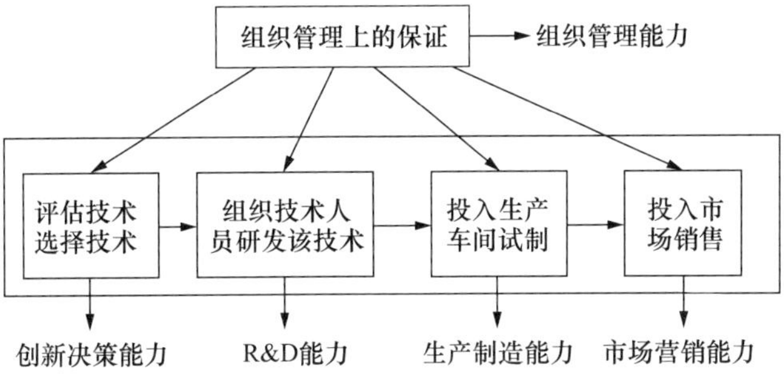

图 1　技术创新过程体现的技术创新能力结构

三、天业节水灌溉技术创新能力现状分析

（一）天业节水灌溉技术概况

天业节水成立于1999年12月，2006年2月在香港联合交易所上市，注册资本金5.2亿元人民币。2008年被批准为全国第二批创新型试点企业，天业节水位于新疆石河子市开发区，是目前国内规模最大、技术领先的节水灌溉企业，销售网络遍及新疆南北广大地区及15个内地省市区，并在中亚和南非等八国得到应用。天业首创的膜下滴灌技术，实现了中国和世界农民都用得起的高效节水器材；主营业务包括滴灌带、滴灌管和与之配套的PVC管材、管件的开发、加工、生产、销售和服务，农田灌溉系统设计与施工等。

天业节水公司作为在中国率先提供节水灌溉系统一站式解决方案的供应商，主要从事设计、制造及销售滴灌膜、PVC/PE管及用于节水灌溉系统的滴灌配件，亦从事向客户提供节水灌溉系统的安装服务。滴灌灌溉系统在保存食水方面扮演着重要的角色。这是一个缓慢的传水系统，水分借着此系统可一点一滴地引用至接近植物根部的泥土表面。一套设计妥当的自动化滴灌灌溉系统解决了何时可灌溉及所需水量的困难。天业节水是自治区认定的高新技术企业，中国塑料节水器材专业委员会主任委员单位，2003年通过了ISO9001质量体系认证；2006年天业牌节水器材被评为“新疆名牌产品”；2009年天业牌节水成套设备荣获中国驰名商标称号；由新疆天业承担的“西部干旱地区节水技术及产品开发与推广”项目获得2009年度国家科学技术进步二等奖；在2011年度国家科学技术奖励大会上，新疆天业节水灌溉股份有限公司作为兵团唯一一家企业以“节水滴灌技术创新工程”项目获得国家科技进步二等奖；在历经8年的试验探索后，膜下滴灌水稻栽培技术取得重大突破，天业化工生态园区水稻膜下滴灌试验600亩示范田，平均亩产达到836.9公斤。天业不但解决了水稻种植世界难题，而且在产量上比国内水稻提高了1倍。天业节水公司开发推广节水灌溉技术的成功经验为中国西部大开发中水资源的有效利用找到了捷径，为实现高效农业、节水型农业、节水型城市绿化、保护和改善生态环境、促进农业可持续发展探索了一条新路，对全国具有重要的示范作用。

（二）天业节水灌溉技术创新能力的分析

（1）创新决策能力。创新决策能力是指企业技术创新的主动性和前瞻性，

反映了企业的创新意识和倾向，表现为企业发展和对技术创新的预测与评估能力。开始进行一项技术研发时，首先需要了解市场需求，明确项目研发目的，识别和选择技术；其次对技术项目进行评估；最后做出决策。

天业节水公司在生产经营过程中，非常重视技术研发和技术创新工作，2009年“天业”牌节水成套设备被认定为中国驰名商标。先后授予“全国专利系统先进集体”、“2009 年中国轻工业塑料加工行业十强企业”和“中国产学研合作创新奖”等荣誉称号。除了积极申报国家专利之外，还在实际工作中，借助职工“五小”活动和奖励基金形式，动员鼓励广大员工投身技术创新和技术改造工作中，努力提高产能，降低成本，提高职工素质。随着市场竞争的日益激烈，在塑料挤出加工过程中，再生料使用量越来越大，因再生料成分复杂，在熔融状态下物料杂质含量高，从而容易造成滤网堵塞，导致料压升高增加换网次数。天业节水公司发明的“电动式长效换网器”能够有效解决此问题，达到降低劳动强度，缩短换网时间，减少物料浪费，提高产品品质的有益效果。天业节水公司从2010年开始着手自主申报国家专利，截至当前，已获得 4 项国家专利，还有 5 项正在申报受理中。天业节水公司在节水灌溉这一技术创新上已经取得了国内瞩目的成绩，在国外也有很大的市场。对于公司的创新决策能力，评价是肯定的。

（2）R&D 能力。研究开发能力是企业技术创新能力的关键因素之一，也是很难衡量的因素。研究开发能力是技术创新能力的技术前提和基础，是创新资源投入积累的结果。因此，对研发能力的评价可采用 R&D 的资金投入强度、R&D 人员占从业人员总数的比重、专利拥有的数量、科技成果及获奖数、完成新产品新工艺等科技项目数等来评价。图 2 是节水灌溉工程技术近几年在科研方面的经费投入情况，由图 2 可以看出，天业节水灌溉技术创新工程的科技经费支出在逐年增加，产品销售收入也随之增加，然而该公司的 R&D 经费投入强度近几年来却是在慢慢降低，由 2010 年的 4.04% 降低到 2012 年的 3.57%。R&D 经费投入强度的减少，并没有影响到产品的销售收入的增加，但公司可以通过加强 R&D 经费投入强度使得公司的 R&D 能力提高。

据调查数据显示，2012 年，天业节水灌溉公司的职工总人数为 1098 人，其中：本科以上学历 186 人，硕士以上学历 35 人；科技活动人员数 132 人，其中：研究与试验发展人员数 108 人；学术与技术带头人数 16 人（教授级、特殊津贴、拔尖人才）；R&D 人员占从业人员总数的比重为 13.48%。由这个比重可以看出，天业节水具备很强的研究开发能力。

迄今为止，天业节水硕果累累。2012 年天业节水拥有的全部有效发明专利数位 120 项，其中授权的专利数为 73 项；至今，天业节水获得过 2 项国家科学技术进步奖，自治区、兵团科学技术进步奖 9 项，其他奖 11 项，科技成果登记数为19项，科技成果及获奖数共为40项；完成新产品新工艺等科技项目数为40项。

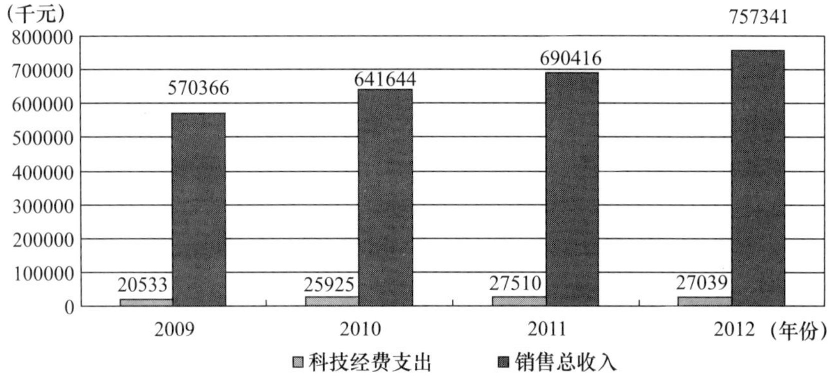

图2 天业节水科研经费投入

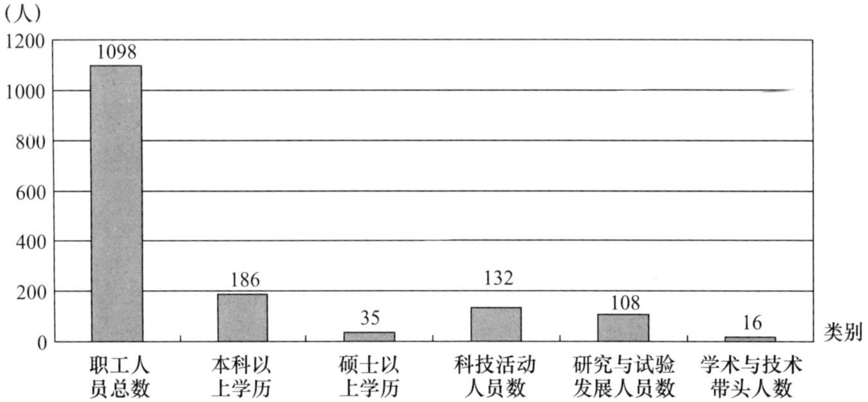

图3 天业节水从业人员中科技人员数

（3）生产制造能力。企业的生产制造能力是指研究开发成果转化为产品生产的能力，是企业持续发展能力的重要体现。企业的发展不仅需要创新性技术的支撑，更需要形成快速、高效、精干的生产制造能力。研发活动的成果：新产品、新设备和新工艺等只有进入到生产活动，才可能形成批量的产品投入市场，产生经济效益和社会效益。创新产品制造能力可以说是技术创新的积累能力，其中生产设备的水平是最重要的内容，其他各方面，诸如工人技术等级标准，是衡量工人技术业务水平和工作能力的尺度，是对工人技术培训、考核、使用的基本依据，还有工人结构等都在一定程度上影响和反映了技术创新的能力。生产制造能力具体可以细化为 3 个二级指标：生产设备先进水平、工人的技术等级、工程技术人员占从业人员总数的比重。

据调查数据显示，2012 年天业节水灌溉技术创新科研设备、仪器（软件）原值为 13054 千元，研发条件完备，并具备国内先进的技术水平。

工人技术等级标准，是按不同工种、不同等级制定的，包括“应知”、“应会”和“工作实例”三部分。“应知”部分包括对某一工种、某一等级所要求具备的专业技术理论和有关设备、工具操作及安全方面的知识；“应会”部分包括对该等级工人所要求达到的实际操作技能；“工作实例”是用以表明该等级工人应达到的技术水平的实际范例。天业节水公司有 2/3 的工人达到了“工作实例”的标准，有 1/3 的工人是“应会”的标准。总体来说，企业的技术人员具备较高的技术能力。

工程技术人员数为 132 人，从业人员总数为 1098 人，工程技术人员占从业人员总数的比重可以表示为 12.02%。这个比重很好地反映出企业的生产制造能力是比较强的。

（4）市场营销能力。市场营销能力的具体评价指标有两个：产品市场占有率和销售费用比重。产品市场占有率可以表示为，产品销售收入与同类产品市场销售收入的比重。2012 年的产品市场占有率为 9.3%，2011 年的产品市场占有率为 13.35%。与 2011 年相比，2012 年天业节水产品的市场占有率减少了 4 个百分点。销售费用指企业在销售产品和提供劳务等日常经营过程中发生的各项费用以及专设销售机构的各项经费，它是实现销售收入的必要付出。销售费用将会导致企业资源的减少，最终会减少企业的所有者权益，适度地控制销售费用，有利于加强企业的经营管理，有利于提高企业的经济效益。销售费用比重可以表示为销售费用与管理费用、财务费用和销售费用三者之和的比重。图 4 和图 5 是 2011 年和 2012 年天业节水三种费用的支出情况：

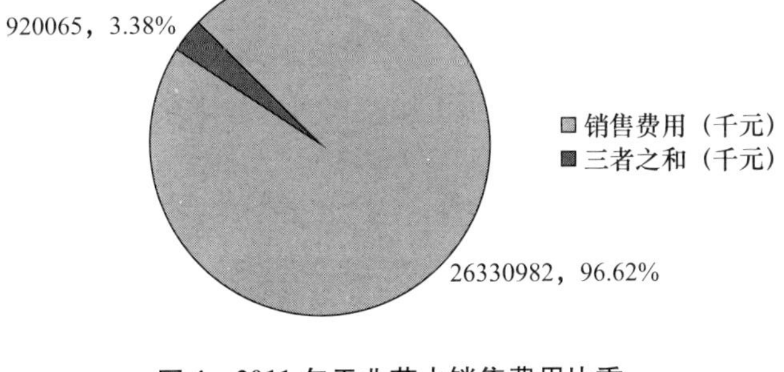

图 4　2011 年天业节水销售费用比重

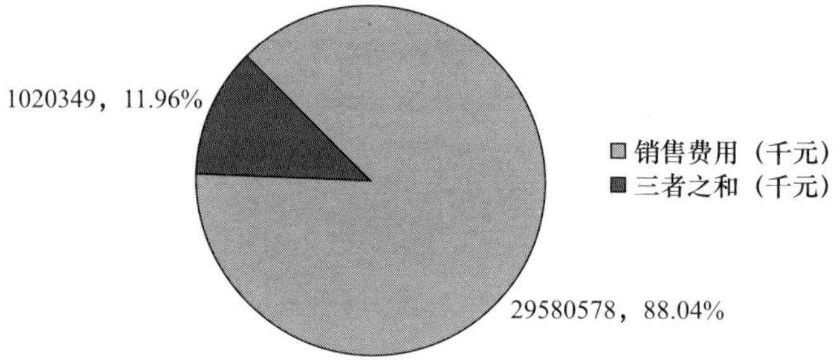

图 5　2012 年天业节水销售费用比重

由图 4 可以看出，2011 年天业节水销售费用为 920065 千元，销售费用比重为 3.38%。

由图 5 可以看出，2012 年天业节水的销售费用为 1020349 千元，销售费用比重为 11.96%。

2012 年天业节水的销售费用明显比 2011 年的销售费用多，销售费用比重也比 2011 年增加了 8 个多百分点。销售费用的增加，使得企业的支出增加，企业资源减少；然而销售费用增加使得销售费用比重也增加，就表示企业在产品销售上的投入增加，开拓市场力度加大，从而反映出企业在市场销售能力上具备很大的潜力。

（5）组织管理能力。天业节水以开发和应用推广中国农民“用得起、用得着、用得好”的高效节水技术与产品为宗旨，以建成一套完善的技术创新体系为目标，不断完善“六大工程建设”（研发机构、创新人才、知识产权管理、文化建设、产学研合作工作以及技术创新工程建设），突破一批具有自主知识产权的核心技术，实现节水技术产业化，促进传统农业灌溉方式向现代农业高效节水灌溉方式的革命性转变，引领中国现代节水技术的发展方向。围绕创新工程目标，坚持“自主创新、集成创新、适用先导”的发展战略和“创新立企、人才兴企、发展产业、服务农业”的方针，建成一套完整的技术创新体系，并建设完善“六大工程建设”，为技术创新工程的创新性和可持续发展提供保障。组建“博士后工作站、专家顾问团”，开展前瞻性技术研究与决策咨询；借助“两个中心、一个实验室”为技术与产品做研发支撑；实施以“统一科技攻关，统一资金支付，统一考核激励”为主要内容的“三统一”管理机制；实施以每年企业拿出 100 万元人民币奖励做出突出贡献的人员，300 万元落实人才培训工程，500 万元依托石河子大学面向全国招收 120 名定向本科生，500 万元解决大学生住宿为主要内容的“1355”人才战略；实施对考核评优员工（前头）进行奖励，对考核排序末尾的员工（后头）重新培训再上岗，实施“企业年金”为主要内容的“两头一金”的竞争机制，增强企业竞争力；设置“金牌员工”、“金牌工程师”等称号，并对重大创新贡献的技术人员设立“突出贡献奖”，实行“荣誉+奖金”相结合的激励机制。

影响创新管理能力的第二个方面是企业的创新管理机制效率。良好而有效的创新管理机制能调动创新人员的创新积极性，才能极大地提高技术创新活动成功的可能性。在有效性保证方面，公司有一套完整的技术创新体系，保障了技术创新的可持续发展能力，提升了产品市场竞争力。“天业”牌节水器材产品成为行业最受欢迎的品牌；承担国家、省、市级项目33项，获专利40项，主持制定国家标准5个，地方标准8个，出版专著7部，发表论文46篇；举办8期国际节水培训班（含2期境外班），对17个国家的178名学员进行了培训；节水技术辐射全国29个省，应用作物30多种，推广到13个国家；2005~2010年累计推广膜下滴灌5387.67万亩，节水96.98亿立方米，2008~2010年新增经济效益73.13亿元；“西部干旱地区节水技术及产品开发与推广”获国家二等奖。

科研合作能力是指企业与同行业、相关行业、科研机构等之间合作创新提高技术水平的能力。天业节水公司根据目前的发展情况，组建了节水灌溉产业技术创新战略联盟，对公司业务的开拓和发展具有重要意义。依托天业的国家节水灌溉工程技术研究中心（新疆），拥有立式加工中心及各种开发设备280台（套），部分设备具有国内领先水平。这是由新疆天业集团公司、新疆农垦科学院和石河子大学三家单位组建的、产学研合作的研发机构，2006年8月通过了科技部综合评议验收。此外，还设立了专家顾问团、博士后科研工作站，并与国内外研究机构、高等院校开展了广泛的科研合作活动。借助这些合作，不仅弥补了企业自身高素质人才不足的缺憾，而且提升了技术创新的能力与水平。

四、天业节水灌溉技术创新能力进一步提升的对策

（一）积极培养技术创新人才

（1）由于新疆天业主要从事农用塑料节水器材和塑料管材的开发和研制，所以该公司应该要积极培养塑料节水器材方面的研究人才，一方面要与以下科研机构合作利用科研机构的人才优势；另一方面要提高公司技术人员的技术水平。

（2）鉴于新疆天业在开发塑料节水器材的同时还会进行节水器材的安装和技术改造，所以还应该要培养相关的安装和技术改造人才。

（3）新疆天业节水灌溉股份有限公司要想实现技术创新的合理发展还应该要培养节水灌溉技术创新方面的管理人才，这就使得技术创新有条理科学地进行。

（二）改变观念，加大节水产品的宣传

（1）新疆天业生产的技术产品主要是价格比较高的一次性可回收滴灌带和内镶式滴灌带，所以要尽量在保证产品质量的前提下降低生产成本，这样才能使这些产品在农业产品市场中得到推广。

（2）该公司在技术灌溉产品的推广方面应该要做好宣传工作，这就可以使一些新的节水产品很快被人们所了解从而加快产品推广。

（3）增强人们在农业发展中的节水意识并改变陈旧的节水观念，这样才能改变传统灌溉模式依旧占据主导地位的现状逐步向现代农业的灌溉模式迈进。

（三）进一步加强科研合作能力

产业技术创新战略联盟是以增强产业核心竞争力为目标，促进产学研各方围绕产业技术创新链建立持续稳定的合作关系的重要举措。通过与合作单位组建节水灌溉产业技术创新战略联盟，从高效节水栽培技术等科技成果的集成转化入手，通过技术和成果的创造、共享、转移，突破节水农业技术创新和节水农业产业发展的技术“瓶颈”，形成优化高效节水农业产业技术创新链，促进节水灌溉产业持续健康发展。

总而言之，发展节水灌溉技术是促进我国现代农业发展的需要，也十分符合我国科学发展观的要求。新疆天业在这些方面取得了较大的成绩，虽然存在着一些问题但都会在有关各方的共同努力之下得到解决。相信在新疆天业等节水技术创新企业和广大节水研究部门的共同努力下，我国的节水灌溉将取得进一步的发展并促进我国节水农业的发展。

参考文献

［1］张晓波．陕西能源化工企业技术创新能力评价指标体系研究［D］．西安建筑科技大学，2010，5（1）．

［2］徐巧玲．企业技术创新能力评价指标体系筛选研究［J］．求索，2012（7）．

［3］徐丽，徐培江，杨明．垦区节水农业发展存在的问题分析及对策建议［J］．新疆农垦经济，2009（2）．

［4］催总和，杨梅．企业技术创新能力评价指标体系构建研究［J］．科技

进步与对策，2012（7）.

［5］王力，佟笛铭.石河子垦区农业现代化进程分析与现代农业经营模式及措施［J］.农业现代化研究，2013（1）.

［6］连旭.节水农业技术推广研究综述［J］.新疆农垦经济，2012（4）.

［7］王劲德.企业技术创新能力评价研究综述［J］.科技管理研究，2012（7）.

［8］刘海云.企业技术创新能力评价指标体系建设研究［J］.经济与管理，2010（6）.

（本文发表于《新疆农垦经济》2013 年第 11 期）

附录 9

植棉农户实施农业标准化行为分析
——基于新疆生产建设兵团植棉区 270 份问卷调查

王　力　毛　慧

（石河子大学经济与管理学院　新疆石河子　832000）

摘　要　本文通过对新疆生产建设兵团 270 户棉农调查，采用二元 Logistic 回归模型对棉农标准化生产行为选择的影响因素进行实证分析。研究表明，种植面积、种植品种数量、参加农业标准化培训次数及标准化农产品价格对棉农实施标准化生产有显著影响。政府是否支持、棉花机械采收率在模型中通过了显著性检验。分析了上述因素影响农户采用标准化生产的原因，并提出促进棉花标准化生产、增强棉花竞争力的政策建议。

关键词：农户；农业标准化；生产行为；Logistic 分析；棉花

一、引言

棉花是关系国计民生的重要物资，是我国主要经济作物及纺织工业的主要原料，在国民经济中占有非常重要的地位。但是，近年来棉花品质明显下降，2012/2013 年度全国低于标准级棉花占 24.46%，比 2011/2012 年度增加 9.13%，长绒棉长度、断裂比强度、长度整齐度明显下降。对比五个年度数据，2012/2013 年度长度指标连续两年下降，平均长度处于五年来最低水平，并且长度值离散范围逐渐扩大（见图 1）；2012/2013 年度断裂比强度指标下降，中等比例减少，差级以下比例明显增加（见图 2）；2012/2013 年度长度整齐度略有下降，长度整齐度指数是非常重要的棉花质量指标，表示棉纤维长度分布整齐均匀的程

基金项目：本文系国家社会科学基金项目“基于产业安全的新疆棉花产销体系优化研究”（编号：13BJL075）、兵团社会科学基金项目“兵团农业标准化战略及提高农产品竞争力研究”（编号：11BTYB12）阶段成果。

度，对原棉制成率、纱线的条干、纱线的强度有很大影响，但是 2012/2013 年度平均长度整齐度处于五年来最低水平（见图 3）。根据分析可以看出，棉花各指标离散度加剧，表明棉花品质一致性下降，形势不容乐观。

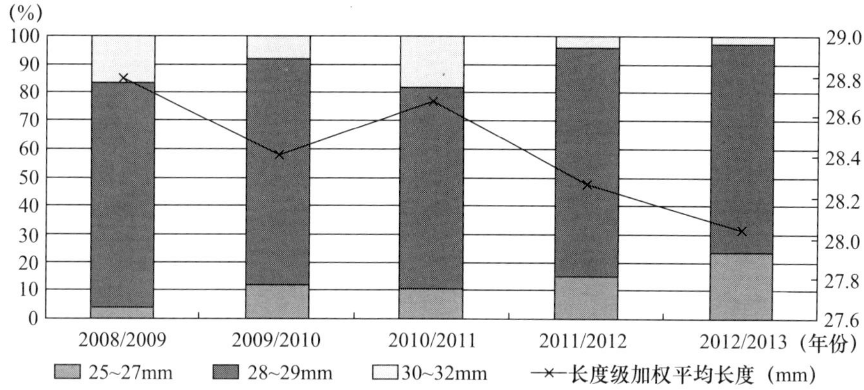

图 1　近 5 年棉花长度指数变化情况

资料来源：中国纤维检测局，下同。

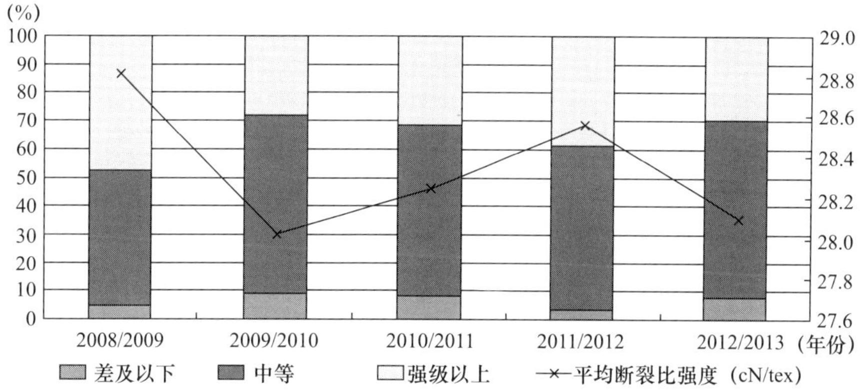

图 2　近 5 年棉花断裂比强度指数变化情况

新疆生产建设兵团（以下简称兵团）是我国重要的棉产区，占全国 10.27% 的种植面积，产出全国棉花 19.29% 的产量，兵团棉花亩产、销售量、管理水平均处于全国领先地位，并且实现了规模化种植（王力等，2013）。但是，近年来棉花质量有所下降，棉花一致性不高、异纤含量增多，如果继续发展下去将危及整个兵团棉花品牌和声誉。兵团棉花产业面临着严峻的问题：一是棉花生产成本不断上升。由于农药、种子、肥料等生产资料价格上涨，劳动力成本大幅上升，使得棉花成本不断上升，价格却没有上涨（见图4）。二是棉花品质不高。兵团棉花品种繁多，据调查，2013年兵团种植棉花品种有130多个，由于不同品种的棉花内在纤维品质有很大差别，而有些棉农在选择棉种时追求单产高、色泽好、衣分高的棉种，并不注重棉花的内在品质，忽视了马克隆值、含杂率、回潮率、断裂比强度等影响棉花品级的指标。三是机采棉品质低下。由于机采棉品种、脱叶剂、机采棉相应配套技术不完善，导致兵团机采棉品质不高。这些问题严重制约棉花产业的发展，使棉花产业效益下降，农户增收难度加大。兵团应该把棉花真正当成一种商品，既要注重数量也要重视内在品质，把兵团棉花做成行业标准。因此，大力实施棉花标准化生产，统一棉花种植品种，降低棉花生产成本，提高棉花品质进而提高棉花收益成为兵团棉花产业发展的必由之路。

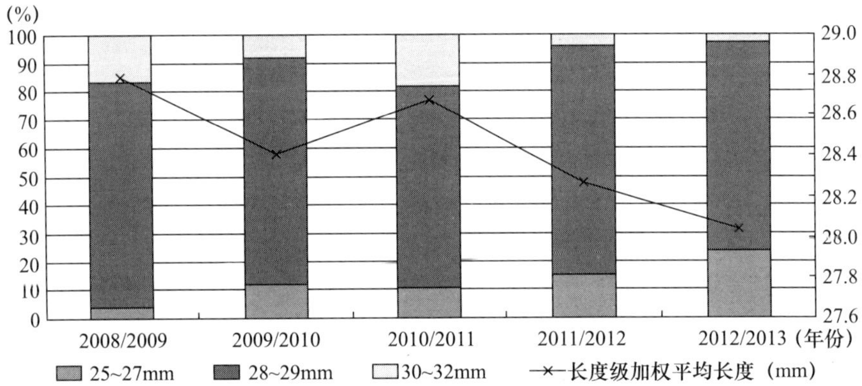

图3　近5年棉花长度整齐度指数变化情况

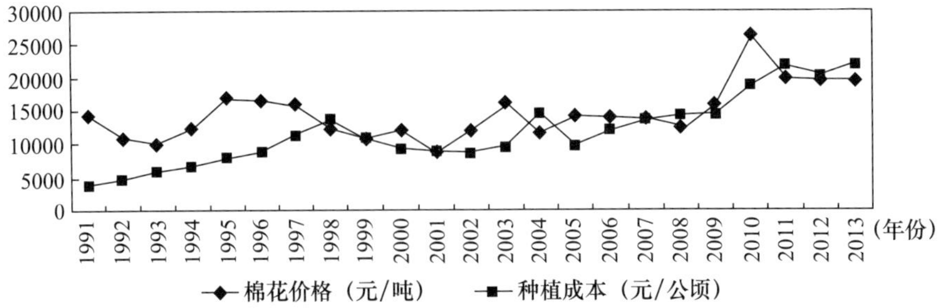

图4　1991～2013年棉花价格和种植成本波动

资料来源：中国棉花年鉴。

二、农户实施农业标准化生产的理论分析

农民是追求利润最大化的经济人，农户是否愿意实施标准化生产的主要原因是标准化产品能否增加收益。理论上，实施农业标准化，通过统一规范农户农业生产的整过程，最终实现产品优质优价、增加收益。而标准化农产品的收益主要取决于农户自身的内在因素和外部环境因素。其中自身因素主要包括户主年龄、性别、文化水平、种植收入、耕地面积、机采面积、种植品种数量、参与标准化培训的次数及对标准化的认知，外部环境因素主要有政府是否支持、标准化产品的价格、标准化产品的成本。

标准化生产的外因来自外部因素的影响，主要有标准化成本、标准化产品的价格、政府支持等因素。实施标准化生产的内在动机来自农户收入水平、户主文化程度、种植面积、机采面积、对标准化的认知、参与培训的次数。本文将影响农户标准化生产行为的因素概括为两类，如表 1 所示。

表 1　影响农户标准化行为的因素

	影响因素	具体表现	预期影响方向
外部因素	标准化生产环境	政府支持变量	+
	标准化农产品价格	比非标准化产品价格高	+
	标准化农产品成本	比非标准化产品成本低	-
内部因素	农户基本特征	收入、户主文化程度、种植面积、品种等	+
	标准化生产意识	对标准化生产的认知	+
	标准化生产能力	标准化培训次数	+
	种植面积、机采面积	农户耕地面积及使用机械采收面积	+

根据分析，本文提出以下假设：

（1）农户特征主要包括户主文化程度和种植收入水平。一般来说，收入水平和户主文化程度越高的农户，抵御标准化生产带来风险的能力越强，对生产的规范性要求越高。由此提出假说：户主文化程度和种植收入越高，越倾向于标准化生产。

（2）农户种植面积及机采面积。种植面积和机采面积越大的农户，越容易形成规模收益、降低标准化成本，从而农户参与标准化生产的概率就越大。由此

提出假说：种植面积和机采面积越大，农户越倾向于标准化生产。

（3）农户所在团场种植品种的统一程度指农户所在团场种植棉花品种数量。农户所在团场品种越统一，棉花一致性越高、异性纤维含量越低，进而品质越好、品级越高，农户越愿意参与标准化生产。由此提出假说：农户所在地棉花种植品种越少，农户参与标准化生产程度越高。

（4）农业标准化生产能力是指农户标准化培训的次数。农户参与标准化培训次数越多，标准化生产能力越高、生产意识越强，越容易满足农产品品质的要求。由此提出假说：农户标准化培训次数越多，越倾向于参与标准化生产。

（5）标准化农产品收益高于非标准化产品。标准化生产成本是指农户在采用标准化生产时所投入的成本，属于农户层次的认知。由于从长期看标准化农产品经济效益高于非标准化农产品，农民是理性的生产者，农户会选择标准化生产以获得更多的收益。由此提出假说：标准化生产的农产品经济效益越大、成本越低，农户越倾向于参与标准化生产。

（6）标准化生产环境指制约或促使农户参与标准化生产的外在影响因素，比如政府支持因素，政府是否支持对农户参与标准化生产有很大的影响，成为不可忽视的因素。由此提出假说：政府支持对农户参加标准化生产有较大的促进作用。

三、农户实施农业标准化生产行为的实证分析

（一）模型选择及研究方法

Logistic 回归为概率型非线性回归模型，是研究分类观察结果（y）与影响因素（x）之间关系的一种多变量分析方法。Logistic 概率函数模型为：

$$p(y=1|x)=\frac{e^{a+bx}}{1+e^{a+bx}}$$

其中，p 为农户采用标准的概率，x 为影响农户采用标准化生产行为的因素，a、b 分别为各个因素所对应的参数。模型中的变量选取及统计数据如表 2 所示。

假设农户选择标准化生产用 Y 表示，Y 取决于 X_i（影响农户实施标准化生产的各种因素）。结果只有两种：分别用 Y=0 和 Y=1 表示农户不采用和采用标准化生产，是非连续性的，并且这属于分类结果（Y）与多种影响因素（X_i）之间关系，可以用 Logistic 回归模型分析此问题。

（二）数据来源

棉花是兵团重要农产品，根据兵团棉花种植特点，主要调查兵团棉花主产区的八师、七师和一师，其中一师2011 年总产量310733 吨，2012 年总产量312541 吨；七师2011 年总产量114396 吨，2012 年总产量147684；八师2011 年总产量352455 吨，2012 年总产量390188 吨；而兵团2011 年和2012 年总产量分别为1293053 吨和1417738 吨。在2011 年和2012 年，一师、七师、八师棉花种植面积总和与总产量分别占全兵团的60.14% 和59.98%[①]，占全兵团总产量的一半以上，即受调查样本具有高度的典型性。另外，团场职工相对地方职工有较高的素质，对问卷和标准化问题理解得比较清楚。每个团场随机抽取20 名农户进行调查，调查问卷共发放300 份，剔除未收回及不合格问卷，有效率为90%。

表2　模型变量的含义、取值范围

变量名称	取值范围	变量含义
因变量（Y）		
农户是否采用标准化生产	0～1	否=0；是=1
自变量（X）		
户主年龄（X_1）	1～5	30 岁以下=1；31～40 岁=2；41～50 岁=3；51～60 岁=4；60 岁以上=5
户主性别（X_2）	1～2	男=1；女=2
文化程度（X_3）	1～4	小学及以下=1；初中=2；高中=3；大专及以上=4
种植收入（X_4）	1～6	10 万元以下=1；10 万～15 万元=2；15 万～20 万元=3；20 万～25 万元=4；25 万～30 万元=5；30 万元以上=6
耕地面积（X_5）	1～5	50 亩以下=1；50～100 亩=2；100～150 亩=3；150～200 亩=4；200 亩以上=5
机采面积（X_6）	1～5	50 亩以下=1；50～100 亩=2；100～150 亩=3；150～200 亩=4；200 亩以上=5
所在团场种植品种数量（X_7）	1～5	1～2 种=1；3～4 种=2；5～6 种=3；7～8 种=4；9 种以上=5
参加标准化培训次数（X_8）	1～5	未参加=1；偶尔参加=2；经常参加=3；多次参加=4；频繁参加=5
对标准化生产的认知（X_9）	1～4	没听说过=1；有印象=2；听说过=3；经常听说=4
政府支持变量（X_{10}）	0～1	无支持=0；支持=1
与非标准化产品相比		
售卖时价格（X_{11}）	1～3	降低=1；不变=2；提高=3
生产成本（X_{12}）	1～3	降低=1；不变=2；提高=3

① 资料来源：2013 年新疆生产建设兵团领导干部手册。

（三）模型结果分析

用 SPSS19.0 统计软件对 270 个样本数据进行二元 Logistic 回归分析，在处理中，先对选定的 12 个变量进行多重共线性检验，发现所选择的 12 个变量方差膨胀因子均小于 10，即各个变量之间不存在显著多重共线性，然后采取逐步剔除，得出如表 3 所示结果。其中数据选择变量的标准水平是 $\alpha=0.05$，剔除变量的标准水平是 $\alpha=0.1$，$p=0.00$，小于 0.05，说明模型至少有一个变量系数不是 0，有统计意义。Hosmer－Lemeshow 检验值为 0.645，大于 0.05，说明模型数据的拟合度较好，实际值与预测值之间没有显著差异。通过检验得出种植面积、种植品种数量、参加培训的次数及标准化产品价格 4 项指标对棉农实施标准化生产均有着显著影响。

表 3　农户标准化行为的 Logistic 模型估计结果

解释变量	B	S. E.	Wals	df	Sig.	Exp（B）
常量	－2.470	1.989	1.543	1	0.000	0.085
X_5	0.931	0.413	5.086	1	0.024**	2.538
X_7	－1.280	0.218	34.367	1	0.000***	0.278
X_8	0.793	0.326	5.922	1	0.015***	2.209
X_{11}	1.111	0.531	4.370	1	0.037**	3.036
模型整体检验			卡方检验值		139.024	
整体预测准确概率	91.1%		Nagelkerke R^2		0.667	
－2 对数似然值	110.611		Hosmer 和 Lemeshow 检验值		0.645	

注：*、**、*** 分别表示在 10%、5%、1% 的水平下显著。

（四）结果讨论

（1）种植面积水平对农户是否采用标准化影响较大。从模型结果看，回归系数为正，OR 值为 2.538，农户种植面积每改变 1 个单位，农户选择标准化生产行为将增加 2.538%。农户种植面积越大，越容易形成规模效益、降低标准化成本，农户参与标准化生产的概率越大。

（2）农户所在地种植棉花品种数量对农户实施标准化生产有很大影响，显著性最强。原因在于棉花栽培品种是棉花生产的基础，品种数量直接影响棉花品质的统一度及标准化程度，品种质量的好坏直接影响棉花产量的高低和纤维品质的优劣，进而影响棉花的品质。通过限制棉花品种，可以有效解决棉花品种多乱杂等问题，促进棉花标准化生产。

（3）参加标准化培训的次数对实施农业标准化生产有很大影响。在其他条件不变的情况下，农户对标准化的认知改变 1 个单位，其采用标准化生产的概率将增加 2.209%。对标准化的认知及标准化培训可以提高农户对标准化的认知，转变人们的思想观念。通过技术培训提高农户标准化技能，可增加实施标准化的概率。

（4）标准化农产品售价对采用标准化生产有明显影响。计量结果表明，标准化产品每改变 1 个单位则标准化生产优势将增加 3.036%。只有提高农户收益才能提高农户采用标准化生产的积极性。采用标准化生产提高产品的品质，进而提高价格，农户就愿意采用标准化生产方式。

（5）户主年龄、户主性别、种植收入、机采面积、标准化产品的生产成本对农户标准化行为影响不大。因为兵团职工年龄大都分布在 40～60 岁，户主大都是男性，对标准化生产的影响较小。收入及面积变量采用定序变量而不是实际值，可能会影响到实际结果，使得机采面积及种植收入影响不显著。兵团属于政企合一，棉花从种植到栽培到采棉，相对于地方有较高的标准，但是目前棉花生产补贴水平低，国家政策支持力度不够，使得政府支持因素对农户实施标准化生产影响不显著。当前棉花生产资料价格上涨，现有技术在降低标准化生产成本方面效果较明显，使得标准化产品成本变量不显著。由于对标准化的认知与培训变量可能存在显著相关关系，导致农户对标准化认知变量不显著，这是设计问卷时的疏漏。尽管兵团有部分农户实施标准化生产，但目前农业标准化生产组织管理不规范，生产各环节标准不一致，标准化体系没有建立，未能解决好农户抵御风险、增加收入等问题。

四、政策建议

（一）完善土地流转制度，促进兵团农业标准化生产

种植面积对农户参与标准化生产有显著影响，种植面积较小的农户按标准生产的固定成本投入比较大，从而降低了农户参与标准化生产的积极性。只有适度扩大生产规模才能够有效地实现经济效益，规模化生产是保证农产品标准化的最佳途径。

（二）大力推广棉花机械采收

随着我国人力成本的提升及农业现代化的要求，机械替代人力已成为必然趋势，农业机械化是农业标准化和现代化的必然要求。为了解决棉花成本问题，应该大力发展机采棉。加大机采棉品种研究，认真执行农业部门在机采棉打药、脱叶、采收、烘干等环节制定的有效管理制度。并落实机采棉补贴制度，加大机采棉品种研发经费投入，提高兵团棉花机械采收率及机械采收质量，降低棉花生产成本。

（三）加大培训力度，积极引导农民参与标准化生产

加强农业标准化培训工作，降低农户学习成本，政府应该增加农业标准化的财政投入和政策支持，可以免费对农民进行标准化技术和标准化知识的培训，加大对农户的指导和标准化补贴以培养农户参与培训的积极性。通过培训可以将信息有效传递给农户，帮助农户获得必要的知识、技术和观念，使他们接受新知识、新信息、新技术、新设备，从而具有经营管理知识和能力，提高标准化生产意识。

（四）统一棉花栽培品种，转变农户种植理念

目前，农户在种植棉花时多关注产量和衣分，在一定程度上忽视了棉花的内在质量，尤其是机采棉长度偏短，大多集中在 27 ~ 29mm 级。政府应该建立一套完备的棉花品种培育、优选机制，提升育种技术，并筛选出优质高产的品种，同时实行统一品种，实现区域化种植，规定一个团只有 1 个主栽品种。在不同的地区，实行棉花品种登记制度，提高新品种引进门槛，未经过权威部门认证，不得随意推广，改变棉花品种多乱杂的局面。对各个团场实行统一供种、区域化种植，保持品种纯度，提高棉花品质。这不仅可以保障棉纤维品质的一致性，利于棉纺产业发展，还可以切实改变目前棉花品种繁杂、品质参差不齐的局面。

参考文献

［1］ Charier，Christophe，Valceschini，Egizio. Food Safety，Market Power and Private Standards：An Analysis of the Emerging Strategies of Food Operators ［J］. InternationalJournal on Food System Dynamics，Volume 1，Number 1，2010：103 – 110.

［2］ Hassan. F.，Caswell Julie. A.，Hooker N. H. Motivations of fresh – cut produce firms to implement quality management systems，levfen，of Ag ricultural Economics，2006，28（1）：132－146.

［3］卢岚，邱先磊．中国特色的农业标准化体系研究［J］．中国软科学，2005（7）：69－75.

［4］陈昌洪．农户选择低碳农业标准化意愿及影响因素分析——基于四川省农户的调查［J］．北京理工大学学报（社会科学版），2013（5）.

［5］王芳，陈松．农户实施农业标准化生产行为的理论和实证分析——以河南为例［J］．农业经济问题，2007（12）：75－79.

［6］黄文华，林燕金．农业标准化实施中农户行为实证分析——基于茶农采标行为的研究［J］．江西农业大学学报（社会科学版），2008（12）.

［7］黄文华，夏文顶，林燕金．我国发展农业标准化的瓶颈与对策［J］．发展研究，2007（9）：33－35.

［8］林毅夫，沈明高．我国农业科技投入选择的探析［J］．农业经济问题，1991（7）：25－32.

［9］周洁红，刘清宇．基于合作社主体的农业标准化推广模式研究［J］．农业技术经济，2010（6）.

［10］于冷．对政府推进实施农业标准化的分析［J］．农业经济问题，2007（28）.

［11］高国盛，闫俊强．农业标准化生产经营微观决策分析［J］．经济问题，2010（3）.

［12］李先玲．农业效益对农户行为的影响［J］．合作经济与科技，2011（6）.

［13］李苏．关于农业标准化问题的思考［J］．农业现代化研究，1995（11）.

［14］郭慧伶，鲁再平．我国农业标准化理论研究综述［J］．经济纵横，2003（5）.

［15］张洪程等．农业标准化面临的新问题与对策［J］．中国标准化，2000（5）.

［16］李岩．我国农业标准化发展与调整方向的探讨［J］．农业现代化研究，2005（2）.

［17］史豪．农业标准化的国际经验及借鉴［J］．世界农业，2004（12）.

（本文发表于《农业技术经济》2014年第9期）

参考文献

［1］李春田．标准化概论［M］．中国人民大学出版社，2005.

［2］周加洪，包中海，张西华．农业标准化发展现状与对策研究［J］．经济研究导刊，2011，11：90.

［3］王乐青．农业标准化浅谈［J］．江西省农牧渔业信息中心，1991（3）．

［4］杨欢欢，潘闲春．加快农业标准化进程实现农业农村结构调整［J］．杭州农业科技，2002，1：8－12.

［5］刘婷婷，冯铁．论发展农业标准化生产［J］．现代农业科技，2010，6：373.

［6］黑龙江省标准化研究院．农业标准化是农产品质量安全的保障［J］．标准研究，2009：70－73.

［7］熊明华．浙江省发展农业标准化的对策研究［D］．浙江：浙江大学，2004.

［8］John Mather. Joseph Lucas and the term "hydrogeology"［J］. Hydrogeology Journal, 2001, 9（4）: 413－415.

［9］Agnvall, Elizabeth. Myths and facts about organic food［J］. Natural foods, 1998, 57（3）: 28－31.

［10］Keuneke, Robin. Organic foods［J］. Total Health, 1997, 19（2）: 17－20.

［11］刘海凤，佟桂芝．中国农业标准化现状存在问题与实施对策［J］．农业与技术，2004，5（24）：21－24.

［12］吴小松．浅析农业标准化工作中存在的问题及其发展思路［J］．科技风，2010（22）．

［13］李金才，张士功，邱建军等．我国农业标准化现状及对策［J］．农村经济，2007，2：35－39.

［14］黄文华，夏文顶，林燕金．我国发展农业标准化的瓶颈与对策［J］．发展研究，2007（9）．

［15］王雪琴，彭莺，汪亚伟．关于农业标准化建设的思考［J］．农村经济与科技，2010（6）．

［16］刘小娟，冯岩．我国农业标准化浅析［J］．中国农业推广，2009，6：9－11.

［17］金玲，王砚超，闫诚．推进农业标准化实施进程探讨［J］．现代农业科学，2009，16：334－336.

［18］王佳，赵永红，王敏杰．我国农业标准化发展探讨［J］．农业科技与装备，2009，5：113－117.

［19］罗伟，涂维亮．农业标准化建设所面临的困难及对策［J］．当代经理人，2006，6：269－270.

［20］董全龙，白亚兵，吴旭红，王占．农业标准化生产存在的问题及对策建议［J］．河南农业，2010（23）．

［21］景延秋，刘聪利，成应杰．我国农业标准化发展存在的问题及对策［J］．江西农业学，2009，21（1）：176－177.

［22］祝月升，范晖．我国农业标准化的现状分析与对策研究［J］．吉林商业高等专科学校学报，2006（2）．

［23］李小婷，刘峥颢，吴广臣等．浅议我国农业标准化的现状、问题与对策［J］．河北农业大学学报，2005，3（7）：82－84.

［24］何乐琴，谢绍军．实施农业标准化的思考［J］．农村工作通讯，2008，2：38.

［25］寇玉琴．农业标准化问题探讨［J］．中共郑州市委党校学报，2005，3：31－32.

［26］张宏升，刘晓辉．以农业标准化推进农业现代化［J］．经济纵横，2011，4：32－33.

［27］杜刚．加快推进农业标准化进程［J］．现代农业科技，2006.

［28］郭振忠．加快我国农业标准化体系建设的对策建议［J］．商业环境，2009，8：9.

［29］冯世勇．论农业标准化战略［J］．山东省农业管理干部学院学报，2007，4（23）：44－46.

［30］苏彩和．广西发展农业标准化的模式选择及对策研究［D］．天津：天津大学，2011.

［31］张洪程，高辉，严宏生等．农业标准化原理与方法［M］．北京：中

国农业出版社，2002.

［32］王明琴．加入 WTO，必须建立我国农业标准化制度［J］．农业经济导刊，2001，1：166－168.

［33］杜吟棠．农业标准化现实而有效的竞争手段［J］．调研世界，2002，7：38－39.

［34］刘薇，张琴．从农民合作社经济组织培育角度审视农业标准化推广模式［J］．农村经济，2006，1.

［35］卢岚，邱先磊．中国特色的农业标准化体系研究［J］．中国软科学，2005（7）：69－75.

［36］陈昌洪．农户选择低碳农业标准化意愿及影响因素分析——基于四川省农户的调查［J］．北京理工大学学报（社会科学版），2013（5）．

［37］王芳，陈松．农户实施农业标准化生产行为的理论和实证分析——以河南为例［J］．农业经济问题，2007（12）：75－79.

［38］黄文华，林燕金．农业标准化实施中农户行为实证分析——基于茶农采标行为的研究［J］．江西农业大学学报（社会科学版），2008（12）．